Uschi Herzer und Joachim Hiller (Hg.)

Das Ox-Kochbuch 4

Kochen ohne Knochen - noch mehr vegetarische und vegane Punk-Rezepte

einfach

 macht richtig was her

 für große Mengen geeignet

 vegan, also ohne Eier und Milchprodukte. Viele Rezepte lassen sich durch die Verwendung von Margarine statt Butter, Sojamehl statt Eiern, Sojamilch statt Kuhmilch etc. „veganisieren", ohne dass dies explizit angemerkt wird.

Alle Rezepte, soweit nicht anders angegeben, für 4 normalhungrige Menschen.

Noch mehr Rezepte für Ox-Kochbuch-Fans als exklusiver PDF-Download unter www.ox-fanzine.de/media/KB4/Ox-KB4-Extra.pdf

© Uschi Herzer und Joachim Hiller, 2009
kochbuch@ox-fanzine.de
www.ox-kochbuch.de

Abdruck oder Verbreitung durch elektronische Systeme auch in Auszügen nur mit ausdrücklicher Erlaubnis der Rechteinhaber. Alle Rechte vorbehalten.

1. Auflage 2009

© für diese Ausgabe Ventil Verlag KG
ISBN 978-3-931555-57-3

Redaktion: Uschi Herzer und Joachim Hiller
Titelgrafik: Ole Kaleschke, www.buerokaleschke.de
Illustrationen: Rautie, www.rautie.de
Layoutentwicklung: Linda Köper
Layout: André Bohnensack
Druck und Bindung: freiburger graphische betriebe

Ventil Verlag
Augustinerstraße 18
55116 Mainz
www.ventil-verlag.de

es ist angerichtet.

Als 1997 das erste Ox-Kochbuch erschien, war der Markt für fleischfreie Kochbücher noch sehr überschaubar. Vegetarier und Veganer, das waren in der öffentlichen Wahrnehmung Körner-Hippies und blasse Tofu-Fresser, auf jeden Fall aber komische, genussfeindliche Freaks, die nur Beilagen essen, wenn andere Steaks und Würste vertilgen. Und dann kamen da auch noch diese Typen, die ein Kochbuch ohne Fotos und mit dem Untertitel „Vegetarische und vegane Rezepte nicht nur für Punks" veröffentlichten, irgendwas von „Kochen ohne Knochen" erzählten. Absurd, wirklich absurd.

Und heute? 2009 sind Vegetarismus und Veganismus zu Massenbewegungen geworden, gibt es in Deutschland je nach Quelle zwischen 1 und 7 Millionen Menschen, die kein Fleisch essen, und eine unüberschaubare Menge vegetarischer Kochbücher sowie mittlerweile auch ein paar vegane. Und das erste Ox-Kochbuch wurde zum Klassiker, der mehrfach neu aufgelegt wurde und sich längst auch außerhalb der ursprünglichen Subkultur-Zielgruppe großer Beliebtheit erfreut, in vielen WGs, Single-Haushalten und Familienküchen steht und generationenübergreifend Fans gefunden hat. Fleischlose Ernährung, das Kochen ganz oder weitgehend ohne tierische Produkte, der Kauf biologischer Lebensmittel sind keine Randgruppenphänome mehr, sondern ganz konkrete Antworten auf ethisch fragwürdigen Umgang mit Tieren, Lebensmittelskandale, Klimawandel und den Wunsch nach gesundem Essen.

Nach dem zweiten Ox-Kochbuch von 2000 und dem dritten 2004 hat sich mit Teil 4 aus gutem Grunde nicht viel verändert: Immer noch sind alle Rezepte alltagsgetestet, stammen sie von Menschen wie euch und uns, decken sie von exotisch bis regional-bürgerlich alles ab, was man/frau gerne isst. Es sind Rezepte von Menschen, die gerne kochen und essen, für eben solche. Kein schicker Schnickschnack, sondern verständliche Anleitungen, ergänzt um Vorschläge, mit welcher musikalischen Untermalung sich die Zeit am Herd noch angenehmer gestalten lässt. Ein paar Leute haben uns ihre Rezepte illustriert, andere lieferten Fotos dazu, und so sind diesmal anders als bisher bei einigen Rezepten Bilder mit dabei, doch aufwendige Food-Fotografie überlassen wir weiterhin anderen.

Wir danken: Ole für das Cover, Rautie für die Illus, Linda für die Layoutentwicklung, André fürs Zusammenfummeln von Text, Bildern und Grafiken, Ute fürs Korrekturlesen, den Ox-Praktikanten und -innen Katharina, Jan-Niklas und Peter sowie unserem Azubi Jens fürs Kopieren und Einfügen und Lesen und Checken. Jens, Oliver, Ingo und allen anderen vom Ventil Verlag für die freundschaftliche Zusammenarbeit. Und natürlich allen, die mit Rezepten zu diesem Kochbuch beigetragen haben. Ein großes Sorry an jene, deren Rezepte es doch nicht ins Buch geschafft haben, aber leider konnten wir nicht alle abdrucken.

Viel Spaß beim Kochen, lasst es euch schmecken!
Uschi Herzer & Joachim Hiller

P.S.: Teil 5? Schickt eure Rezepte an kochbuch@ox-fanzine.de und gebt uns ein paar Jahre Zeit. Fragen? Anregungen? Wir freuen uns über eure Mails. Und besucht uns unter ox-kochbuch.de sowie kochen-ohne-knochen.de – da findet ihr auch unser Merchandise-Programm: Messer, Schürzen, Servietten und mehr.

zehn tipps für smartes essen, gutes leben und spaß beim kochen.

Viele Links zum Thema unter www.ox-kochbuch.de

1. Vegan oder vegetarisch?
Die Gretchenfrage unter Menschen, die keine Tiere essen. Das „Problem" aus Sicht der Vegetarier: der Verzicht auf Eier, Käse, Milchprodukte ganz allgemein. Meist eine Genuss- und Willenssache, denn eigentlich weiß jeder, dass auch Bio-Hühner nicht an Altersschwäche sterben und es Milch nur geben kann, wenn dafür erst die Kälber und dann die Kühe sterben, denn ohne Kälber keine Milch – bio hin, bio her. Vom Lab aus dem Kälbermagen, das als Gerinnungsmittel in vielen Käsesorten steckt, ganz zu schweigen. Tipp: Es gibt auch vegetarisches Lab. Im Bioladen nach entsprechend hergestelltem Käse fragen.
Also die logische Weiterentwicklung zum Veganer? Für die meisten Vegetarier ist dieser Schritt so schwer wie für viele Fleischesser der Verzicht auf Fleisch und Wurst. Aber es muss ja nicht immer der radikale Schnitt sein, langsam anfangen ist auch ein Weg. Also vegane Margarine statt Butter kaufen, Sojamilch statt Kuhmilch in den Kaffee, Sojamehl statt Eier in den Kuchen, vegane Mayonnaise ... Einfach noch mehr auf das Kleingedruckte auf den Produkten achten und der Weg zum Veganer ist nur noch halb so weit. Und selbst wer es nicht ganz schafft: Weniger ist mehr!

2. Das Kleingedruckte
Wer sich bewusst ernährt, braucht länger zum Einkaufen. Denn es gilt, bei jedem Produkt instinktiv einen Blick auf die Zutatenliste zu werfen. Je kürzer diese ist, desto besser. Frischkäsezubereitungen mit Gelatine (wird meist aus Schweineschwarte, manchmal aus Knochen gemacht)? Bäh! Fertig-Tomatensauce mit Geschmacksverstärker – wozu? „Aroma" als Zusatz? Warum, hat das Zeug sonst keines? E 666 und so weiter? Unnötig! Genmanipuliertes Soja? Das muss auf der Packung ausgewiesen sein und ist nur gut, um die Taschen der großen Konzerne auf Kosten von Bauern, Umwelt und Verbrauchern zu füllen – Bio-Produzenten dürfen keine genmanipulierten Zutaten verwenden. Und in asiatischen Lebensmitteln beispielsweise versteckt sich gerne Garnelenpaste, Austern- oder Fischsauce, so dass ein an sich vegetarisches Produkt dann doch keines ist.

3. D.I.Y.: Selbst ist der Koch/die Köchin!
D.I.Y. rules! Fertiggerichte sind eigentlich immer teurer und qualitativ nie besser als Selbstgekochtes. Klar, du hast dieses Buch in der Hand, du weißt das ja eigentlich schon, aber noch mal so als Argumentationshilfe: Damit Fertigmahlzeiten schmecken, muss irgendwas rein, was den Geschmack bringt. In der Regel sind das Geschmacksverstärker wie auch das, was sich pauschal hinter „Aroma", irgendwas mit „Hefe" oder „Gewürzmischung" verbirgt.
Und damit Fertigmahlzeiten immer gleich schmecken und auch nach sechs Monaten noch dieselbe Konsistenz und Aussehen haben, muss die Chemieküche kräftig herhalten mit Stabilisatoren, Emulgatoren, Verdickungsmitteln, Konservierungsstoffen usw. All das braucht niemand, außer man will es bequem haben und hasst es, in der Küche zu stehen. Aber hey, Kochen und Essen ist sinnlich und schön, das kann man doch nicht der Lebensmittelindustrie überlassen, oder?

4. Küchenausrüstung

Der Markt für Küchenschnickschnack ist gigantisch, und vieles, was für reichlich Geld an ambitionierte Hobby-Köche gebracht werden soll, braucht kein Mensch. Trotzdem gilt: Vernünftiges Kochgeschirr und solides Werkzeug ist auf Dauer unabdingbar. Eine gute Pfanne kostet nicht die Welt, aber gelungene Rezepte machen glücklich, also ... Ebenso ist ein guter, großer Topf zum Nudel- und Suppekochen wichtig, auch da ist billig nicht besser und außerdem nicht nachhaltig, denn hochwertige Sachen halten länger. Zwei gute Schneidebretter sind praktisch, ein großes und ein kleines scharfes Messer zum Gemüseschneiden unabdingbar, ein Sparschäler ebenso. Edelstahlschüsseln für die Zwischenlagerung geschnippelter Zutaten sind gut, weil sie den Geruch von Zwiebeln beispielsweise nicht annehmen. Ein großes Edelstahl-Sieb zum Abgießen von Nudeln und Waschen von Gemüse ist essentiell, ebenso eine Salatschleuder für alle Arten von Blattsalaten sowie Spinat. Dazu noch diverse Schöpflöffel, Schneebesen und Pfannenwender sowie eine Küchenzange zum Wenden von Anzubratendem sowie zum Anrichten. Und ein paar gleiche Teller (groß und klein) sowie Gläser und passendes Besteck kosten ebenfalls nicht die Welt, steigern aber das Essvergnügen. An elektrischer Gerätschaft sollten ein Mixer mit Knethaken sowie ein Pürierstab zur Grundausstattung gehören.

5. Wo kaufe ich ein?

Schon mal ausgerechnet, wie viel Geld ihr für Essen und Nahrungsmittel ausgebt? Der Betrag dürfte je nach Einkommenssituation locker zwischen 100 und 200 Euro pro Person im Monat liegen. Da wir nunmal in einer kapitalistischen Gesellschaft leben, bewegt Geld fast alles. Und so ist es sehr wichtig, wem ihr euer Geld gebt: dem Discounter, der die Hersteller von Lebensmitteln zur Maximierung seines Profits auspresst, dem Supermarkt um die Ecke, dem Bioladen, dem Hofladen des Bauern draußen vor der Stadt oder der Bio-Food-Coop um die Ecke? Das ist eben wie mit dem Plattenkaufen: Schleppt man sein Geld in den Elektro-Großmarkt, der wahrscheinlich zum gleichen Konzern gehört wie der Supermarkt, oder kauft man im netten Laden um die Ecke? Kauft man von einem Indie-Label oder Major-Releases? Alles eine Frage der Einstellung, doch man kann sich vorstellen, dass sich wie so oft mit dem Konsumverhalten wirksamer etwas bewegen lässt als auf politischer Ebene. Mit eurem Budget von mindestens 1.200 Euro im Jahr könnt ihr einiges steuern!

6. Good food – bad food

Gutes Essen ist teurer als schlechtes Essen, aber so groß ist der Unterschied nicht. Natürlich, wer finanziell absolut am Stock geht, hat kaum Spielraum, viel im Bioladen einzukaufen. Aber von dieser Extremsituation mal abgesehen ist gutes Essen eine Frage der Verteilung der Mittel im privaten Haushalt. Ganz simpel ist es so, dass es sicher das Dümmste ist, bei der Ernährung auf billigstes Trashfood zu setzen, damit mehr Geld für teure Markenkleidung, ein neues Auto, hohe Handy-Rechnung und den Urlaub übrig bleibt. Wer sagt, er habe kein Geld für hochwertige (Bio-)Lebensmittel, setzt in der Regel einfach nur seine Prioritäten anders bzw. falsch.

7. Homecooking kills Fastfood

Wer nicht in der glücklichen Lage ist, in einer Weltstadt einen innenstadtnahen Arbeitsplatz mit Bio-Restaurant und billigem Mittagstisch in der Nähe zu haben, sollte sich mal Gedanken darüber machen, wie viel Spaß das Speisen in der mäßigen Kantine, das Fastfood-Taxi oder der Imbissbuden-Besuch wirklich macht. Vor allem geht das externe Essen ins Geld, aber klar, wer mittags mit seinen Tupper-Schüsseln vor der Mikrowelle steht, ist für die Kollegen vielleicht uncool, aber das stört den Vegetarier oder Veganer mit seinem dicken Pelz doch sowieso nicht mehr. Und das Chili oder der Auflauf vom Vortag sind aufgewärmt immer noch grandios lecker. Und mehr Geld für den Einkauf wirklich guter Lebensmittel hat man mit dem Verzicht auf Fastfood auch übrig. Punkrock ist, gegen den Strom zu schwimmen (und zu essen!).

8. Bio? Logisch!
Was immer hilft: möglichst viele Bio-Produkte kaufen. Auch da gibt es zwar gewisse Unterschiede zwischen Produkten renommierter Anbauverbände wie etwa Demeter und Bioland sowie No-Name-Sachen, doch „Bio" ist rechtlich geschützt und jedes Bio-Produkt trägt auch das EU-Bio-Logo. Darauf kann man sich verlassen, auch wenn es keine hundertprozentige Sicherheit gibt. Die haben all die Bio-Kritiker bei ihren konventionellen Produkten nämlich noch viel weniger, doch gleichzeitig sind die es, die als erste meckern, von wegen „Bio? Das ist doch auch alles nur Beschiss." Niemand verlangt, dass man sich immer und überall nur mit Bio-Produkten ernährt, aber achtet doch einfach mal drauf und fangt zumindest bei den „Basics" an. Bei Brot, Kartoffeln, Milch, Eier, Butter, Käse, Öl, Müsli etc. werdet ihr feststellen, dass egal ob beim Discounter (viele haben mittlerweile die Grundnahrungsmittel auch in Bio-Qualität im Programm), im Supermarkt, im Drogeriemarkt oder idealerweise natürlich bei der Bio-Food-Coop, im Bioladen oder Bio-Supermarkt gekauft, die Preisunterschiede relativ gering sind, vor allem wenn man Preise von Bio-Lebensmitteln und Markenartikeln vergleicht.

9. Fairtrade geht vor.
Die großen Kaffeekonzerne sind Ausbeuter! Habt ihr euch noch nie gewundert, dass Kaffee heute viel billiger ist als vor 20 Jahren? Dieses vom westlichen Verbraucher gesparte Geld hält die Kaffeebauern arm, macht sie krank. Und es gibt nur eine Alternative: Kauft nur fair gehandelten Kaffee, der mittlerweile in fast jedem Supermarkt zu finden ist (achtet auf das Fairtrade-Siegel), und oft wird auch Bio-Qualität angeboten. So bekommen die Bauern so viel Geld, dass sie überleben können und auch nicht durch Pestizide erkranken. Gleiches gilt übrigens auch für Bananen: Finger weg von den großen Marken! Und auch für viele anderen Produkte wie Kokosmilch, Kakao, Honig, Wein oder Schokolade gibt es das Fairtrade-Siegel.

10. Bio-Baumwolle und vegane Schuhe
Baumwolle ist zwar eine Naturfaser, aber ihr Anbau ist alles andere als umweltfreundlich, da beim Anbau viel Wasser verbraucht wird und auch Pestizide zum Einsatz kommen. Besser für die Umwelt und die Menschen, die Baumwolle anbauen, ist deshalb Bio-Baumwolle. Noch sind Stoffe aus Bio-Baumwolle zwar teurer, aber wer gleichzeitig auf den Kauf übeteurer Modemarken verzichtet und seinen Konsum eher auf Qualität und Nachhaltigkeit statt Quantität und Impulskäufe ausrichtet, tut letztlich sich und der Umwelt einen Gefallen. Manche Hersteller bieten auch Kleidung an, die in einem zertifizierten Prozess mit erheblich weniger Kohlendioxid-Belastung hergestellt wird. Und was Schuhe anbelangt: Es gibt eine ganze Menge Hersteller, die auf die Verwendung von Leder verzichten und somit „vegane" Schuhe anbieten.

inhalt

salate	**11**
suppen	**21**
sattmacher	**31**
kochen bis die ärzte kommen	**89**
soja, tofu, seitan und co	**109**
schneller gekocht als gekauft	**127**
für zwischendurch	**149**
spanish delight	**161**
süßes	**171**
index	**189**

salate

black is beautiful-salat
von Nadine Guaiana
Philip Poisel „Als gäb's kein Morgen mehr"

Dieser köstliche Salat ist mit Brot eine vollwertige Mahlzeit, kommt aber auch gut als Starter bei einem Menü.

- 1 Zwiebel
- 1 Knoblauchzehe
- Olivenöl
- Balsamico-Essig
- mittelscharfer Senf
- 200 g Beluga-Linsen
- 1 TL Thymian
- Salz und Pfeffer
- 1 kleiner Romanasalat
- 50 g Walnüsse, Mandeln oder Sonnenblumenkerne

1. Zwiebel und Knoblauch fein würfeln und in einem ausreichend großen Topf in etwas Olivenöl anbraten.
2. Wenn die Zwiebeln glasig sind, gebt ihr die Linsen, etwas Salz und Pfeffer und den Thymian dazu. 300 ml Wasser drauf kippen, alles gut verrühren und zum Kochen bringen. Blubbert das Ganze, Gas runter und 30 Minuten leicht köcheln lassen. Deckel auf den Topf!
3. In der Zwischenzeit könnt ihr euch schon mal an den Salat machen. Einfach den ganzen Salatkopf quer in 1 cm breite Streifen schneiden, waschen, schleudern, fertig.
4. Das Salatdressing stellt ihr aus 2 EL Balsamico-Essig, 1 TL Senf, 8 EL Olivenöl und Salz und Pfeffer her.
5. Zum Schluss sind die Sämereien oder Nüsse dran. Walnüsse oder Mandeln grob hacken, SoBluKerne können ganz bleiben. In einer Pfanne ohne Fett goldbraun rösten.
6. Wenn die Linsen fertig sind (die dürfen schon noch etwas Biss haben!), gebt ihr das Dressing drüber. Gut vermischen und dann vorsichtig den Romanasalat unterheben. Nüsse oder Kerne obendrauf und fertig!

- Schmeckt warm am besten, ist aber auch kalt lecker.
- Kann mit Sherry-Essig noch etwas abgerundet werden.
- Dazu passt Baguette mit Ziegenkäse sehr gut, siehe Ox-Kochbuch 3, S. 22.

bunter reissalat mit chili-dressing

für 4-6, von Alex Renz
BAYSIDE „The Walking Wounded"

- 150 g Reis
- 300 ml Gemüsebrühe
- 2 Tomaten
- 1 Salatgurke
- 1 große oder 2 kleine Paprika
- 1/2 Bund Petersilie
- 1-2 Frühlingszwiebeln (gerne auch mehr)
- 1 Dose Kichererbsen
- 1-2 Chilischoten
- 2 EL Zitronensaft
- 5 EL Rapsöl
- Cashewkerne
- Salz

1. Cashewkerne in einer Pfanne anrösten, dann abkühlen lassen.
2. Reis nach Packungsanweisung mit Gemüsebrühe kochen und ebenfalls abkühlen lassen.
3. Inzwischen Tomaten, Gurke und Paprika in kleine Würfel schneiden.
4. Petersilie hacken. Frühlingszwiebeln in dünne Ringe schneiden. Kichererbsen abtropfen lassen. Alles mit dem Reis mischen.
5. Chili entkernen und sehr klein hacken. Zusammen mit Zitronensaft, Rapsöl und Salz unter den Salat mischen und natürlich abschmecken. Salat etwas durchziehen lassen und anschließend nochmal etwas nachwürzen. Zum Schluss Cashewkerne grob hacken und unter den Salat mischen. Fertig.

- Eignet sich gut als Partyfood.

spargelsalat

für 4, von Uschi & Joachim
CONVERGE „Petitioning The Empty Sky"

Eine beeindruckende Vorspeise, wenn die Schwiegereltern zum Essen kommen.

- 500 g grüner Spargel
- 8 Zehen frischer (wichtig!) Knoblauch
- 12 Cocktailtomaten
- 1 Tüte Mozzarella
- Olivenöl
- Balsamico-Essig
- Salz und Pfeffer
- 8 Scheiben Ciabatta

1. Als Erstes den Spargel waschen und die holzigen Enden abschneiden. Anschließend in 5-6 cm lange Stücke schneiden und der Länge nach halbieren.
2. Dann vom Knoblauch die äußere Haut abknibbeln und den verbliebenen Rest in Scheiben schneiden. Solltet ihr keinen jungen Knoblauch bekommen haben, nehmt ihr bitte max. zwei normale Knoblauchzehen, sonst wird's zu heftig! Zum Schluss noch schnell die Tomaten waschen und den Mozzarella in 1 cm dicke Würfel schneiden.
3. Jetzt geht alles ganz schnell: Glücklich ist, wer einen Backofen mit Grillfunktion hat, damit geht's nämlich schneller. Ofen aber so oder so schon mal vorheizen (220-250 °C).
4. Pfanne aus dem Schrank holen, Olivenöl rein und die ganzen Tomaten ein paar Minuten anbrutzeln lassen. In der Zwischenzeit die Brotscheiben auf einer Seite mit Olivenöl beträufeln/bestreichen (ein Teelöffel darf's schon sein), auf den Gitterrost legen und unter dem Grill in ein paar Minuten goldbraun brutzeln lassen. Obacht! Geht manchmal verdammt schnell!

FRANZÖSISCHER PALMENHERZENSALAT. Musik: Les Hatepinks "Bye Bye Beauté". Zutaten für zwei: eine Dose Palmenherzen, zwei Eier frischer Rosmarin, Senf, Olivenöl, Weißweinessig. Die hart gekochten und abgekühlten Eier und die Palmenherzen in Stücke schneiden. Dazu eine Vinaigrette aus Öl, Essig, Honig und Senf zaubern. Coralie Clément "Sehr gut Rock & Roll". Alles mit Salz und Pfeffer abschmecken. Den Rosmarin fein hacken und dazugeben. und mind. zwei Stunden im Kühlschrank ziehen lassen. Dazu frisches Baguette. Voilà!

von yvonne inlund

1. Kürbis waschen, mit einem großen Messer halbieren und Kerne entfernen. Anschließend schälen und in etwa 2 cm dicke Spalten zerschneiden und in eine Auflaufform geben. Evtl. ist es leichter, erst die Spalten zu schälen.
2. Koriandersamen und getrocknete Chili im Mörser zerstoßen. Zimt, etwas Pfeffer und Salz dazugeben und vermischen.
3. Jetzt gut drei Esslöffel Olivenöl über die Kürbisspalten in der Auflaufform gießen, vermischen und die Gewürzmischung dazu. Mit den Händen schön durchmengen, damit alles gut verteilt wird.
4. Das Ganze kommt jetzt bei 180 °C ca. 20 bis 30 Minuten in den Backofen. Zwischendurch prüfen, ob der Kürbis schon weich ist.
5. In der Zwischenzeit ist das Dressing dran. Dazu die Limetten auspressen und den Saft in einer kleinen Schüssel mit derselben Menge Olivenöl vermischen. Dazu kommen noch Sesamöl, zwei Esslöffel Sojasauce und Zucker. Alles gut verrühren.
6. Als Nächstes die frische Chili und die Stängel des Koriander megafein hacken. Frühlingszwiebeln in dünne Ringe schneiden und das Weiße zur Seite legen. Grüne Frühlingszwiebelringe und den anderen gehackten Rest zum Dressing geben.
7. Jetzt könnt ihr euch an den Salat machen. In Streifen schneiden, waschen und trocken schleudern. Danach auf zwei großen Tellern schön ausbreiten.
8. Der Tofu fehlt noch: Den Block in 0,5 bis 1 cm dicke Streifen schneiden. Etwas Olivenöl in einer Pfanne erhitzen und die Tofustücke sowie einen guten Schuss Sojasauce dazugeben und bei mittlerer Hitze knusprig braten.
5. Tomaten raus aus der Pfanne und in einer Schüssel zwischenlagern, Spargel rein und ca. 3 Minuten kräftig anbrutzeln. Immer wieder schütteln, rütteln und wenden. Spargel raus aus der Pfanne und rein zu den Tomaten.
6. Evtl. etwas Olivenöl in die Pfanne nachgießen und den Knoblauch in die Pfanne schmeißen. Kurz anbrutzeln, Tomaten und Spargel wieder zurück in die Pfanne und mit Salz, Pfeffer und einem Schuss Balsamico würzen.
7. Jetzt noch den Mozzarella dazu, schnell vermischen (nicht zerlaufen lassen!) und den Salat auf vier Teller verteilen. Auf jeden Tellerrand zwei Scheiben hoffentlich nicht verkohltes Ciabatta legen und mampfen.

exotischer kürbissalat
für 2, von Markus Guaiana
Laith Al-Deen „Die Liebe zum Detail"

- Olivenöl
- 2 Limetten
- 1/2-1 Bund Koriander
- 1/2-1 Bund Minze
- 1 mittelgroßer Hokkaido-Kürbis
- 5 Frühlingszwiebeln
- 1 TL Sesamöl
- Sojasauce
- 1 frische rote Chilischote
- 1 Knoblauchzehe
- 2 Romana-Salatherzen
- 1 TL Koriandersamen
- 1-2 getrocknete Chili
- 1/2 TL gemahlener Zimt
- 1 TL Rohrzucker
- 1 Block Tofu

9. Spätestens jetzt Koriander- und Minzeblätter mittelfein hacken. Wenn alles fertig ist, drapiert ihr die Kürbisspalten auf dem Salat und verteilt die weißen Frühlingszwiebeln und gehackten Koriander und Minze darüber. Dressing nochmal durchrühren und schön gleichmäßig über Kürbis und Salat verteilen. Jetzt noch die Tofustreifen auf dem Salat anrichten, fertig. Mmmmmhhhh, lecker!

diesem Teil des Rezepts kacke ich persönlich immer am meisten ab, und anstatt schöne, appetitliche Fruchtfilets kommen bei mir immer halbzermatschte Orangenlappen dabei raus.

3. Zum Schluss nehmt ihr euch eine große Salatschüssel, schmeißt alle Zutaten da rein und vermischt das Ganze mit ein paar Esslöffeln Ayvar. Lecker, lecker!

- Knoblauchbaguette kommt dazu prima!
- Das Ox-Kochstudio empfiehlt: zum Filetieren der Orangen ein sehr scharfes Messer nehmen, dann klappt's auch mit den schönen Stücken.

ayvar-salat

von Kathrin Schulte
Johnny Cash „At San Quentin"

- 1 Kopf Eisbergsalat
- 2-3 reife Orangen
- 1 Schälchen Champignons
- 1 Gläschen Ayvar (gibt's beim Türken um die Ecke, wer's mag nimmt natürlich extra scharf)

1. Als Erstes schnappt ihr euch euer Henker-Outfit und zerteilt den Salatkopf mit einem ordentlichen Schlag in der Mitte. Dann rupft ihr den Strunk raus und schnibbelt die Salatblätter so klein, dass man beim Essen keine Maulsperre kriegt. Den Salat waschen und anschließend in einer Salatschleuder trocken schleudern.
2. Nachdem ihr die Champignons von der Erde befreit (nicht mit Wasser waschen!) und den Stiel abgesägt habt, schnibbelt ihr sie in Scheiben und bratet sie in etwas Olivenöl an. In der Zwischenzeit filetiert ihr schonmal die Orangen, indem ihr die Schale mit einem scharfen Messer abschält und die Filets zwischen den weißen Zwischenhäutchen raussäbelt. Bei

nudelsalat orientalisch

von Thorsten Winter
Billy Bragg „Talking With The Taxman About Poetry"

Das hier ist einer der Lieblingssalate meiner Frau Michaela.

- 1 Dose Kichererbsen
- 2 EL frische Minze, gehackt
- 2 Messerspitzen Kreuzkümmel
- 5 EL Rapsöl
- 250 g Joghurt (evtl. veganes Produkt)
- 2 EL milder Essig, z.B. Weißweinessig
- Knobi, Salz und Pfeffer
- 250 g Nudeln
- 1 Bio-Zitrone, Schale abreiben und ausdrücken

Nudeln kochen, Kichererbsen abtropfen lassen, dann alle Zutaten zusammenmischen = fertig.

- Ein Glas Wein schmeckt dazu immer.

der sechs-sechs-sechs-salat
von Hartung
Anton Maiden „The Number of the Beast"

- 6 große Kartoffeln
- 6 mittelgroße, sonnengereifte Tomaten
- 6 kleine, hartgekochte Eier
- 1 rote Zwiebel
- 1 Handvoll aromatische, eingelegte Gurken
- Mayonnaise (vegan, Lieblingsmarke oder selbst gemacht)
- Schnittlauch
- Petersilie und Dill
- Salz und Pfeffer

1. Die Kartoffeln (je nach Sorte) ungefähr 20-30 Minuten sowie die Eier etwa 10 Minuten mit ihren Schalen kochen. Hinterher die Kartoffeln und die Eier mit Hilfe von kaltem Wasser abkühlen lassen.
2. Währenddessen die gewaschenen Tomaten in Würfel schneiden und mit den in Scheibchen geschnittenen Gurken samt Zwiebelstückchen in eine Schüssel geben.
3. Sind die Kartoffeln und die Eier kalt genug, pellen! Anschließend klein würfeln und ebenfalls ab in die Schüssel. Nun dem Ganzen mit frisch zerhackten Kräutern, Salz und Pfeffer die richtige Würze verleihen. Zum Schluss ein paar Löffel Mayo unterrühren und erneut abschmecken.

- Diesen delikaten Salat mit getoastetem Fladenbrot und eingelegten Chilischoten oder in Chili eingelegte Oliven genießen.
- Ein kalifornischer Rotwein rundet dieses höllische Gaumenfeuerwerk bestens ab. Wohlsein!

yummy-salat mit feta à la reini

von Yvonne Salcewics
KING KHAN AND THE SHRINES
„Took my lady out to dinner"

- 1 Endiviensalat oder 2-3 Salatherzen (bitter ist besser!)
- 2 Chicorée
- 4 Tomaten
- 1 Sternfrucht (weil's so schick aussieht)
- 2-3 frische Feigen
- 1-2 Zwiebeln (je nach Gusto und Größe)
- Sesamkörner
- 1 Klotz Feta (250 g)
- Honig
- Zitrone (sehr geil ist auch Erdbeer-Balsamico!)
- Olivenöl
- Salz und Pfeffer

1. Zuerst den Salat und das Obst waschen. Dann Salat in Streifen schneiden, Tomaten und Feigen vierteln, Sternfrucht in kleine Sternchenscheiben säbeln. Chicorée in Einzelteile zerlegen, also Blatt für Blatt abschälen.
2. Sauce aus Zitrone, Öl, Honig und Gewürzen anrühren, bis es lecker schmeckt, und gehackte Zwiebeln darin einlegen.
3. Feta auspacken und abtupfen. Von allen Seiten mit Honig bestreichen und ordentlich in Sesam panieren, bis er rundherum bedeckt ist. Langsam in der Pfanne in reichlich Öl von allen Seiten anbraten. Wenn er jetzt matschig wird, ist das zwar optisch schade, geschmacklich aber nicht weiter schlimm.
4. Salat, Feigen, Tomaten und Sauce in eine Schüssel geben, umrühren. Chicorée rundherum in den Salat stecken und die Sternfrucht dazu anrichten.
5. Warmen Feta obendrauf und mit Ciabatta essen – yumyum!

Ungeheuer Guter Nudelsalat
„owner of a lonely heart" - yes

Zutatenliste:
- 500 g Spiralnudeln
- 150g Tomatenmark
- 1 Zwiebel
- Olivenöl
- 1 Glas getr. Tomaten
- 100 g Oliven
- 1 Bund Basilikum
- Salz, Pfeffer

1. Nudeln al dente kochen, abgießen.
2. Zwiebel klein hacken, Oliven entkernen und in Ringe schneiden, Tomaten klein schneiden, Basilikum fein hacken.
3. Zwiebel in Öl glasig dünsten.
4. Tomatenmark und Zwiebel glatt verrühren, würzen.
5. Alle Zutaten in einer großen Schüssel vermengen.
6. Vor dem Servieren ziehen lassen.

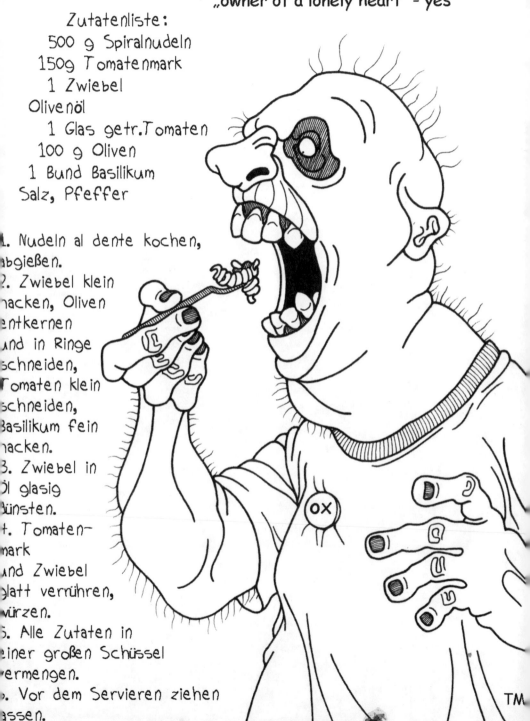

suppen

„der beste schatz für einen mann ist eine frau, die kochen kann"-süppchen

für 4, von Dominika Duda
THE DAMNED „Machine Gun Etiquette"

Dieses Rezept ist aus der Not an Weihnachten entstanden. Da hat die Mutter einfach für einen Kurzurlaub die Familie alleine gelassen und wir haben improvisiert, ein ganzes Menü, welches mit dieser vorzüglichen Vorspeise begonnen hat.

- 1 Zwiebel
- 1 Knoblauchzehe
- 1-2 Bananen
- ein paar Möhren
- Gemüsebrühe
- Currypulver (mild oder scharf, je nach Vorliebe)
- 1 grüne Chilischote (scharf)
- Salz und Pfeffer

1. Zwiebel und Knoblauch in kleine Würfel schneiden und in einem Topf mit etwas Butter glasig dünsten. Möhren in dünne Scheiben schneiden und mit in den Topf schmeißen. Dasselbe passiert mit den Bananen.
2. Anschließend wird alles mit Gemüsebrühe abgelöscht, vorsichtig, lieber erstmal etwas weniger, damit das Süppchen nicht zu dünn wird. Je nach Geschmack mit Salz, Pfeffer und etwas Curry würzen und anschließend pürieren.
3. Wer gerne scharf isst, sollte eine Chilischote kleinhacken und samt Kernen dem Süppchen hinzufügen. Falls man sich dabei etwas verschätzt, helfen Sahne oder Crème fraîche. Natürlich kann man auch die Geschmacksnerven im Voraus mit Alkohol betäuben.

- Eine weitere leckere Variante ist, wenn man dem Süppchen noch Tandoori-Gewürz hinzufügt.
- Genaue Mengenangaben sind hier nicht zu beachten. Ich koche immer gerade so aus der Lameng und es schmeckt jedes Mal anders, aber überraschend gut.
- Das Ox-Kochstudio empfiehlt: ein bisschen saure Sahne als Gegenpol zur süßen Banane schadet nicht, und auch Kokosmilch passt gut.

spicy kürbissuppe

für 4, von Uschi
RISE AGAINST „Appeal To Reason"

- 1 Hokkaido-Kürbis
- 1 Zwiebel
- 3 Stängel Zitronengras
- 1 Stück Ingwer, so groß wie dein Daumen
- 1 Zimtstange
- 1 l Gemüsebrühe
- 1 Dose Kokosmilch
- Chilipulver
- Salz und Pfeffer
- Olivenöl

1. Wie immer ist Vorbereitung das halbe Leben, das heißt, ihr schnibbelt jetzt erstmal die ganzen Zutaten. Kürbis waschen, halbieren, vierteln und die Kerne und das Grisselzeugs rausoperieren, Schale kann aber dran bleiben. Anschließend das Kürbisfleisch mittelgroß würfeln. Zwiebel fein hacken, den Ingwer schälen und auch fein hacken oder reiben.
2. Großen Topf im Schrank suchen, Olivenöl rein und die Zwiebeln darin andünsten. Nach einer kleinen Weile Kürbis und Ingwer dazu, gut umrühren und ein paar Minuten mitbrutzeln lassen.
3. Jetzt die Gemüsebrühe drüberkippen und zwar nur soviel, dass der Kürbis gerade so eben damit bedeckt ist. Deckel drauf.
4. Wichtig! Zitronengras nicht vergessen, denn das gibt den nötigen Kick. Einfach in drei oder vier Abschnitte schneiden und diese noch der Länge nach halbieren. Wer nachher nicht einen auf großen Fischer machen will, gibt die Zitronengrasstücke und den Zimt in ein Teefiltersäckchen, bindet es zu und taucht es in die Suppe. Wer lieber am Kochende mit Pinzette und Lupe die Stückchen in der Suppe suchen will, kann sie natürlich auch so reinschmeißen. Drin lassen geht gar nicht, denn beim Essen draufzubeißen, ist verdammt eklig ...
5. Nach ungefähr 30 Minuten müsste der Kürbis butterweich sein und ihr könnt das Ganze pürieren. Vorher aber die Gewürze rausangeln. Kokosmilch reinkippen und dann alles mit einem Zauberstab schön glatt matschen oder wahlweise in den Mixer packen. Mit Chili, Salz und Pfeffer würzig abschmecken. Yummy!

- Baguette oder so was in der Art dazu und ihr habt ein sättigendes Essen.

hirserahmsuppe mit paprika

für 4, von Anne
WIZO „Anderster"

Ich habe den Beruf Hauswirtschafterin gelernt und diese Suppe war im dritten Ausbildungsjahr die Vorspeise eines vegetarischen Menüs. Und weil ich sie damals gemacht habe und sie mir am besten von allem geschmeckt hat, hat sie Einzug in meine Küche gefunden. Ich koche sie heute noch ab und zu, wenn ich was brauche, was ich aufwärmen kann, oder das Gefühl habe, es müsste mal wieder ein bisschen frisches Gemüse auf den Tisch. Wer gerne vegan kochen möchte, kann statt der Butter 2-3 EL Öl nehmen und statt der Sahne einfach Sojasahne.

- 2 Zwiebeln
- 40 g Butter
- 1 TL Paprikapulver, edelsüß
- 80 g Hirsemehl
  (es geht auch Weizenvollkornmehl)
- 500 ml Gemüsebrühe
- 600 g rote Paprikaschoten
- 125 g Sahne
- 5 EL Tomatenmark
- Salz und Pfeffer

1. Zuerst musst du die Zwiebeln schälen und fein würfeln. Ist aber nicht so schlimm, wenn sie nicht mikroskopisch klein werden.
2. Danach erhitzt du in einem Topf die Butter (bzw. das Öl) und röstest die Zwiebeln so lange, bis sie schön glasig sind.
3. Jetzt nimmst du das Hirsemehl (oder Weizenvollkornmehl) und das Paprikapulver und schüttest es in den Topf zu den Zwiebeln. Mit einem breiten Kochlöffel musst du die Masse nun schnell rühren, damit sie dir nicht anbrennt. Bereits nach kurzer Zeit müsste sie sämig genug sein.
4. Als Nächstes ziehst du den Topf vom Herd und bewaffnest dich mit einem Schneebesen. Am besten funktioniert es, wenn du die Masse zuerst mit ein wenig kaltem Wasser aufgießt, das gibt weniger Klumpen in der Suppe. Die Menge ist nicht so entscheidend, nimm eine Kelle oder ein halbvolles Glas, etwas in der Art. Schütte also das kalte Wasser in den Topf und rühre gleichzeitig sofort los. Wenn das Zeug jetzt angedickt ist, schüttest du unter ständigem Rühren die vorbereitete Gemüsebrühe dazu. Zieh die Suppe wieder auf die Herdplatte und lass sie unter Rühren aufkochen. Schalte sie auf die Hälfte herunter und lass sie noch fünf Minuten weiter köcheln.
5. Währenddessen kannst du schonmal anfangen die Paprikaschoten vorzubereiten. Wasche sie im Ganzen, befreie sie von Stiel und Kernen und schneide sie in grobe Stücke.
6. Als Nächstes musst du dir einen Pürierstab oder Mixer oder Blitzhacker oder was auch immer du hast, um wehrloses Gemüse zu zermetzeln, herrichten. Püriere die Paprikas mit dem Gerät deiner Wahl in einer Schüssel, hohem Becher oder Mixer, je nach dem, so lange, bis keine Klumpen mehr da sind. So, die Suppe ist fast fertig.
7. Schütte nun das zerhexelte Paprikamus in die Suppe, gib das Tomatenmark dazu und schmecke alles nach deinem Geschmack noch mit Pfeffer, Salz und eventuell, wenn nötig, mit ein wenig Gemüsebrühepulver ab. Lass die Suppe noch einmal richtig heiß werden und aufkochen.

- Achtung: Die Sahne (bzw. Sojasahne) darf erst in die Suppe gegeben werden, wenn diese nicht mehr kocht! Und sie darf danach auch nicht mehr aufkochen! (Ist so ein ungeschriebenes Kochgesetz, dass man Sahne nie in kochende, sondern nur in heiße Flüssigkeiten gibt.) Ich würde empfehlen, zwei bis drei Löffel Sahne kurz vor dem Servieren in den jeweiligen Teller zu tun. So kannst du nach Belieben viel oder wenig nehmen oder auch mit dem Löffel schöne Muster ziehen. Die restliche Suppe auf dem Herd kann dann ruhig noch aufkochen. Wer mag, kann die Sahne auch steif oder halbsteif schlagen (ist halt dann mehr Arbeitsaufwand).

BLUTSUPPE mit BLAUEN BOHNEN

von KILLER

Musik: FLIPPER – the light, the sound, the rhythm, the noise

Und dann kommt sie (unweigerlich)
die Seite mit den LIGHT-GERICHTEN
wo die Lust dem ABNEHMEN unterworfen wird....
für die, die schon ALLES und zuviel hatten
und erst recht jedes Gericht aus diesem Buch!
An einem Punk. Wo Nichtsportler ihre letzte Hoffnung sehen
und Schönheitschirurgen auf die Willensschwachen warten,
wo der Koch wirklich keine Ahnung hat + doch Rezepte schreibt.
DOCH: Kein Gericht ist leichter als KEIN GERICHT,
nichts labt mehr als die hemmungslose Phantasie,
ÜBERMASS ohne Kalorien + VÖLLEREI ohne Reue,
rumsauen ohne Putznachspiel... *
die Luft bleibt klar und die Küche KALT
die Zutaten ganz nach deinem Geschmack + Nachschlag ist selbstverständlich
das, du ahnst es schon...
ist BLUTSUPPE mit blauen Bohnen

pastinaken-eintopf
für 6-8, von Thorsten Winter
PRESIDENT EVIL „Hell In A Box"

Ein hervorragendes Winterrezept!

- 500 g Pastinaken
- 500 g Karotten
- 8 Kartoffeln
- 500 ml Gemüsebrühe
- 100 ml Sahne, evtl. veganes Produkt
- 3 TL Thymian
- Salz und Pfeffer

1. Einfacher geht's fast nicht: Gemüse waschen, schälen und klein schneiden. In der Brühe ca. 40 Minuten kochen bzw. so lange, bis das Zeug weich ist.
2. Sahne rein, pürieren und würzen. Irre lecker! (Ja, das fand die Kochbuchredaktion auch!)

süßkartoffelsuppe mit grapefruit
von Marion Ackermann
FLIEHENDE STÜRME „Satellit"

1. Du schneidest einfach ein paar geschälte Süßkartoffeln in Würfel und kochst diese in einer kräftigen Gemüsebrühe (kann ruhig Instantbrühe sein), dann pürierst du das Ganze und fügst soviel Brühe zu oder auch nicht, dass das auch aussieht wie Suppe.
2. Normalerweise gibt es da nichts weiter abzuschmecken, aber wer es etwas schärfer mag, kann da noch ein Häppchen Chili, Ingwer o.ä. zugeben; je nachdem, was gerade da ist.

3. Nun wäschst du deine Grapefruit (wenn das Fruchtfleisch rot ist, sieht es schöner aus) gründlich und schneidest die Schale rundrum großzügig ab, so dass du dann problemlos die Filets herausschneiden kannst. Das Geschlabber, was nun in deiner Hand zurück geblieben ist, drückst du über dem Topf kräftig zusammen, so dass der Saft in die Suppe laufen kann.
4. Diese darf nun auf die Teller und die Grapefruitfilets schön darauf drapieren. Zum Abschluss etwas Grünzeug (Petersilie & Co.) macht sich immer gut. Fertig!

- Für wenn es mal etwas festlicher sein darf!

tiroler kartoffelsuppe
für 4, von Sabine Zink
ALKALINE TRIO „Warbrain"

- 600 g Kartoffeln
- 1 Zwiebel
- 1 EL Margarine
- Salz, Pfeffer
- 700 ml Sojamilch
- 3 EL frische gehackte Kräuter (z.B. Estragon, Majoran, Thymian, Petersilie)
- 1 Prise Muskatnuss
- 4 EL geröstete Weißbrotwürfel

1. Die Kartoffeln waschen, schälen und in Würfel schneiden. Die Zwiebel schälen und grob hacken.
2. Die Margarine in einem Topf erhitzen und die Zwiebel darin dünsten. Die Kartoffelwürfel dazugeben und kurz mitdünsten. 100 ml Wasser hinzufügen, aufkochen und etwa 20 Minuten

köcheln lassen. Mit Salz und Pfeffer abschmecken.
3. Die Suppe pürieren und anschließend im Topf erneut aufkochen lassen. Nach und nach die Sojamilch unterrühren und alles noch einmal aufkochen lassen.
4. Kurz vor dem Servieren die vorbereiteten frischen Kräuter in die Suppe rühren. Die Suppe mit Muskatnuss abschmecken und mit gerösteten Brotwürfeln anrichten.

gulaschsuppe

für 6-8, von KC aus Dortmund
CIVIL TERROR „Surrounded By Assholes",
CITIZENS ARREST „Discography"

- ca. 3 EL Öl
- 2 mittelgroße Zwiebeln
- 3-4 Knoblauchzehen
- 2 l Gemüsebrühe
- ca.100 g trockene Sojabrocken oder -schnetzel
- 3 mittelgroße Kartoffeln
- 1 Flasche trockener Rotwein
- 1 grüne Paprika
- 1 gelbe Paprika
- 1 Glas geschnittene Champignons
- 2 mittelgroße Tomaten
- 1 Tube Tomatenmark
- Cayenne- und/oder Chilipfeffer
- Rosenpaprika
- Salz

1. Zwiebeln grob in Streifen schneiden, Knoblauch grob hacken. Öl in einem relativ großen Topf erhitzen, Zwiebeln darin anschmoren, Sojabrocken bzw. -streifen und Knoblauch dazu. Alles gemeinsam weiterschmoren bzw. das Sojazeug unter regelmäßigem Rühren anrösten, bis es eine braune Farbe annimmt, aber es soll dabei nicht schwarz werden, nicht wahr?
2. Dann kommen die zwei Liter Gemüsebrühe dazu. Jetzt die Kartoffeln schälen und in grobe, aber trotzdem mundgerechte Brocken schneiden und auch dazugeben. Alles aufkochen.
3. Jetzt 2/3 des Tomatenmarks aus der Tube dazu und auch 150 ml Rotwein, umrühren und dann 20 Minuten zugedeckt bei mittlerer Hitze kochen lassen.
4. In der Zwischenzeit schonmal die Champignons abtropfen lassen und Paprika und Tomaten in grobe Stücke schneiden.
5. Nach den 20 Minuten Paprika, Tomaten und Champignons hinzu, nochmal 15 Minuten bedeckt bei geringster Hitze stehen lassen, nicht mehr kochen.
6. Zum Schluss nochmal nach Geschmack Rotwein hinein, mit Cayenne- und/oder Chilipfeffer, Rosenpaprika und evtl. Salz abschmecken und noch 10 Minuten ziehen lassen.

- Natürlich kann jede Zutat nach eigenem Ermessen in der Menge variiert werden und selbstverständlich kann sowohl etwas weg als auch dazu. Your choice.
- Den Rest vom Rotwein gibt's dann zum Essen dazu, genau wie etwas Brot.

rote-linsen-kartoffelsuppe

für ca. 6, von Jack, RENTOKILL
Musik: So vielfältig wie das Gericht selbst. Unbedingt ausprobieren: Nigel Kennedy „East Meets East". Für die rudimentären Tage: THE CLASH „London Calling". Perfekt und deswegen hier eindeutig: SNFU „Something Green And Leafy This Way Comes"

Alright, hier fehlt mal ganz eindeutig der regionale Bezug. Nicht dass die Zutaten nicht grundsätzlich regional verfügbar wären, vielmehr fehlt dem/der durchschnittlichen ÖsterreicherIn oftmals die Experimentierfreudigkeit bezüglich vermeintlich fremder Geschmacksrichtungen. Wo hingegen in den hippen Gegenden Wiens die Bohemian Bourgeoisie abhängt, erzielt das Gericht aufgrund Coolnessfaktor ungeahnte Lokalpreise, also selbst machen. (Nicht nur diese) Suppe ist leicht in großen Mengen herstellbar und eignet sich somit auch hervorragend für Cateringzwecke (warme Suppe macht tourende Menschen glücklich!), auch die Möglichkeit eingedickte Reste tagelang als Aufstrich zu verwenden steigert das Potenzial.

Alle Zutaten gibt's im Bioladen. Kreuzkümmelpulver und Kurkuma gibt's üblicherweise im Weltladen/Fair Trade-Handel. Kostet zwar mehr, dafür braucht man auch deutlich weniger als von der ausgebleichten Supermarktware.

- 400-500 g rote Linsen
- 400-500 g Kartoffeln
- 3-4 Karotten
- 2 durchschnittliche Zwiebeln
- 3 Knoblauchzehen
- Ingwer, mittelgroße Knolle
- 1-2 Chilischoten
- 1 Tomate
- 1-2 Suppenwürfel oder Gemüsebrühepulver
- Olivenöl
- etwas gelbe Currypaste
- frisches Koriandergrün
- 1 Limette
- Kreuzkümmelpulver
- Kurkuma

1. Warte noch mit der Platte, wir beginnen mit Kartoffelschälen, eine Tätigkeit so hässlich wie die Stille selbst. Deshalb kommt die Musik erst später. Wir schneiden kleine Würfel, kurz abspülen, beiseite stellen. Wenn du das genauso wenig leiden kannst wie ich, such dir eine WohnungskollegIn oder einen verfrühten Gast. Manche Leute machen das gern, echt! Ähnliches gilt für die Karotten, Form egal.
2. Musik an. Knoblauch schälen und pressen oder hacken (hab mal wo gelesen, es wär' gesünder, wenn das noch eine Zeit rastet, drum beginne ich damit). Zwiebeln klein schneiden, Ingwer schälen und noch kleiner schneiden oder raspeln. Die Chilischoten und die Tomate hacken.
3. Inzwischen sind wir bei „Joni Mitchell Tapes" angekommen, der perfekte Soundtrack,

um den Herd anzuwerfen. In einem großen Topf reichlich Olivenöl erhitzen, währenddessen die Linsen in einem Sieb kalt spülen, bis das Wasser klar abläuft. Das spart zwar kein Wasser, aber den Mitmenschen die tagelangen Blähungen. Angeblich. Reichlich heißes Wasser bereitstellen.

4. Ins nicht zu heiße Öl Zwiebeln, Ingwer, Knoblauch, Tomate und Chili schmeißen und mit einem halben Teelöffel Currypaste und einem guten Teelöffel Kreuzkümmelpulver für 1 Minute anbraten. Hübsch umrühren, damit sich die Paste gut verteilt und nix anbrennt. Schließlich die Linsen und die Kartoffeln dazu, und für ein paar Minuten alles gemeinsam weiterbraten.

5. Wenn die Linsen ganz leicht braun werden, schließlich mit einem guten Liter Wasser aufgießen – ich nehme immer heißes, dann geht's schneller. Suppenwürfel o.ä. dazugeben und einen halben Teelöffel Kukurma. Ist nicht jedermanns Sache, und bei zu viel wird's ganz schnell bitter. Ein bis zwei Teelöffel Salz wären ebenfalls nicht schlecht.

6. Wenn das Ganze aufkocht, die Flamme zurücknehmen, rühren und mit Salz und Kreuzkümmel abschmecken. Das darf ruhig etwas dauern, „Painful reminder" eignet sich da hervorragend. Dann einfach köcheln lassen, bis die Linsen quellen bzw. bis „This is a goodbye". Sollte das Ganze nun schon ziemlich dicklich sein, zweige ich mir die gewünschte Menge Aufstrich ab und stelle das für ein paar Minuten auf eine kleine Extraflamme. Der Rest wird je nach gewünschter Menge und/oder Dichte weiter mit Wasser aufgegossen, und wenn die Linsen gerade noch Biss haben, schließlich püriert – Pürierstab oder Standmixer sehr empfehlenswert. Muss aber nicht unbedingt sein, notfalls zu Beginn die Zutaten kleiner schneiden.

7. Noch ein paar Minuten weiterkochen lassen, hier unbedingt rühren, abschmecken. Koriander waschen, Limetten schneiden. Den Aufstrich von der Flamme nehmen und auskühlen lassen. Die Suppe in Schalen füllen, Koriander drauf, Limetten zum Drüberträufeln extra bereitstellen. Die zweite Seite der Platte zieht sich etwas, notfalls bis zu „Watering hole" vorspringen, und servieren. Guten Appetit!

sattmacher

pita

von Miss Sunimar
FAKOFBOLAN „Pepsi-Nike generacija" (Song) für die Teigkäufer, und „Provincija Uzvra a Udarac" (Album) für die Angeber

- 1 Besenstiel (kein Scherz!)
- großes Backblech
- 350 g Mehl
- 2-3 EL Öl
- 400 g Hüttenkäse
- 1 Becher saure Sahne
- 2 Eier
- ca. 3 EL Milch
- evtl. etwas Butter
- Salz

1. Als Erstes müsst ihr überlegen, ob ihr den Teig wirklich selbst machen wollt. Ich empfehle, zum Türken um die Ecke zu gehen und Jufka/Yufka zu kaufen (gibt es in der Kühltheke).
2. Oder wollt ihr es wirklich wissen? Dann braucht ihr ein dünnes, langes Holzstück; bei Amateuren hat sich aber auch ein (sauberer!) Besenstiel bewährt, natürlich ohne Besen.
3. Aus 300 g Mehl, etwas Salz und kaltem Wasser macht ihr einen geschmeidigen Teig, von der Konsistenz her wie für Pizza, und formt dann zwei Kugeln daraus (ist nicht sexistisch gemeint, Mutti macht es immer so). Die lasst ihr dann so 10-15 Minuten ruhen.
4. Jetzt könnt ihr die Füllung vorbereiten. Dazu einfach den Käse, Sauerrahm, die Eier und etwas Salz verquirlen.
5. So, jetzt alles Zerbrechliche im Zimmer in Sicherheit bringen. Dann auf einem großen Tisch jeweils eine Teigkugel mit dem Besenstiel bearbeiten, bis ein hauchdünnes, rundes Teigblatt mit etwa 80 cm Radius entsteht. Am besten immer den Teig mit Mehl bestäuben, den Stiel in den Teig einrollen und sanft alles weiterrollen. Wenn das Teigblatt schon fast fertig ist, kann es über dem Stiel (sanft!) auseinander gezogen werden.
6. Die Schlauen, die zum Türken gegangen sind, machen die Packung auf, nehmen alles raus, rollen die Blätter auf und nehmen immer ein Blatt heraus.
7. Die Füllung wird lieblos und gekonnt auf ein Teigblatt geklatscht (nicht gestrichen) und dieses wird von zwei Seiten eingerollt. Die Rolle dann eventuell in der Mitte durchschneiden und auf das gefettete Backblech legen.
8. Wenn alles verstaut ist, von oben mit Öl beträufeln und in den vorgeheizten Backofen schieben. Bei 200 °C Ober-/Unterhitze ca. 20-25 Minuten backen.
9. Dann vor allem über die Ränder etwas Milch drübergießen (nicht zu viel – sonst wird es matschig) und noch 5 Minuten im warmen Ofen liegen lassen. Wer will, kann noch etwas zerlassene Butter darüber träufeln.
10. Pita gibt es in verschiedensten Variationen, zum Beispiel mit Kürbis oder Spinat (frisch und kleingeschnitten) statt Käse, oder mit sehr klein geschnittenen Kartoffeln mit Zwiebeln und viel Pfeffer (Wasser statt Milch drübergießen).

- Dazu passen Joghurt und Salat.

gefüllte paprika

von Miss Sunimar
KULTUR-SHOCK „Tutti Frutti"

- Auflaufform, ca. 30 x 20 cm
- 4-5 Paprika
- 8-10 mittelgroße Kartoffeln
- 1 Zwiebel
- 1 Karotte
- 1 Knoblauchzehe

- Tomatenmark
- Öl, Salz, Pfeffer
- Evtl. etwas Butter und Sauerrahm

1. Zuerst werden Zwiebel, Knoblauch, Karotte und Kartoffeln geschält, gewaschen und kleingeschnibbelt. Besonders ehrgeizige reiben die Kartoffeln.
2. Dann alles in einer (beschichteten) Pfanne mit etwas Öl anbraten, etwas Tomatenmark reindrücken (ca. 5 cm) und mit 200 ml Wasser aufgießen. Mit Salz und Pfeffer ordentlich würzen.
3. Paprika aushöhlen, waschen und mit der Pampe füllen.
4. In die gefettete Auflaufform die gefüllte Paprika reinlegen, auf den Kopf stellen (also die Öffnung nach unten) und dann die restliche Füllung reinkippen.
5. Im vorgeheizten Backofen bei 180 °C Umluft ca. 15-20 Minuten backen. Prijatno!

- Bei uns wird das Ganze anschließend mit zerlaufener Butter und Sauerrahm verfeinert.

couscous mit gemüse
für 4, von Frank Maier
VERSE „Aggression"

- 2 Zucchini
- 2 Auberginen
- 1 große Zwiebel
- 2-3 Knoblauchzehen
- 2 rote Chilis
- 4 EL Olivenöl
- 1,5 TL Kreuzkümmel
- 1,5 EL Zimt
- 1 TL Piment, gemahlen
- Muskatnuss
- Salz
- 100 ml Wasser
- 400 ml Couscous
- 400 ml Gemüsebrühe
- 1 große Handvoll gehackte Korianderblätter
- 4 EL getrocknete Feigen gehackt
- etwas Zitronensaft

1. Zucchini und Auberginen in kleine Würfel schneiden. Knoblauch, Chilis und Zwiebel fein hacken.
2. Olivenöl in einer großen, schweren Pfanne erhitzen. Kreuzkümmel hinzugeben und anbraten, bis er duftet. Knoblauch, Chilis und Zwiebeln zu dem Kreuzkümmel geben und weitere drei Minuten anbraten.
3. Anschließend die gewürfelten Zucchini und Auberginen sowie die restlichen Gewürze in die Pfanne geben, und nochmals fünf Minuten braten. Das Wasser hinzufügen und das Gemüse weichkochen lassen.
4. Währenddessen den Couscous in einer Schüssel mit der heißen Gemüsebrühe übergießen und fünf Minuten quellen lassen.
5. Couscous, gehackten Koriander und die Feigen unter das weichgekochte Gemüse mischen und alles mit ein wenig Zitronensaft abschmecken, evtl. nachsalzen.

- Der Couscous eignet sich gut als Grillbeilage, z.B. zu Halloumi-Käse, oder pur mit Fladenbrot und Knoblauch.
- Das Ox-Kochstudio findet, dass gehackte Pistazien oder Cashewkerne auch noch gut reinpassen. Und dazu natürlich eine Joghurtsauce.

apfelrotkohl mit semmelknödeln und rotweinsauce

für 4-6, von Anne und Jürgen, Rookie Records
Immer extrem gut kocht es sich mit THE THERMALS von „Fuckin' A" oder „The Body, The Blood, The Machine" bis „Now We Can See". Auch richtig schön in der Küche ist es mit ALIAS CAYLON „Follow The Feeder".

Für den Rotkohl:
- 1 Kopf Rotkohl
- 1-2 große Zwiebeln
- 1 Knoblauchzehe
- 100 ml trockener Rotwein
- 2-3 TL Gemüsebrühe
- 3-4 Lorbeerblätter
- 3 säuerliche Äpfel (z.B. Elstar)
- 1 Orange
- 2-3 EL Johannisbeergelee (wahlweise Preiselbeergelee)

Für die Semmelknödel:
- 6 Laugenstangen vom Vortag
(Wahlweise kann man die Knödel auch mit anderen Backwaren vom Vortag zubereiten, z.B. weiße Brötchen, Roggenbrötchen oder zu einem kleinen Anteil auch Körnerbrötchen oder Brot. Laugengebäck gibt einfach einen guten kräftigen Geschmack. Wer kurzfristig Semmelknödel zubereiten möchte und demnach keine Backwaren vom Vortag hat, kann frische Backwaren kaufen, diese in Würfel schneiden und einige Minuten bei mittlerer Hitze im Backofen backen, um sie auszutrocknen. Vor der weiteren Zubereitung abkühlen lassen.)
- 2 kleine Zwiebeln
- 1 Bund glatte Petersilie
- ca. 200 ml warme Milch
- 2 Eier
- Paniermehl (vom Bäcker oder selbst gerieben – lohnt sich!)
- frisch geriebene Muskatnuss
- Salz und Pfeffer
- 2 saubere Küchentücher oder Alufolie

Für die Rotweinsauce:
- 1 Schalotte
- 200 ml trockener Rotwein
- 200 ml Wasser
- Braune Sauce (instant aus dem Bioladen oder selbstgemacht)
- 2-3 EL Crème Fraîche oder Schmand

Der Rotkohl:

Die äußeren Blätter entfernen, den Kohl mit einem großen Messer vierteln, den weißen Strunk entfernen und die Viertel mit dem Messer nicht zu fein hobeln (Pi mal Daumen 0,5–0,7 cm. Wer's feiner mag, muss entsprechend die Garzeit verkürzen). Die Zwiebeln hacken und in Olivenöl goldgelb anbraten. Anschließend den Knoblauch pressen und kurz unterrühren. Den Knoblauch nicht stark braten, da er sonst bitter wird. Mit dem Rotwein ablöschen, wenige Minuten einkochen lassen. Den Rotkohl und die Lorbeerblätter hinzugeben, mit etwas Gemüsebrühe und Salz würzen, gut rühren und 30–40 Minuten bei mittlerer Hitze und geschlossenem Deckel köcheln lassen (zwischendurch rühren; fehlt dem Rotkohl Flüssigkeit, etwas Wasser zugeben). Nachdem der Rotkohl halbgar ist, die Äpfel grob gerieben unterrühren und eine weitere halbe Stunde einkochen lassen, wiederum mit Deckel auf dem Topf. Danach den Saft einer Orange sowie das Gelee zugeben, alles abschmecken, ggf. nachwürzen oder, ist der Kohl noch zu bissfest, etwas köcheln lassen.

Die Semmelknödel:

Die Backwaren in kleine Würfel schneiden und in eine große Schüssel geben. Die Zwiebeln sehr fein hacken und in Butter leicht anschwitzen, anschließend zu den Brotwürfeln geben. Die glatte Petersilie fein hacken und ebenfalls unterheben. Den trockenen Teig mit der warmen Milch übergießen (hier ist die Mengenangabe nicht verbindlich; die Backwaren sollten angefeuchtet, aber nicht völlig durchtränkt von Milch sein). Zwei Eier dazu geben, mit frisch geriebener Muskatnuss, Salz und Pfeffer würzen und das Ganze mit den Händen zu einem feuchten Teig kneten. Anschließend Paniermehl zugeben, bis der Teig immer noch klebrig ist, aber sich formen lässt. Die Masse auf die beiden Tücher bzw. die Alufolie in zwei gleich große Würste verteilen und fest einrollen. Ich nehme die Alufolie vorsichtshalber immer doppelt. Die beiden Rollen in leicht kochendem Wasser 20 Minuten ziehen lassen. Anschließend aus der Hülle rollen, in Scheiben schneiden und in Butter goldgelb braten. Die gegarten Rollen lassen sich im Kühlschrank problemlos zwei bis drei Tage aufbewahren (Alufolie immer direkt entfernen).

Die Sauce:

Die Schalotte in feine halbe Ringe schneiden. Diese in einem kleinen Topf in Butter goldgelb anschwitzen, anschließend mit dem Rotwein ablöschen und mehrere Minuten einkochen lassen. Dann das Wasser zugeben und die entsprechende Menge braune Sauce einrühren. Am Ende den Schmand/die Crème Fraîche unterrühren, bei Bedarf etwas pfeffern und/oder salzen und über die gebratenen Knödelscheiben geben.

blumenkohl mit brösel und ei

für 2, von Simon und Iris
V.A. „Back From The Grave Vol. 1-8"

- 1 kleiner Blumenkohl
- 3 Eier
- 100 g Semmelbrösel
- 2 EL Margarine
- Muskatnuss, Salz

Remoulade:
- 100 g Mayo
- 100 g Joghurt
- 1/2 Zwiebel (klein)
- 1 hart gekochtes Ei
- Essiggurken
- Kapern
- Senf, Zitronensaft

1. Zuerst die Remoulade vorbereiten: Dazu das hartgekochte Ei, ein paar Essiggurken, Kapern und die halbe Zwiebel fein hacken, mit Mayo und Joghurt verrühren. Mit Senf, Zitronensaft, Salz und Pfeffer abschmecken. Noch etwas Gurkenwasser dazu, damit die Remoulade etwas flüssiger wird. Kalt stellen und schön durchziehen lassen.
2. Jetzt ist der Kohl dran: Blumenkohl in mundgerechte Stücke zerteilen und in Salzwasser gar kochen.
3. In der Zwischenzeit Semmelbrösel (richtige Bäckerbrösel, kein vorgewürztes Paniermehl!) mit Margarine in einer Pfanne braun und knusprig rösten, Salz und eine Prise Muskatnuss dazu. Achtung, brennt schnell an!
4. Jetzt drei Eier verquirlen, Brösel raus aus der Pfanne, Eier rein in die Pfanne und zu Rührei machen.
5. In der Zwischenzeit Blumenkohl abgießen. Vorsichtig mit Rührei und Semmelbröseln in der Pfanne vermischen. Es ist wichtig, dass das alles fix geht und schnell auf den Tisch kommt, denn es schmeckt nur heiß wirklich gut. Remoulade dazu reichen.

- Liebe Figurbewusste, ohne Remoulade geht es leider nicht, das Gericht ist sonst so trocken wie die Wüste.

badenjan borani
(Afghanische Spezialität)

für 2, von Mosti (A.C.K.) & Julia
A.C.K. „Jetzt"

- 2-3 große Auberginen
- 3 Tomaten
- 3 Knoblauchzehen
- 2 Tassen Basmatireis
- Pflanzenöl
- Sojajoghurt
- 2-3 EL Curry
- 1-2 EL Garam Masala (Gewürzmischung)
- 1-2 EL Tandoori Masala (Gewürzmischung)
- 1 EL Kurkuma
- Salz
- ein paar Blätter frische Minze

Für dieses Rezept muss etwas geplant werden, denn den Reis solltet ihr, bevor ihr mit dem Kochen beginnt, unter warmem Wasser waschen und für zwei bis drei Stunden im Wasser stehen lassen.

1. Die Auberginen schälen und länglich in ca. 2-3 mm dünne Scheiben schneiden. Anschließend beidseitig leicht goldbraun in der Pfanne anbraten. Vorsicht: die Auberginen verbrauchen viel Öl!

2. Tomaten in dünne Scheiben schneiden und schon mal beiseite legen.
3. In einer relativ tiefen Pfanne die angebratenen Auberginen ordentlich nebeneinander und aufeinander legen. Anschließend die Tomaten auf die oberste Schicht.
4. Gewürzzubereitung: In einem Behälter zwei gepresste Knoblauchzehen mit Currypulver, Garam Masala, Tandoori Masala und Kurkuma vermischen. Dann die farbenfrohe Pracht mit 500 ml kochendem Wasser vermengen und mit Salz abschmecken. Die flüssige Gewürzmischung sollte etwas salzig schmecken, aber nicht zu salzig!
5. Die Pfanne, in der die Auberginen und Tomaten schön aufeinanderliegen, mit der Gewürzmischung so auffüllen, dass die Auberginen etwa zur Hälfte mit der Flüssigkeit bedeckt sind. Deckel drauf und bei mittlerer Hitze langsam kochen lassen, bis die ganze Wohnung nach einem indischen Restaurant riecht und die Flüssigkeit sich mit den Auberginen vereint hat (dauert ca. 30 Minuten). Optimal wäre, wenn die Sauce nach dem Kochen etwas dickflüssig ist.
6. Jetzt schaut man, was der Reis macht. Die Reiskörner sind etwas gewachsen und das Wasser sollte man nun abgießen. Einen großen Topf dreiviertelvoll mit Wasser füllen und dies zum Kochen bringen. Nun den Reis und etwas Salz dazu geben und schön beobachten, wie der Reis kocht. Immer wieder mal ein paar Körner rausholen und schauen, ob der Reis etwas weicher geworden ist. Der Reis soll aber nicht zu weich werden (sollte noch etwas Biss haben). Dann wird der Reis mit Hilfe eines Siebes vom Wasser getrennt.
7. Den leeren Topf wieder aufs Feuer stellen und etwas Öl hinzufügen. Der abgegossene Reis kommt hinterher. Sobald der Reis anfängt zu knistern, die Flamme auf klein stellen. Den Deckel mit einem Tuch umwickeln und eine halbe Tasse Wasser zu dem Reis geben und schnell wieder den Deckel (mit dem Tuch) drauflegen. Ca. 15 Minuten warten und voilà: Der körnige Basmatireis ist fertig.
8. Mittlerweile sollten auch die Auberginen fertig sein. Dann ist es Zeit zum Essen. Als kleine Verzierung einen Becher Joghurt mit einer Knoblauchzehe und ein paar Pfefferminzblättern mischen und auf dem Essen verteilen.

- Den Reis solltest du beim pakistanischen Händler kaufen. Es gibt ihn in 5 bis 10-kg-Säcken.

linsen-kokos-curry

von Grisu, Teenage-Riot.com-Mailorder
Ösi-Punk à la CHUZPE, MORDBUBEN AG, BÖSLINGE ...

- 300 ml Gemüsebrühe
- 250 g Linsen (gelb oder rot)
- 1 Block Tofu
- 1 Dose Kokosmilch
- 1 Packung Tomatensauce
- 1 EL Currypulver (oder mehr ... hmmm)
- 1 EL Kurkuma, gemahlen
- Zwiebel
- 2 Knoblauchzehen
- Salz
- 1 EL Ingwer, gemahlen
- 1 EL Cumin (Kreuzkümmel), gemahlen
- Öl (wenig!)

1. Zwiebel schnipseln und ins heiße Öl kippen. Knoblauch folgt.
2. In der Zwischenzeit die Linsen in einem

Sieb gründlich reinigen (erst kaltes Wasser, dann warmes). Abtropfen lassen.
3. Wenn ihr schnell seid, sind die Zwiebeln noch nicht verbrannt und ihr schüttet Cumin, Curry und Kurkuma zu den Zwiebeln und lasst alles kurz anrösten. Linsen reinkippen und gut vermischen.
4. Danach das Ganze mit Gemüsebrühe aufgießen und solange köcheln lassen, bis die Linsen bissfest sind.
5. Die Wartezeit nutzen, und den Tofu in Würfel schneiden und in Öl anbraten (ggf. Chiliflocken dazu!).
6. Danach die Kokosmilch und die Tomatensauce zu den Linsen geben. Das Ganze aufkochen lassen (Deckel nicht vergessen, sonst sieht die Küche wie ein Schlachtfeld aus). Variiert die Würzung je nach Belieben. Ich selbst hab's gerne etwas würziger ...

- Basmatireis, Fladenbrot und Orangensaft dazu servieren.

deutsch-italienische freundschaft

von Daniel Janko
WORLD INFERNO FRIENDSHIP SOCIETY
„Red Eyed Soul"

Es handelt sich hier um ein wirklich entspannendes Rezept, nicht nur wegen der entspannenden Wirkung der Salbeiblätter, nein das Schöne daran ist der erste Schritt: das Öffnen einer Flasche Bier. Empfohlen wird Weizenbier, ich bevorzugte aber friesisch herbes Pils.

- Salbeiblätter
- Rucolablätter (eine Handvoll)
- 125 g Mehl
- 125 ml Bier
- 1 Ei
- 1 EL Öl
- Salz
- 1 Zitrone
- Öl oder Fett zum Frittieren

1. Salbeiblätter pflücken oder kaufen, möglichst groß sollten sie sein. Die Blätter dann waschen und abtropfen lassen.
2. Bier aufmachen! 125 ml davon in einen Messbecher abfüllen, den Rest trinken.
3. Dann wird das Ei getrennt. Mehl, Bier, Eigelb und Öl mit einer Prise Salz zu einem glatten Teig verrühren.
4. Das Eiweiß wird steif geschlagen und unter den Bierteig gehoben.
5. Jetzt muss man die Salbeiblätter nur noch in den Teig tunken und in der Pfanne in reichlich heißem Öl oder Fett goldbraun braten.
6. Zitrone zum Beträufeln nehmen und lauwarm servieren.

Aufpassen: die fertigen Blätter nicht unter einem Glasdeckel warm halten. Dann werden Sie nämlich matschig. Da man sich mit dem Teig meist gnadenlos verschätzt, sollte dieser gleich sinnvoll verwertet werden. Etwas Öl in die Pfanne, eine Handvoll Rucolablätter dazu und den restlichen Teig darauf gießen. Es entsteht so eine Art herzhafter Eierkuchen mit Rucolablättern. Diesen einfach mit Salz, Pfeffer und Zitrone abschmecken.

- Zu dem Ganzen passen auf Jogurt basierende, knoblauchhaltige Dips und Saucen sehr gut.

EINKAUFSLISTE:
- **Ein Sack Kartoffeln** *(für 2 Personen sagen wir mal 8-10 Kartoffeln)*
- **Etwas Öl zum Braten**
- **250g Sahne**
- **125ml Gemüsebrühe**
- **Knoblauch**
- **1 Packung tiefgekühlter Blattspinat**
- **250g Mozzarella**
- **Salz und Pfeffer**
- **Gelbe Thai-Currypaste** *(Gibt's in jedem Asia-Shop)*
- **1 Baguette**

Keine weiteren Kochrezepte, aber dafür mehr Illustrationen hier: www.akupower.de

SCHARFE SAHNEKARTOFFELN vs. MOZZARELLA-SPINAT

1. Erst mal Kartoffeln schälen und vierteln.

2. Ab in die Pfanne damit und mit etwas Öl schön anbraten.
Währenddessen kannst du den Spinat, auch in einer Pfanne, langsam anheizen.
(Wer keine zweite Pfanne hat, kann das auch in eine Auflaufform tun und in den Ofen schieben.)

3. Wenn die Kartoffeln schon recht gut angebraten sind, einfach die Brühe drüberkippen und einen Teelöffel von der Gelben Currypaste dazu werfen.
(Achtung! Wirklich scharfes Zeug. Vielleicht besser etwas weniger nehmen und dann später noch was dazu tun, wenn's nicht genug knallt.)

EY! Leg' doch mal etwas Musik auf.
Mein Tipp: The Thermals - Now We Can See

4. Etwas durchmischen und dann die Sahne dazu und das Ganze einfach köcheln lassen, bis die Kartoffeln durch sind und die Sahne schön dickflüssig ist.

5. Derweil schmeisst du dem Spinat soviel Knoblauch kleingehackt bei wie du gerne magst und orndlich Pfeffer und Salz dran.
(Spinat saugt das Zeug nur so auf, also nicht so zimperlich.)

6. Jetzt einfach den Mozzarella in Scheiben schneiden und drüber legen und schön verlaufen lassen.

Fertig!
Dazu dein Lieblingswein, und wenn du genug Sahne genommen hast, lohnt es sich bestimmt auch etwas Baguette da reinzutunken.

blumenkohlcurry

für 2, von Judith
EAGLES OF DEATH METAL
„Flames Go Higher"

- 1 Blumenkohl
- 3 Tomaten
- 4 große Kartoffeln
- 2 Zwiebeln
- 1 rote Paprika
- 100 ml saure Sahne, evtl. veganes Produkt
- 100 ml Kokosnussmilch
- 1/2 Tube Tomatenmark
- 3 Knoblauchzehen
- Sesamöl
- Ingwer, Salz, Nelken, Rosinen, a little bit of Kurkuma, Zimt, Kardamom, Kreuzkümmel, Muskat, Zimt, Chili, Koriander, Safran, Sesam, Schwarzkümmel und alles, was sich sonst noch an indischem Zeug finden lässt (Hauptsache Kurkuma fehlt nicht, es tut ja auch eine Currymischung) – alles schön kleinmörsern

1. Es geht los: Den Blumenkohl und die Kartoffeln in mundliche Stückchen zerteilen. Die Zwiebel und den Knobi kleinschnibbeln. Die Paprika in kleine Würfel schneiden. Und auch die Tomaten nicht vergessen.
2. Nach dieser Vorbereitungsphase kommt nun das große Massaker. Einen großen Topf bereitstellen und erst mal sachte die Zwiebeln und den Knobi schmoren lassen, dann Ardapfel und nach fünf Minuten Blumenkohl dazu. Mit Wasser ablöschen.
3. Wer guckt schon nach Zeiten? Einfach mal zwischenkosten. Wenn der Blumenkohl kurz vor dem Al-dente-Stadium ist, die Paprika dazu und das Ganze mit dem Rest der Zutaten ablöschen. Aber Obacht! Den Sesam und den Schwarzkümmel aussparen. Diese beiden erwartet ein anderes Schicksal. Sie werden in einer Pfanne ohne Öl angeröstet. Aufpassen! Nicht zu lange, können ganz leicht verkokeln.
4. Wenn dann also der Rest gut durch ist, den Mampf auf einen Teller hieven und die Körnerchen drüber jubbeln.

bremsas freakadellen

für ca. 25 Stück, von Petra, Rocky Beach Club
SLIME „Karlsquell"

Das Rebhuhn des kleinen Mannes, die Frikadelle, ist aller Ortens beliebt! Sei's mit Kartoffelsalat, mit Ketchup oder Senf, als Beilage zu so ziemlich allem – eine Frikadelle, oder wie der Berliner sacht, Bulette is immer drin! Bremsas Freakadellen eignen sich hervorragend als leckeres Mitbringsel zu Partyanlässen jeglicher Art und gehen dann weg wie heiße Semmeln! Auch die unbelehrbaren Aasfresser werden beherzt zugreifen und zugeben müssen, dass die Freakadelle der Frikadelle in nix, aber auch gar nix nachsteht – ganz im Gegenteil!

- 150 ml Gemüsebrühe (wenn Instant: ohne Geschmacksverstärker)
- 1 Packung grobe Haferflocken (nicht die feinen!)
- 2 Bio-Eier
- 1–2 Paprika, rot und gelb
- 1 Stange Lauch/Porree
- 1 Bund Petersilie oder auch gerne tiefgefrorene Kräutermixe
- 300 g Hüttenkäse/Cottage Cheese
- Salz, Pfeffer, Paprika- und Chilipulver
- 1 Flasche Pflanzenöl

eurasische nudeln

für 4, von Shiaw-Mei
DISTANCE IN EMBRACE
„Utopia Versus Archetype"

1. Heiße Gemüsebrühe in eine große Schüssel geben und die Packung Haferflocken darin einweichen, gut mischen. Die Paprika und das Porree sehr klein schneiden und dazugeben (sind die Stückchen zu groß, können die Freakadellen später auseinander fallen), die Eier aufschlagen und dazu, Hüttenkäse und klein gehackte Kräuter dazu und etwas Salz und Chili, einen gestrichenen Esslöffel Pfeffer und einen Esslöffel Paprika dazu. Nun alles sehr gut vermengen und kneten.
2. Abschmecken: Wichtig ist, dass der Teig etwas überwürzt schmeckt. Die Würze zieht beim Braten noch ein und verflüchtigt sich, so dass es hinterher genau richtig und deftig schmeckt. Ist das Ganze noch zu lasch evtl. etwas nachwürzen.
3. Der Teig sollte eine gute Festigkeit haben, so dass man Buletten formen kann. Ist der Teig zu fest/trocken, noch etwas Brühe dazu. Ist er zu locker/flüssig, gebt noch ein paar Haferflocken dazu oder ggf. Semmelbrösel.
4. Das Braten: Das Pflanzenöl in deiner Lieblingspfanne gut erhitzen. Mit angefeuchteten Händen kleine Kugeln formen und etwas platt drücken. Nun ganz normal im heißen Öl gut durchbraten. Am besten dabei Fenster auf, ganz schön viel Brutzeldunst!

- Die Freakadellen sind wie Buletten warm als auch kalt sehr lecker. Für zwischendurch, als Fingerfood, zu sämtlichen Gemüsegerichten, für Burger geeignet, zum Salat, als Partymitbringesel oder Catering-Beilage beim Punkrock-Konzert! Juten! Wie der Berliner sacht!
- Mit lieben Grüßen an unsern juten alten Kumpel Bremser und an alle, die sich noch an die Konzerte im „Arpker Jugendtreff" in den 90ern erinnern!

Bei diesem Rezept handelt es sich um ein Mischgericht aus europäischer und asiatischer Küche. Zwar kommt die Nudel ursprünglich ja auch aus Asien, für dieses Gericht werden aber italienische Fusilli aus Hartweizengrieß verwendet. Dies sorgt für einen völlig anderen Geschmack, da die asiatische Küche meist Eiernudeln für ihre Nudelgerichte verwendet.

- 500 g Nudeln (Fusilli)
- 2 Zwiebeln
- Spitzkohl (1/2 Kopf)
- 250 g frische Sojabohnenkeime (alternativ Mungobohnenkeime)
- 3 Möhren
- 4 Shitakepilze (getrocknet)
- 2 Morcheln (getrocknet)
- 1 Stange Porree
- Sojasauce
- Salz und Pfeffer
- Sonnenblumenöl
- je nach Geschmack: 1 Würfel Gemüsebrühe

1. Shitakepilze und Morcheln in Wasser einlegen, warten, bis sie weich und groß sind, und dann in Streifen schneiden.
2. Zwiebeln schälen, in Würfel schneiden. Möhren putzen und schälen, in Stifte schneiden. Porree putzen und in Ringe schneiden. Spitzkohl waschen und in Streifen schneiden. Sojabohnenkeime waschen und gut abtropfen lassen.
3. Topf mit Wasser erhitzen, zwei Esslöffel Salz hinzugeben, Nudeln darin bissfest kochen.
4. Fünf Esslöffel Sonnenblumenöl in einer

Pfanne erhitzen, Zwiebeln hinzufügen und anbraten.
5. Die mittlerweile weichen und in Streifen geschnittenen Shitakepilze und Morcheln in die Pfanne hauen. Zwei Esslöffel Sojasauce hinzugeben, umrühren.
6. Möhren und Sojabohnenkeime hinzugeben und zwei Minuten auf mittlerer Stufe unter Umrühren braten.
7. Porree und Spitzkohl hinzufügen und einen Esslöffel Sojasauce hinzugeben, umrühren. Mit Salz und Pfeffer abschmecken, evtl. nachwürzen. Je nach Geschmack Gemüsebrühwürfel bröseln und hinzufügen.
8. Die Nudeln müssten mittlerweile fertig sein. Wasser abgießen, Gemüse aus der Pfanne in den Nudeltopf, Nudeln dazu, umrühren und auf kleinster Stufe ca. eine Minute auf dem Herd stehen lassen. Abschmecken und gegebenenfalls nachwürzen.

blätterteigtaschen mit „piraten-füllung"

ergibt 12 Teigtaschen, genug für die gesamte Mannschaft von Pirate Smile PR
AUDREY HORNE „Le Fol"

- 1 Paket TK-Blätterteig
- 1 Dose Mais
- 1 Dose geschälte Tomaten oder 500 g frische Tomaten
- 1 große grüne Paprika
- 1 große gelbe oder rote Paprika
- 1 mittelgroße Aubergine
- 1 kleine Zucchini
- 1 große Gemüsezwiebel oder mehrere kleine normale Zwiebeln
- 2 Knoblauchzehen
- 1 Packung Fetakäse
- Instantgemüsebrühe
- Olivenöl
- Kräuter der Provence oder frische Kräuter: Basilikum, Rosmarin, Lorbeerblatt u.a., je nach Geschmack
- Paprika
- Pfeffer
- 1 Eigelb
- geriebener Parmesan

1. Blätterteig auf einer bemehlten Unterlage auftauen lassen.
2. Gewürfelte Zwiebeln in Olivenöl glasig dünsten, Auberginen- und Zucchiniwürfel dazu geben und leicht anschmoren. Die kleingeschnittene Paprika und die Dosentomaten (etwas zerkleinert) mit dem Saft hinzufügen (alternativ überbrühte und abgezogene frische Tomaten klein schneiden und mit etwas Flüssigkeit dazugeben). Ein gehäufter Teelöffel Instantgemüsebrühe, die Gewürze und Salz nach Geschmack einrühren und köcheln lassen, bis das Gemüse al dente ist.
3. Während das Gemüse vor sich hin köchelt, die Teigblätter einmal durchschneiden, so dass jeweils zwei Quadrate entstehen. Diese bemehlen und so dünn wie möglich ausrollen und an die Seite legen.
4. Zwei Backbleche mit Backpapier auslegen.
5. Wenn das Gemüse fertig ist, den kleingehackten Knoblauch einrühren und den in kleine Würfel geschnittenen Fetakäse einmischen, dann kräftig abschmecken (kann ruhig etwas „spicy" sein)
6. Jetzt jeweils die vier Ecken eines Blätterteigquadrates mit Eigelb, das mit etwas Wasser verquirlt wurde, mit dem Pinsel bestreichen (damit sie besser zusammenkleben), mit einem gehäuften Esslöffel des Gemüses füllen

und die Ecken wie bei einem Briefumschlag von allen Seiten einklappen und zusammenkleben.

7. Wenn alle Teigtaschen auf den Blechen sind, deren Oberflächen mit dem restlichen Eigelb bestreichen und mit geriebenem Parmesankäse bestreuen. Bei ca. 170 °C backen bis die Teigtaschen goldgelb sind.

- Die Teigtaschen schmecken super zu einem guten Rotwein und können heiß oder kalt gegessen werden. Sie nehmen es auch nicht übel, in der Mikrowelle wieder kurz aufgewärmt zu werden, sind natürlich aber frisch am leckersten!

frittiertes gemüse in schokoladensauce

für 3-4 Personen, von Kay Hoffmann, TZUNAMI und Zweistein-Gastwirt TZUNAMI „Rollercoaster und Firewings"

Für's Gemüse:
- Erdnussöl
- Möhren, Kartoffeln, Blumenkohl, Broccoli, Sellerie, Rettich (je nach Geschmack in veränderlichen Gewichtsanteilen. Rechnet mit 500 g Gemüse pro Person)

Für die Mole (3-4 Personen):
- 1 Paprika (rot)
- 2-4 Chilischoten (rot und scharf – toll sind thailändische!)
- 1 Dose Pizzatomaten
- 1 Zwiebel
- 1 Knoblauchzehe
- 100 g Mandeln (gehackt)
- 100 g Zartbitterschokolade (welche mit 70 % Kakao)
- 1 TL Anissamen
- 200-250 ml Gemüsebrühe
- wenig Zimt, etwas Pfeffer,
- etwas mehr Kreuzkümmel (Cumin), Salz wie's beliebt

1. Das gewaschene und geschälte Gemüse in Pommes-Stifte, Scheiben, Würfel oder sonstwie mundgerechte Stücke schneiden.
2. Großen Topf mit 2-3 l Wasser zum Kochen bringen, ordentlich Salz rein und Gemüse nach und nach für jeweils 3-4 Minuten kurz vorgaren, dann gut abtropfen lassen.
3. Mandeln in Pfanne ohne Fett güldenbraun anrösten, etwas auskühlen lassen. Paprika und Chilis grob würfeln und mit der Schokolade (natürlich grob in Stücke brechen) und den ausgekühlten Mandeln im Mixer zerkleinern, bis eine schöne Masse entsteht.
4. Zwiebel und Knoblauch fein würfeln, in einem kleinen Topf in etwas Öl, zusammen mit dem Anis anbraten. Mit den Tomaten aus der Dose ablöschen und ca. 10 Minuten köcheln lassen, danach pürieren. Jetzt die Schokoladenmischung und Brühe dazu geben und unter gelegentlichem Umrühren noch etwa 15-20 Minuten ganz leicht köcheln lassen.
5. Währenddessen das Gemüse in einer Pfanne mit ordentlich viel Erdnussöl frittieren, nicht zu lange, so dass das alles noch etwas Biss hat!
6. Danach immer gut abtropfen lassen auf Küchenpapier und auf die Teller verteilen. Die fertig geköchelte Mole abschmecken mit Zimt und Pfeffer, Kreuzkümmel u. Salz nach Geschmack. Jeder haut sich erst nach Geschmack die Mole auf's Gemüse und dann rein!

baked avocado on a bed of asparagus with vegan bacon

von Barney Greenway, NAPALM DEATH
NAPALM DEATH

This is a really simple recipe and I absolutely LOVE avocados – it's my favourite super food!

- 2,5 ripe avocados (have to be Fair Trade – that's my rule!)
- 1 carton of soya cream
- 1 bunch of green asparagus
- 1 pack of vegan/vegetarian bacon
- olive oil

1. Set oven to its lowest setting – you have to do this because you only really want to warm/slightly bake the avocado.
2. Cut each avocado in half lengthways and remove the stone, place on a baking tray and gently warm the avocado in a low oven. While they are warming cut the vegan bacon into strips and gently fry it in a couple of tablespoons of extra virgin olive oil.
3. Once the bacon is slightly crispy remove from pan and drain on kitchen paper.
4. Gently warm the soya cream (don't burn it, you lunatic – it will taste horrible) in a pan and add the bacon and mix well. Set to one side and lightly steam the asparagus until it's cooked. It's good to leave it fairly crunchy.
5. Once the asparagus is cooked, gently reheat the soya cream and bacon mixture, take the avocados from the oven and place on a starter plate.
6. Fan the asparagus out over to one side of the plate (or not, if you're not feeling pretentious) and pour the soya cream mixture into each avocado. Dip the asparagus into the cream mixture if you like, you slob! Enjoy!

das beste ratatouille

von Christian Schreinemachers
MORNING GLORY „Summerburst"

- Unmengen Gemüse (Paprika, Zucchini, Auberginen)
- ausreichend Olivenöl
- Kräuter der Provence
- passierte Tomaten
- 2 Zwiebeln
- 3-4 Knoblauchzehen
- Rotwein
- Cocktailtomaten
- schwarze Oliven
- Gewürze und Kräuter

1. Selbstverständlichkeiten wie Waschen und Entkernen setze ich voraus. Das Gemüse artgerecht behandeln, in Stücke schneiden und mit Olivenöl, zwei gehackten Knoblauchzehen, Salz, Pfeffer und Kräutern der Provence marinieren.
2. Nach etwa 20 Minuten Abstehzeit und mehrmaligem Wenden in der Schüssel das Ganze auf ein mit Backpapier ausgelegtes Blech kippen, bei 200 °C in den Ofen und solange drin lassen, bis das Gemüse noch etwas Biss hat; dauert ca. 30 Minuten.
3. In der Zwischenzeit den Jus für das köstliche Gemüse wie folgt herstellen: Öl in einer Pfanne an Temperatur gewinnen lassen. Fein gehackte Zwiebeln, Knofi und weitere mediterrane Kräuter rein, wenn glasig, mit zwei bis drei Schüssen Rotwein ablöschen und passierte Tomaten zugeben, etwas köcheln lassen, mit Salz, Pfeffer und einer Prise Zucker abschmecken.
4. Dann rein mit den klein geschnittenen Tomaten, Oliven und dem Gemüse aus dem Ofen (mit dem ganzen Kräuteröl!), untermischen und evtl. nochmal abschmecken, fertig. Einwandfreies Sommergericht, oder?

- Als Beilage eignen sich hervorragend Polenta oder Bulgur.
- Dazu ist Rotwein ein Muss (insofern man des Alkohols nicht enthaltsam ist).

bulgur-kichererbsen-bällchen

ergibt ca. 10 Stück, von Dirk Modrok,
A SAILORS GRAVE
THE GET UP KIDS „Something To Write Home About"

- 1 Tasse Bulgur
- 1 Tasse Wasser
- 1 Dose Kichererbsen
- etwas gepressten Knoblauch
- Petersilie (frische schmeckt natürlich am besten), fein gehackt
- Salz, Pfeffer
- gemahlener Koriander
- gemahlener Kümmel
- Öl zum Anbraten

1. Das Wasser kochen und mit dem Bulgur mischen, ca. 10 Minuten quellen lassen.
2. Kichererbsen abgießen, pürieren und dann zu dem aufgeweichten Bulgur geben.
3. Die restlichen Zutaten (öfter mal abschmecken) dazugeben und vermengen.
4. Kleine Bällchen formen (wie in der Falafelbude) und in reichlich Öl anbraten.

- Als Beilage zu Reis oder auch im Fladenbrot mit Salat und Sauce sehr, sehr lecker.

**Schnibbelskuchen kann doch jede Sau!

Musik: Ramones - R.A.M.O.N.E.S.

6-8 Kartoffeln
1 Möhre
1/2 Zucchini
1/2 Paprika
1 Ei
1 kleine Zwiebel
1 Knobi-Zehe
Frische Kräuter
1 Blockflöte &
bequeme Kleidung

R.   Kartoffeln schälen und mit grober Reibe raspeln.

A.   Möhren, Zucchinis oder Broccoli, sowie Paprika würfeln oder mit der langen Seite der Blockflöte in kleine Stücke schlagen.

M.   1 Ei, feingewürfelte Zwiebel, Knofi und jede Menge frische Kräuter dazu geben und mit Salz, Pfeffer und Muskat würzen.

O.   R.A.M. gut vermengen und in eine grosse Pfanne mit heissem Fett geben.

N.   Auf mittl. Hitze mit Deckel ca.10 Min. backen und die oben angeleiteten Flöten-Kampf-Übungen ausführen.

E.   Deckel ab, weitere 5-8 Min backen, wenden und so lange hungrig davor stehen bleiben, bis er von beiden Seiten schön braun und knusprig ist.

S.   Dazu gibt es ein glückliches Spiegelei und Feldsalat

von Wilma | Die Ramonas
www.myspace.com/dieramonas

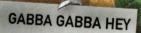

GABBA GABBA HEY

dialog von feurigen spinatravioli und zucchini-mandarinen-matsch an schokosahne

reicht für 2 süße Emos, von Gunnar, ESCAPADO ACURSED „Livet är den längsta vägen till helvetet"

- 200 g Mehl
- 1/2 TL Chilipulver
- 100 ml Wasser
- 100 g Spinat (TK und in kleinen Pellets)
- Olivenöl
- 1 Zwiebel
- 1 Zucchini
- 2 Mandarinen
- 200 ml Sojasahne
- Salz, Pfeffer
- einige Blätter Basilikum
- 1 kleines Stückchen dunkle Schokolade

1. Für den Teig Mehl in eine Schüssel geben, Chilipulver untermischen, Wasser dazugeben und alles gut durchkneten. Den Batzen nun mit einem Nudelholz auf etwas Mehl dünn ausrollen; danach mit einer geeigneten Waffe in zwei gleich geformte, aber nicht genau gleich große Teile schneiden.
2. Die noch gefrorenen (sonst gibt's eine RIESENsauerei!) Spinatstückchen in regelmäßigen Abständen auf der kleineren der kongruenten Teigflächen verteilen. Dann den größeren Lappen so drauflegen, dass sich beide Teighälften um den Spinat herum gut aneinander festdrücken lassen. Dies bitte sehr ernst nehmen! Täschchen ausschneiden, am besten mit so einem Pizzaroller. Vorsichtig vom Untergrund lösen und nochmals die Ränder festdrücken.
3. Wasser aufsetzen, reichlich salzen und einen Schuss Öl dazu. 8 Minuten kochen, aufpassen, dass die Teile nicht am Boden festpappen! Vorsichtig in ein Sieb geben.
4. Für die Sauce Zwiebel klein schnippeln und mit nicht zu wenig Öl in einer Pfanne glasig werden lassen.
5. Zucchini fein stifteln, Mandarinen schälen und zerteilen, in die Pfanne geben und bis zur Unkenntlichkeit zerbraten. Mit Salz und Pfeffer abschmecken. Nach Zugabe von zerrupftem Basilikum und zerbröckelter Schokolade alles in einem Meer von Sojasahne ertränken.
6. Ravioli mit der saucigen Komponente übergießen und sich zurücklehnen.

- Dazu passt – na klar – Rotwein.
- Für Nervenkitzel ist gesorgt, wenn vor dem „Verpacken" des Spinats EIN Stückchen mit extra Chili bestreut wird. Quasi „Chili-Roulette" ...
- Vorsicht bei der Dosierung der Schokolade – ein Stück von der Größe einer Briefmarke reicht; den Rest der Tafel in einem unbeobachteten Moment mit Wein hinunterspülen.

gemüse-reis-bbq

für 2, von Bernd Pflaum, THE AUDIENCE
THE AUDIENCE „Dancers And Architects"

- 1/2 Flasche Cola
- 1/2 Flasche Tomatenketchup
- 1 Becher Sahne
- pro Esser 1 große Tasse (ca. 150 g) Reis
- 3 Karotten
- 1 Zwiebel
- 1 Zucchini
- Currypulver
- Salz
- Pfeffer
- Pflanzenöl

1. In einem kleinen Topf lassen wir einen halben Liter Cola auf großer Flamme einreduzieren, bis die Brühe zähflüssig wird.
2. Währenddessen füllen wir einen großen Topf voll mit Wasser und bringen ihn zum Kochen. Wenn das Wasser kocht, zwei Esslöffel Salz reingeben.
3. Während wir auf das Wasser warten, schnappen wir uns das Gemüse, schälen es, hacken es klein oder schneiden es in dünne Streifen.
4. Sobald das Wasser kocht, schütten wir pro Mitesser eine große Tasse Reis hinzu und rühren das Ganze gelegentlich um.
5. Die Cola ist jetzt bestimmt auch schon einreduziert, so dass wir ca. eine halbe Flasche Ketchup hinzugeben können. Wir rühren die Sauce kräftig um, drehen die Herdplatte auf die Hälfte und lassen die Sauce köcheln. Nach und nach geben wir einen Becher Sahne und das geschnipselte Gemüse in den Saucentopf. Je nach Lust und Laune schmecken wir mit Salz und Pfeffer ab. (Tipp: Gemüse erst ganz zum Schluss dazugeben, damit es noch Biss hat!)
6. Nachdem der Reis ca. 12 Minuten im Salzwasser vor sich hin gekocht hat, gießen wir ihn behutsam ab (bzw. kochen ihn weiter, bis er fertig ist), geben etwas Currypulver und geschmacksneutrales Pflanzenöl darunter und rühren den Reis vorsichtig um.
7. Wir geben jeweils zwei kleine Reishügel in die Mitte jedes Tellers und umkreisen sie mit der Gemüsesauce.

- Dazu passt hervorragend ein eisgekühlter Jacky-Cola oder eine Kräuter-Bionade.

das zucchini-gnocchi-abendmahl

für 4, von Hartung
VENOM „Eine kleine Nachtmusik"

- 500 g Gnocchi
- 200 g Parmesan, frisch gerieben
- 4 mittelgroße Zucchini
- 4 kleine Eier
- Mineralwasser
- Olivenöl
- Thymian
- Pfeffer und Salz

1. Die Zucchini waschen, der Länge nach halbieren, in Scheiben schneiden und mit Olivenöl in einer Pfanne anbraten.
2. In der Zwischenzeit die Eier in eine Schale hauen und mit dem Schneebesen sowie einem Schuss Mineralwasser aufschlagen. Mit Thymian, Pfeffer und Salz verfeinern und den geriebenen Parmesan darunter heben.

3. Wenn die Zucchini so gut wie fertig sind, die Eiermasse drübergeben und mit Deckel etwa 15 Minuten brutzeln lassen.
3. Die Gnocchi einige Minuten in kochendem Salzwasser ziehen lassen, im Sieb abgießen und auf die Teller verteilen. Dazu die fertige Zucchinipfanne servieren.

- Jetzt schmecken lassen und bald danach ins Bett. Denn schöner kann der Tag nicht mehr werden.
- Das Ox-Kochstudio findet in Butter angebratene Gnocchi (statt sie zu kochen) auch sehr lecker!

schmorgurkenpott
für 2-3, von Uschi
THE BEATLES „Let It Be Naked"

Schmorgurken gibt's nur im Spätsommer. Unbedingt mal ausprobieren!

- 750 g Schmorgurken
- 350 g Kartoffeln
- 1 rote Paprika
- 1 Zwiebel
- 4 Knoblauchzehen
- 1 rote Chili
- Öl
- 1 EL Tomatenmark
- 1/2 l Gemüsebrühe
- 2 EL frisch gehackter Salbei, Thymian und Rosmarin. Zur Not geht auch getrocknetes Zeug, dann aber entsprechend weniger nehmen.
- Salz und Pfeffer
- 1/2 Becher saure Sahne, evtl. veganes Produkt
- 1/2 Bund Basilikum
- 1/2 Tofu
- **Grillgewürz**

1. Als erstes ist der Tofu dran. In croutonartige Würfel schneiden, sparsam mit etwas Öl beträufeln, Grillgewürz drüber und alles schön einreiben. Deckel drauf und ziehen lassen.
2. Zwiebel und Knoblauch fein würfeln. Kartoffeln schälen und nicht zu groß würfeln. Paprika ebenfalls würfeln, die Gurken schälen, halbieren, Kerne mit einem Löffel rausschaben, Gurkenhälften nochmal der Länge nach halbieren und in größere Stücke schneiden. Zum Schluss noch die Chili fein hacken. Fertig.
2. Jetzt einen größeren Topf aus dem Schrank holen, etwas Öl rein und Zwiebel und Knoblauch kurz darin anschwitzen, dann Chili, Kartoffeln und Paprika dazu und schön anbraten.
3. Nach ein paar Minuten gebt ihr das Tomatenmark, die Gurken, die gehackten Kräuter und die Gemüsebrühe dazu. Etwas Salz und Pfeffer kann auch nicht schaden. Gut umrühren, Deckel drauf und 15 Minuten bei schwacher Hitze köcheln lassen.
4. In der Zwischenzeit könnt ihr euch schon mal dem Tofu widmen. In einer beschichteten Pfanne mit allem drum und dran so lange anbraten, bis der Tofu schön kross ist; das dauert schon mal ne Viertelstunde, also nicht verzweifeln!
5. Probiert, ob das Gemüse schon fertig ist. Wenn ja, saure Sahne dazu, umrühren und evtl. nochmal nachwürzen. Auf zwei Schüsseln verteilen, Basilikum mit einer Schere schön fein schneiden und auf den Eintopf geben, Tofuwürfel drauf und schmecken lassen.

kamerun meets kreuzberg

für 2, von Eva Bude, Autorin des Buches „Verpisst euch!"
Als musikalische Untermaalung kommt Angelique Kidijo gut, z.B. „Akwaba" oder Yvonne Chaka Chaka mit „Legends".

Klingd komisch, schmekkd aber echd lekka. Und, ey, vegetarisch!

- 4-5 mittelgroße Kartoffeln
- 1 fette Stange Lauch
- 1 große Banane
- 150-200 g Schimmelkäse (Gorgonzola, Cambozola oder was auch immer)
- 1/2 Tasse heißes Wasser mit 1 TL Gemüsebrühgranulat (gut durchrühren!!)
- 1 Flasche trockener Weißwein, Pfälzer Riesling oder so, da macht man meiszd nixx falsch
- helle Sojasauce (gips im Asienladen, unentbeerlich, sowieso)
- schwarzer Pfeffer (selbzredend frisch ausser Müüle)
- Kräuter der Provence (getrocknet)
- Butter und/oder Olivenöl

Futter machn geet so:
1. Zunäxd ein Glas Wein sichern, bevor der Inhalt der Flasche auf unerklärliche Weise verschwunden iss. Kartoffln kochn, nich so lange, bisse auzeinanderfalln, sie solltn noch so'n bisschn Biss habn, kurz abküülen lassn und pellen. Vierteln und in Scheibn schneidn.
2. Lauch längz halbiern, Sand zwischn den Blättern gründlich (!) rauzspülen, ich kenn jednfallz niemand außer 'n paar Papageifischen, die gerne Sand inner Klappe haben.
3. Gewaschenen Lauch in etwa 1 cm breite Ringe schnibbeln. Banane pellen und in ebensolchez Format bringn.
4. Lauchringe mit Fett inner Pfanne unter Rühren kurz andünsten, bisse so´n bisschen labbrig werdn.
5. Allez inne gefettete Auflaufform schmeißn, 1mal durchmischen. Ordndlich pfeffern, Gemüsebrühe und Wein drübergiessn, allez heftig mit Sojasauce besprenkeln.
6. Schimmelkäse in dünne Scheiben teilen oder zerbröseln, den Kram damit bedekkn und ab innen vorgeheizzdn Ofn (220 °C wie immer, bei Umluffd 200 °C), biz der Käse schmilzzd (dauert je nach Potenz dez Ofens etwa fuffzeen Minutn).

Dazu passzd Baguette und nochn Feldsalat:
1. Feldsalat, gputzt und gut gewaschen
2. 1 Teelöffel scharfer Senf mit ordendlich heller Sojasauce und Balsamico-Essig verrühren (die heisszd „helle Sojasauce", kommt aber optisch erstaunlicherweisze voll dunkel rüber. Ich neem immer „healthy boy, formula 1", anstelle von Salzz).
3. Pfeffern, wenige (!) Sprizzer flüssiger Süßstoff dazu (hat simpel den Vorteil, dassez sich gleich auflöszd und man nich eeeewich rumrühren muss wie bei Zucker. Auf ungelöste Zuckerkristalle zu beissn, find ich voll grässlich).
4. Dann zu gleichen Teilen Olivenöl und Sesamöl dazu. Sesamöl hat nen total genial aromatischen, nussigen Geschmack und iss somit ein idealer Partner für Feldsalat. oder Rucola. Dann nochma kräfftich rüüren, biz dass Ganzze ne geschmeidige Konsistenz annimmt, rüberkippn, mischn und sofort verschlingen.

gefüllte cannelloni à la maroon

für 2-4, von Diana Moraweck
R.E.M. „Reckoning"

- 1 Packung Cannelloni (250 g)
- 500 g Kidneybohnen (Konserve oder getrocknete)
- 450 ml Ketchup
- 250 ml Soja-Cuisine
- 1 große Tasse Semmelbrösel
- ca. 5 EL Mehl für Mehlschwitze
- ca. 3 EL Margarine
- Wasser
- Kräuter und Gewürze (Salz, Pfeffer, Paprika etc.)

1. Wer getrocknete Kidneybohnen verwenden möchte, sollte diese über Nacht in ausreichend Wasser quellen lassen und anschließend weich kochen.
2. Die gekochten oder die Büchsen-Kidneybohnen mit einer Küchenmaschine zerhäckseln, bis sie eine schöne klebrige Masse ergeben.
3. Diese Masse mit den Semmelbröseln und den Kräutern vermischen. Mit Salz, Pfeffer und sonstigen Gewürzen nach Wunsch (zum Beispiel Paprika oder Cayennepfeffer) abschmecken. Ihr solltet dabei so viel Semmelbrösel hinzugeben, dass die Masse nicht mehr so klebt. Dann geht's mit dem Füllen besser.
4. Die Cannelloni mit der Masse füllen. Man nehme dafür die Vorder- und Rückseite eines Teelöffels und eine Menge Geduld oder entwickelt eine eigene Methode, die schneller und einfacher geht.
5. Für die Sauce eine Mehlschwitze bereiten. Dazu Margarine in einem Topf zerlaufen lassen und Mehl hinzugeben. Mit einem Schneebesen gut verrühren.
6. Nach und nach zuerst Wasser, dann Ketchup und Soja-Cuisine hinzugeben, bis eine sämige Sauce entsteht. Bei Bedarf mit Wasser strecken oder mit einer Wasser-Mehl-Mischung (sehr gut verrührt) wieder verdicken.
7. Die Sauce mit vielen Kräutern, Salz und Pfeffer abschmecken.
8. Abwechselnd Cannelloni und Sauce in Schichten in eine oder mehrere Auflaufformen geben. Die Cannelloni sollten dabei komplett bedeckt sein.
9. Ca. 45 Minuten bei 200 °C auf der mittleren Schiene im Backofen garen, bis die Cannelloni weich sind.

herbstrisotto

für 2, von Uschi & Joachim
ALKALINE TRIO „Agony And Irony"

- 1 großer Radicchio
- 1 Zwiebel, fein gehackt
- 1 l heiße Gemüsebrühe
- Olivenöl
- 400 g Risottoreis
- 300 ml trockener Weißwein
- 2 EL Butter
- 50 g Pecorino
- 2 EL gehackte Walnusskerne, am besten schmecken selbstgeknackte
- frisch gepresster Zitronensaft
- 1/2 Bund glatte Petersilie, fein gehackt
- Salz, Pfeffer

1. Los geht's mit dem Reis. Dazu etwas Olivenöl in einer hohen Pfanne erhitzen und die Zwiebeln darin glasig dünsten. Dann den Reis dazu, gut umrühren und 2-3 Minuten mit anbraten. Danach kippt ihr den Weißwein rein und freut

euch, weil es so schön zischt und dampft. Ist der Wein fast weg, gebt ihr eine Kelle von der Gemüsebrühe zum Reis. Die Temperatur könnt ihr jetzt etwas kleiner machen. Wichtig beim Risotto ist, dass ihr immer schön rührt und dass ihr mit dem Nachkippen der Brühe wartet, bis die Flüssigkeit im Topf fast weg ist. Die ganze Prozedur dauert ca. 20 Minuten und bedarf eurer ständigen Aufmerksamkeit.

2. In der Zwischenzeit ist der Radicchio dran. Welke Blätter abmachen und die schönen in Streifen schneiden. Walnüsse aus der Schale pulen und hacken, denn das kann schon mal dauern ...

3. Ist der Reis fast fertig, gebt ihr Radicchio und Butter zum Reis. Schön durchrühren und 3 Minuten weiterschmoren. Dann den geriebenen Pecorino unterheben, Walnüsse dazu und mit Salz, Pfeffer, Zitronensaft und Petersilie abschmecken. Da geht einiges!

kartoffel-tofu-curry
**reicht für 3-4 Urlauber, von Stefan Peuser
YUPPICIDE „Fear Love"**

Gestern gab's Pellkartoffeln und etwa die Hälfte wurde nicht gegessen. Morgen geht's ab in den Urlaub und im Kühlschrank und im Gemüseregal liegen auch noch Reste. Was tun? Wegschmeißen ist ja nicht gerade toll und vergammeln soll's auch nicht. Also muss alles weg.

In Kühlschrank und Regal lagen außerdem noch:
- 500 g Kartoffeln (vorgekocht und ungepellt)
- 1 Packung Räuchertofu
- 1 große Zwiebel
- 2 Knoblauchzehen
- 1 rote Paprika
- 2 Tomaten
- 150 ml Kokosmilch
- 100 g Erbsen (TK)

Und dann noch ab zum Gewürzregal:
- je 1 TL Kurkuma, Garam Masala, Salz
- je 1/2 TL Koriander, Kreuzkümmel
- Sesamöl (oder anderes Öl)
- Chilipulver (für alle, die es gerne scharf mögen)

1. Öl in einer Pfanne erhitzen. Zwiebel klein schneiden. Knoblauchzehen durch die Knoblauchpresse drücken. Zwiebel gemeinsam mit dem Knoblauch in der Pfanne im heißen Öl andünsten.

2. Derweil den Räuchertofu in Streifen, die Paprika in kleine Stücke und die Kartoffeln in mundgerechte Happen schneiden. Wer die Pelle nicht mag ... Selbst finde ich das Ganze mit Pelle viel geschmackvoller, zumal sie das rauchige Aroma des Tofus noch unterstützt. Dann alles in die Pfanne geben. Der Tofu und die Kartoffeln sollten dabei leicht knusprig werden. Dauert so etwa 10-15 Minuten. Hin und wieder vorsichtig umrühren (sonst brechen die Kartoffeln).

3. Die Tomaten klein schneiden und leicht zermatschen. Tomaten mit Salz, Kurkuma, Koriander und Kreuzkümmel in die Pfanne geben und vorsichtig umrühren. Wer's gerne scharf mag, der kann noch etwas Chilipulver dazugeben. Hin und wieder vorsichtig umrühren.

4. Nach ca. 10 Minuten die Kokosmilch und die Erbsen dazugeben. Wieder vorsichtig umrühren. Dann alles mit Garam Masala bestreuen und ca. drei Minuten leicht köcheln lassen. Dann

erst das Garam Masala unterrühren.
5. Wenn die Erbsen durch sind (sollten aber nicht matschig werden), kann man sich's schmecken lassen und guten Gewissens in den Urlaub fahren.

- Dazu passt Chapatibrot, Ciabatta oder alle Brotreste, die auch noch weg müssen.

kohlrabischnitzel mit broccoli-sahnesauce

für 2, von Stefan Mulder,
cooking4revolution.de
SOCIAL DISTORTION
„White Light, White Heat, White Trash"

- 1 Kohlrabi
- Ei-Ersatz für 2 Eier
- Mehl
- Paniermehl
- 1 Broccoli
- 1 Schalotte
- 200 ml Sojasahne
- Pflanzenmargarine
- 2 TL Hefeflocken
- Salz
- Pfeffer
- gestiftelte Mandeln

1. Zuerst müsst ihr die Kohlrabi schälen und in 3-4 mm (gleichmäßig) dicke Scheiben schneiden. Gebt sie für ca. drei Minuten in kochendes, leicht gesalzenes Wasser. Nehmt die Scheiben aus dem Topf und schreckt sie mit kaltem Wasser ab. Das Salzwasser solltet ihr im Topf aufheben.
2. Trocknet die Kohlrabischeiben mit etwas Küchenpapier und wendet sie in Mehl, sodass sie überall dünn bedeckt sind. Jetzt kommen sie einzeln erst in den Ei-Ersatz und anschließend ins Paniermehl. Wenn euch die Panade nach dem ersten Paniervorgang nicht gleichmäßig oder dick genug ist, könnt ihr den Kohlrabi erneut in den Ei-Ersatz und dann ins Paniermehl geben. Lasst die Schnitzel trocknen (Falls ihr Platz habt, stellt sie in den Kühlschrank).
3. Schneidet in der Zwischenzeit die Broccoliröschen vom dicken Stiel ab und blanchiert sie für ein paar Minuten im übrig gebliebenen und neu aufgekochtem Salzwasser. Schreckt auch den Broccoli, der noch bissfest sein sollte, mit kaltem Wasser ab. Das Salzwasser braucht ihr jetzt nicht mehr.
4. In einer großen Pfanne bratet ihr anschließend die Kohlrabischnitzel an. Der Boden sollte komplett mit einer dünnen Schicht Margarine bedeckt sein (Aufpassen, dass nichts anbrennt, aber die Schnitzel auch nicht häufiger als nötig wenden, damit die Panade nicht kaputt geht!). Die bereits angebratenen Schnitzel kommen bei ca. 130 °C in den Backofen, bis ihr mit dem Rest des Essens fertig seid.
5. Während der Kohlrabi in der Pfanne/im Backofen ist, hackt ihr die Schalotte in feine Würfel und bratet sie mit etwas Margarine im Topf an. Wenn sie anfangen, glasig zu werden, löscht sie mit der Sojasahne ab und würzt mit etwas Salz und Pfeffer. Nachdem die Sahne kurz aufgekocht ist, gebt den Broccoli dazu und lasst ihn noch eine Minute oder zwei bei mittlerer Hitze durchziehen. Rührt zum Schluss die Hefeflocken unter und gebt die Mandeln in die Sauce (schmeckt am besten, wenn ihr die Mandelstifte vorher kurz in einer kleinen Pfanne ohne Fett angeröstet habt).

- Dazu passen Kartoffelpüree oder Salzkartoffeln.

goldene mais-pyramide vor couscous-entrée in sklavenblut

für 1–2, von Felix Michalowski
NILE „Destruction of the temple of the enemies of Ra"

Ich bin 2007 mal auf der Autobahn an einem Sandhügel vorbeigefahren, der mich auf eine spannende Kochidee gebracht hat. Aber lest und seht selbst.

- 300 g Dosenmais
- 200 g Tomatenmark
- 100 g Couscous
- Mehl
- 4 EL Sonnenblumenöl
- 4 Lorbeerblätter
- Essig
- Zitronengras
- bunter Pfeffer
- Sojamilch

1. Wir beginnen mit der „Sklavenblut"-Zubereitung. Dazu zunächst das Tomatenmark mit zwei Esslöffeln Sonnenblumenöl (oder anderem Pflanzenöl) vermengen. Dann etwas zerkleinertes Zitronengras und bunten Pfeffer hinzugeben. Drei oder vier Lorbeerblätter schnappen und kleinhacken (wer einen Mörser zur Hand hat – umso besser). Rein damit und vermengen. Dazu etwas Essig für eine spezielle Note (Sparsam sein!).
2. Parallel wird der „Sand", also das Couscous, mit der doppelten Menge Wasser erwärmt (oder nach Packungsanweisung).
3. Der Mais wird gleich zu Pyramidenbeton. Glücklich ist, wer einen Pürierstab hat. Damit den Mais zermatschen, aber ein paar ganze Stücke dürfen gerne drin bleiben.
4. Keine Pyramide ohne Mörtel! Mehl hinzufügen, bis ein klebriger Teig entsteht. Und etwas von dem halbgaren Couscous auch dazu.
5. Die Baustelle! Na ja, noch nicht ganz ... aber gleich. Verschieden große Bauplatten in der heißen Pfanne mit Öl braten ...
6. Das Blut nicht vergessen! Etwas Sojamilch lockert die Konsistenz auf.
7. Sind die knusprigen Steinplatten fertig? Dann dürfen sich jetzt Symmetrie-Fans austoben. Platten aufeinandersetzen und den Sandweg zur Pyramide ausstreuen. Ein erster „Aha"-Effekt! Blut dazu ... geschafft!

krautnudeln à la fw

für 2-3, von Frank W., THE BULLETRIDERS SUBLIME „Sublime", MONSTER MAGNET „Spine Of God", BILLIE HOLIDAY „Best of"

- 250 g Breitbandnudeln (andere gehen natürlich auch)
- 1/2 Weißkohl
- 2-3 Zwiebeln
- Öl
- Salz
- Sojasauce, Gewürze

Voraussetzung für das Arbeiten in der Küche ist ein Gerät zum Abspielen von Musik. Bei mir ist es ein altes Erfurt 4-Radio, gekoppelt mit einem Plattenspieler. Das braucht eine Anwärmzeit von ca. einer Minute, aber dann läuft auch schon SUBLIME und es kann losgehen.

1. Zuerst den Kohlkopf entblättern. Die äußeren Blätter kommen in den Biomüll, der Rest kann verarbeitet werden. Man braucht für einen halben Kopf eine große Pfanne oder einen Wok. Die Blätter werden in Streifen von ca. 3-4 cm Länge und 0,5-1 cm Breite geschnitten. Ihr seht schon, es entsteht ein Riesenhaufen.
2. Die Zwiebel könnt ihr etwas kleiner schneiden, aber nicht zu klein.
3. Ist alles geschnibbelt, wird die Mucke gewechselt. MONSTER MAGNET passt jetzt gut zum Kochen, da kann auch schon mal der Kopf bewegt werden …
4. Los geht's: Zuerst werden die Zwiebeln angedünstet. Ich nehme dazu billiges Öl aus Sonnenblumen. Dann Kraut dazu und erstmal braten lassen. Zu diesem Zeitpunkt kann das Nudelwasser aufgesetzt werden.
5. Kohl ab und zu umrühren. Ist er etwas zusammengefallen, kann das Würzen mit Salz, Pfeffer, Paprika und allem anderen, was ihr mögt, erfolgen. Ich stehe auch auf einen Schuss Sojasauce. Also Krautnudeln à la FW ist auf jeden Fall mit Sojasauce! Aber auf keinen Fall ist hier Ketchup angebracht!
6. Nudeln abgießen ist kein Problem, wenn ihr ein großes Sieb benutzt. Etwas Wasser drüber, damit sie nicht klumpig werden, kann nicht schaden.
7. Hat das Kraut die richtige Farbe (ich mag es rehbraun), können die Nudeln hinzugefügt werden. Noch 5 Minuten braten lassen, nochmals abschmecken und dann servieren.
8. Verfeinert werden die Krautnudeln mit geriebenem Käse oder Hefeflocken.

- Mucke zum Essen: leichter Jazz mit Gesang wie Billie Holiday oder so.

gemüsecurry mit reis

für 2-3, von Joachim PAINT IT BLACK „New Lexicon"

Curry war für mich immer eine schwierige Sache, aber mit diesem Rezept geht das schnell, einfach und lecker.

- 200 g Basmatireis
- Gemüsebrühe (Pulver)
- Olivenöl
- Currypulver
- Rote Currypaste
- 1 Stange Lauch
- 1 Zucchini
- 2 kleine Karotten
- 1 kleiner Kopf Wirsing
- Kokosmilch
- gesalzene, geröstete Cashewkerne
- Salz, Pfeffer

1. Zuerst den Reis ansetzen: Den Reis waschen (Wasser in eine Schüssel, Reis dazu, etwas warten, in ein Sieb kippen, fertig) und dann in einen kleinen, eher hohen Topf mit Deckel etwas Olivenöl geben und erhitzen. Dann den Reis dazu, ein, zwei Minuten andünsten und knapp 400 ml Gemüsebrühe dazukippen. Noch einen knappen Teelöffel Currypulver dazu, Deckel drauf und aufkochen. Bei geringer Hitze kochen bis fertig. Das ist der Fall, wenn der Reis das Wasser aufgesaugt hat und sollte so ungefähr 10-15 Minuten dauern. Wenn fertig, Hitzezufuhr stoppen und Deckel drauf lassen, bis der Rest auch fertig ist. Kein Stress, der Reis bleibt recht lange warm.
2. Je nach eurer Koordinationsfähigkeit oder Küchenbesetzung widmet ihr euch dem Kleinschnippeln des Gemüses vor dem Aufsetzen des Reis, lasst das euer Küchenhilfspersonal parallel zum Reisaufsetzen erledigen oder macht das in Windeseile nach dem Reisaufsetzen. Das Gemüse waschen und putzen und dann die Zucchini in längliche Schnitze schneiden, die kleinen Karotten der Länge nach halbieren, vierteln und ebenfalls längliche Schnitze schneiden. Den Lauch in ca. 1 cm breite Ringe schneiden, und dann den Wirsing zerpflücken: Die Blätter ablösen, und in ca. 1 cm breite Streifen schneiden. Eventuell das harte Mittelteil vorher rausoperieren.
3. In einer großen Pfanne (mit Deckel) Olivenöl erhitzen, erst Karotten, Zucchini und Lauch dazu, dann den Wirsing. Bei mittlerer Temperatur ein paar Minuten dünsten (Deckel drauf!), aber immer wieder umrühren, und dann ungefähr einen Achtel Liter Gemüsebrühe dazukippen sowie nach Geschmack Kokosmilch. Ordentlich Currypulver dazu (zwei Teelöffel dürfen es locker sein), evtl. Currypaste, aber Obacht, scharf! Eine handvoll Cashewkerne dazu, je nach Geschmack auch mehr, den Rest wegknabbern. Fertig ist das Ganze, wenn das Gemüse weich, aber nicht zerkocht ist. Mehr als 10-15 Minuten dauert das aber nicht. Eventuell noch mit Salz und Pfeffer abschmecken, aber eigentlich nicht nötig.
4. Reis auf zwei Teller verteilen, dann das Gemüse darüber und es sich schmecken lassen.

• Dazu passt Chinakohlsalat.

dithmarscher mehlbeutel

**von Reimer Bustorff,
Grand Hotel van Cleef, KETTCAR
THE APPLESEED CAST „Fight song" vom Album „Two Conversations"**

Das Rezept vererbt sich von Generation zu Generation in unserer Familie.

- 500 g Mehl
- 500 ml Milch
- 250 ml Sahne
- 5 Eier
- 125 g Butter
- 1 Prise Salz
- 80 g Zucker
- 125 g Rosinen
- Zucker und Zimt

1. Die Eier trennen. Das Eiweiß steif schlagen. Mehl, Milch, Sahne, Butter, Salz und Zucker zu einem glatten Teig verrühren. Das Eiweiß und die Rosinen unterheben.
2. Den Teig auf ein Leinentuch (Geschirrhandtuch) geben. Die vier Ecken des Tuchs verknoten, sodass es

aussieht, als wäre ein Fussball im Tuch. Einen Kochlöffel durch den Knoten stecken.
3. Wasser in einem großen Topf zum Kochen bringen. Den Mehlbeutel in das kochende Wasser hängen (der Kochlöffel verhindert, dass er ganz reinfällt)
4. 2,5 Stunden kochen lassen. Dann auf einen Teller geben, wie einen Kuchen anschneiden, mit Zucker und Zimt und zerlaufener Butter servieren.

linseneintopf mit spätzle

für 4, von Joachim
WOLVES IN THE THRONE ROOM
„Black Cascade"

- 250 g getrocknete braune Tellerlinsen
- Öl
- 1 Karotte
- 1 Zwiebel
- 1 kleine Stange Lauch
- 1 kleines Stück Sellerie
- 4 Nelken
- 2-3 Lorbeerblätter
- 4 Wachholderbeeren
- Majoran, Salz, Pfeffer
- 1,5 l Gemüsebrühe
- Rotweinessig
- 1 Packung (250 g) Bio-Spätzle ohne Ei oder selbstgemachte

Für die Mehlschwitze:
- 50 g Butter oder Margarine
- 2 EL Mehl

1. Linsen sind heikel: Manche wollen eingeweicht werden, sogar über Nacht, andere sind recht schnell gar, andere noch nach einer Stunde hart. Deshalb gilt: Packungsbeilage beachten und das Rezept entsprechend variieren.
2. Das Gemüse und die Zwiebel klein schneiden und in Öl anbraten. Die Gemüsebrühe sowie die Linsen dazukippen und dann die Lorbeerblätter, nach Geschmack Majoran, die Nelken und Wacholderbeeren dazugeben, aber noch nicht das Salz. Alles aufkochen und dann sanft kochen lassen, bis die Linsen weich sind. Das geht mal schneller und mal langsamer, aber so eine halbe Stunde sollte man mindestens einkalkulieren – einfach ab und zu ein paar Linsen herausfischen und probieren. Das Gemüse wird in der Zeit auf jeden Fall gar.
3. Wer Spätzle gerne selbst macht, kümmert sich in der Zwischenzeit darum. Die Faulen kochen fertige (Bio-)Spätzle nach Packungsanleitung.
4. Wenn die Spätzle im Topf sind, kann man sich um die Mehlschwitze kümmern. Die sorgt dafür, dass der Eintopf schön dick und sämig wird. Dazu die Butter oder Margarine in einem kleinen Topf vorsichtig schmelzen, das Mehl vorsichtig einrühren, bis eine noch rührbare Pampe entstanden ist (Obacht, ständig rühren, Hitze runter, nix anbrennen lassen!), dann einen Schöpflöffel voll Brühe aus dem Topf mit den Linsen dazu und rühren, bis sich die Mehlpampe aufgelöst hat. Dann die Einbrenne zum Linseneintopf kippen (die Linsen sollten jetzt weich, aber nicht zerkocht sein ...), nochmal aufkochen lassen und mit Salz, etwas Pfeffer und zwei bis drei Esslöffeln Rotweinessig abschmecken.
5. Die Lorbeerblätter und die Nelken herausfischen, Spätzle auf einen (tiefen) Teller packen, Linseneintopf drüber und am Tisch gegebenenfalls mit Essig nachwürzen.

ungeschälte kartoffeln und trockene auberginen an altem brot und zuviel knoblauch, dazu salat

für 4, von Mario Turiaux, Rockstar Records & punkorder.com
REGULATIONS, wahlweise auch DESCENDENTS „Milo Goes To College"

- 1,2 kg Kartoffeln
- 2 große Auberginen
- 4 Scheiben altes Brot (am besten Weißbrot)
- 100 g geschälte Mandeln
- 1 Zitrone oder dieses Zitronenextraktzeug im zitronenförmigen Plastikfläschchen
- 1 Teller Mehl
- 6 große Knoblauchzehen
- Olivenöl
- Thymian, Kümmel, Salz, schwarzer Pfeffer

Salat:
- 7 große Salatblätter
- 12 Cocktailtomaten
- 1 rote Paprika
- 1 kleine Zwiebel
- 1/2 Apfel
- 8 schwarze Oliven
- Olivenöl, Balsamico-Essig, 1 Bund Petersilie, Senf, Honig, Zucker, Salz, Pfeffer

1. Zuallererst Musik und Ofen anmachen und alle Regler nach rechts drehen. Die Kartoffeln gut waschen, ungeschält in ca. 3 cm große Stücke schneiden und auf einem Backblech verteilen. Dann ein kleines Glas mit Deckel suchen und drei gepresste Knoblauchzehen, Pfeffer, Thymian, Kümmel, viel Olivenöl und einen guten Schuss Zitronensaft einfüllen. Schütteln, gut mit den Kartoffeln mischen und ab damit in den Ofen. Ab und zu mal wenden. Was am längsten braucht (ca. 45 Minuten) ist damit erstmal erledigt und so haben wir genug Zeit, eine andere Platte aufzulegen (idealerweise THE CLASH „Demos & Outtakes '76-'79", ansonsten geht auch die „War Birth" von US BOMBS) und uns in aller Ruhe dem Rest zu widmen. Los geht's:
2. Zunächst die Auberginen längs in Scheiben schneiden und 15 Minuten in Salzwasser legen (in der Zeit kann man das Salatgemüse schnibbeln, s.u.).
3. Für die Sauce schon mal das Brot in Wasser einweichen.
4. Die Auberginenscheiben mit einem Küchentuch leicht trocknen, beide Seiten kurz ins Mehl drücken (überschüssiges Mehl abschütteln). Nun reichlich Olivenöl in einer Pfanne erhitzen (also richtig heiß!) und die Scheiben braten. Achtung, das geht schnell! Dann auf Küchenpapier entfetten.
5. Für die Sauce drücken wir das Brot leicht aus, packen es zusammen mit den Mandeln, der restlichen Zitrone und drei Knoblauchzehen in ein hohes Gefäß und verarbeiten

alles mit einem Pürierstab zu Brei. Nach und nach ca. sechs Esslöffel Olivenöl dazugeben und mit Salz und Pfeffer abschmecken. Sollte kein Pürierstab zur Hand sein, musst du dreimal feste mit dem Fuß aufstampfen, wieder alle Zutaten rausholen und von Hand zerkleinern.
6. Jetzt flott ein großes Salatblatt auf jeden Teller legen, Paprikastreifen, halbierte Tomaten, die Oliven, dünne Apfelscheibchen und den Rest Salat (zerkleinert) darauf verteilen. Dann Zwiebelringe und je zwei Petersilienröschen obendrauf legen und das Ganze mit einer Vinaigrette – oder wie das heißt – aus Olivenöl, Balsamico-Essig, Senf, Honig, Zucker, zerhackter Petersilie, Salz und Pfeffer begießen.
7. Genau jetzt sind die Kartoffeln außen schön goldbraun und innen durch und können in einer gehörigen Portion Salz gewendet werden. Zusammen mit der Brotpaste und den Auberginen neben den Salat legen, etwas Ruhigeres auflegen (vielleicht hast du ja was von DM Bob, Mike Ness, Mojo Nixon, oder Hasil Adkins da), zu Tisch rufen und alles aufessen.

paprika-porree-pizza
für 2, von Joachim
AGAINST ME! „New Wave"

Für den Teig:
- 250 g Mehl
- 20 g Hefe
- 1/2 TL Salz
- 1/2 TL Zucker
- 1 EL Olivenöl
- 5 EL lauwarmes Wasser

Für den Belag:
- 200 g Schmand oder saure Sahne oder Frischkäse
- 1 große rote Paprika
- Olivenöl
- 2 Stangen Porree/Lauch
- Salz, Pfeffer, Paprikapulver
- 200 g geriebener Emmentaler oder Gouda

1. Zuerst der Teig. Dazu die Hefe in einem Glas in warmem Wasser auflösen, dann das Zeug zum Mehl geben, verrühren und den ganzen anderen Scheiß auch reinkippen – bei Bedarf noch etwas Wasser extra. Alles mit der Hand oder dem Rührgerät (Haken!) ordentlich durchkneten und dann an einem warmen Ort in einer mit einem Tuch abgedeckten Schüssel eine halbe Stunde gehen lassen.
2. In der Zwischenzeit die rote Paprika halbieren, waschen, putzen und in schmale Streifen schneiden. Auch den Lauch schön putzen, waschen und in dünne Scheiben schneiden, so einen halben Zentimeter dick. Öl in die Pfanne, erst die Paprikaschnitze andünsten und dann später den Lauch, je nach Laune, Platz und Zeit auch getrennt. Für den Belag den Schmand mit Salz, Pfeffer und Paprikapulver würzen.
3. Mittlerweile müsste sich der Teig bewegt haben, also auf ein mit Backpapier ausgelegtes Backblech klatschen, den Ofen schon mal auf 200 °C vorheizen, und dann einen schönen großen Pizzaboden ausrollen oder auch zwei oder drei kleine. Die Teigfladen mit dem Schmandzeug bestreichen und dann das angedünstete Gemüse darauf verteilen. Käse drüber und ab in den Ofen für 20-30 Minuten. Very yummy.

cowboy-pfanne

Proviant für 4 Cowgirls/-boys, von Kathi, Tim und Tobi
Zum Kochen: DIE GOLDENEN ZITRONEN „Fuck You" mit „Exile Cowboy"; zum Essen: SUPERSUCKERS „Must've been high"

Bei diesem Gericht handelt es sich um ein echtes Cowboymahl: Man benötigt nur eine Pfanne, die man ja auf jedem Gaul und in jedem Bully dabei hat.

- 150 g Joghurt natur (oder veganes Produkt)
- 150 g saure Sahne (oder veganes Produkt)
- Knoblauch
- 1 große Zwiebel
- 6 (mittelgroße) Kartoffeln
- 150 ml Gemüsebrühe
- 1 rote und 1 gelbe Paprika
- 1 Fenchelknolle
- 1 Dose Mais
- 4 Tomaten
- 10 getrocknete Tomaten
- 2 EL Tomatenmark
- Salz, Pfeffer, Chili, Kräuter der Prärie

One: Gaul anbinden, Feuer anzünden, Bier aufmachen.
Two: Sourcreme herstellen. Dazu Joghurt und saure Sahne zusammenkippen, verrühren und mit Salz und Pfeffer würzen.
Three: Alles, was zu schnipseln ist, in mundgerechte Stücke schnipseln; Kartoffeln in Spalten (nicht schälen: schrubben!).
Four: Zwiebeln, Knoblauch und Kartoffeln anbraten. Dann Gemüsebrühe dazukippen und fünf Minuten köcheln lassen. Restgemüse dazu, Deckel drauf und weiterköcheln lassen. Zum Abschluss würzen mit Salz, Pfeffer, Chili, Kräutern der Prärie und Tomatenmark.

- Nach der Reiterei den ganzen Tag ist das genau das Richtige! Noch einen schönen Klecks Sourcreme auf die Cowboypfanne – mmmhh.
- Wenn der Tag besonders hart war, macht sich auch ein Spiegelei auf der Pfanne gut, um wieder Tinte auf den Füller zu bekommen. Dann sind aber zwei Pfannen notwendig, und wer hat die schon?
- Tipp vom Ox-Kochstudio: Fenchel ist die Diva unter den Gemüsen und will entsprechend behandelt werden. Entweder ihr schneidet die Stücke relativ klein oder ihr gebt dem Fenchel einen Kochvorsprung und schmeißt ihn bereits mit den Kartoffeln in die Pfanne. Zäher Fenchel ist genauso schlimm wie ledrige Aubergine, I tell ya ...

föhnnudeln „hawaii"

für 4, von Hartung
SCHLIESSMUSKEL „Komm setz dich zu uns"
DVD-Tipp: Louis De Funes „Louis und seine außerirdischen Kohlköpfe"

- 800–1000 g Weißkohl
- 500 g Spiralnudeln
- 100 g Butter oder Margarine
- 2 große Zwiebeln
- 1 frische, saftige Ananas
- Gemüsebrühe
- Pfeffer, Salz

1. Den Kohl putzen, waschen und sehr fein schneiden. Danach das Weißkraut mit Salz bestreut ca. 15 Minuten stehen lassen.
2. Jetzt Butter in einem großen Topf erhitzen und die gewürfelten Zwiebeln darin glasig schmoren. Darauf folgen die in Stückchen geschnittene Ananas,

ein kleiner Schluck Gemüsebrühe sowie das Kraut. Unter häufigem Rühren die ganze Masse bei schwacher Hitze ungefähr 30-40 Minuten garen. Im Anschluss mit reichlich frischem Pfeffer aus der Mühle würzen.

3. In der Zwischenzeit die Nudeln wie gewöhnlich in Salzwasser bissfest kochen und in ein Sieb gießen. Jedoch dieses Mal mit heißem Wasser abschrecken und abtropfen lassen. Anschließend werden die Nudeln unter das fertig gedünstete Kraut gemischt.

- Nach dem Essen werdet ihr bald merken, welch Wunderwerk unser menschlicher Körper ist. Als Nachtisch wäre deshalb ein gepflegter Schluck vom typisch französischem Pastis-Schnaps zu empfehlen! Pernod tut's aber auch. Santé!

hirse-empanadas mit wirsing-koriander-marmelade
von PHONO ROYAL

1. Backofen sofort anmachen (220 °C) und eine Herdplatte auf 6 mit einem Topf 3/4 voll Wasser (+ Deckel).
2. Fahrrad klauen und zum Supermarkt.
3. Hirse-Ingwer-Knoblauch-Gemüsebrühe-Tiefkühl-Hefeteig oder Blätterteig-Wirsing-Ahornsirup-Koriander kaufen.
4. Freihändig auf dem Fahrrad: Den Ingwer schälen und in kleine Würfel schneiden. Wirsing entstrunken und alle Jungblätter grob würfeln. Mit dem Penis die Schutzfolie der Gemüsebrühe aufschlagen.
5. (Wieder zu Hause) Den Wirsing in den Topf schmeißen und mit Brühe abschmecken (Kochzeit 4 Minuten), abschütten und mit frischem Koriander und Ahornsirup pürieren, fertig!
6. Hirse (Ruckzuckhirse) mit heißem Wasser aufgießen, quellen lassen, abschütten und mit Knoblauch und Ingwer in der Pfanne kurz anbraten.
7. Kreise (Hefeteig) ausschneiden und mit Hirse füllen, einklappen, aufs Backblech. 12 Minuten (Farbe!)
8. Anrichten: Badezimmerfliese (Baumarkt) – Empanadas (2 Stück) hochkant, sich stützend in die Mitte positionieren. Lauwarme Marmelade über die Spitzen anlöffeln und mit Blattgold verzieren (Künstlerbedarf).
9. Etwas Chili mit Naturjoghurt mischen und mit Kreuzkümmel verduften, kreisend als lockere Fahne ums Gericht gießen.
10. Zubereitungszeit mit Rennrad ca. 18 Minuten.

- Auch kalt lecker as fuck.

pasta à la albini
für 2, von Steve Albini

1. Dice a baseball-sized onion, a rib of celery, two cloves of garlic and a medium-sized carrot. Finely dice a piece of ginger the size of your big toe and a jalapeno pepper or similar hot pepper. Someone else's big toe if you have small toes. Halve an avocado lengthwise and remove the pit.
2. Using a serving spoon, scoop the flesh of the avocado out and dice into 1,5 cm cubes. Put in bowl and sprinkle with lemon juice and olive oil.
3. Allow to macerate while you prepare

the rest of the sauce. Peel and quarter some small artichokes, and coat with lemon juice and olive oil.
4. Boil enough water to cook pasta for two people, and when it is boiling, salt it strongly and add farfalle pasta.
5. In a saute pan cook the onions, garlic, carrots and celery until slightly brown. Salt and pepper at this stage.
6. Add the artichokes, pepper and ginger and toss regularly until the artichokes are almost done. By now the pasta will be a little undercooked, firmer than al dente, which is when you should drain it and add it to the vegetables, along with a bit of the cooking water.
7. Swirl to coat and cook until the broth is absorbed. At the last moment, add the diced avocado and toss to combine. Serve drizzled with olive oil and garished with chopped fresh parsley and mint. The combination of hot pepper, ginger and mint is magical.

pasta alla norma
für 2-3, von Katrin und Ralf
BAND OF HORSES „Cease To Begin"

Katrins und Uschis Lieblingspasta solltet ihr euch nicht entgehen lassen!

- 1 Aubergine
- 2-4 Zehen Knoblauch
- 1 Zwiebel
- 4-5 reife Tomaten
- 10 große Blätter Basilikum
- Olivenöl
- ca. 300 g Penne oder Rigatoni
- Salz
- Pfeffer
- Cayennepfeffer
- frisch geriebener Parmesankäse

1. Die Aubergine in kleine Würfel schneiden (ca. 1 cm), in eine Schüssel geben, salzen und 5-10 Minuten ruhen lassen. Inzwischen die Knoblauchzehen in dünne Scheiben und die Zwiebel und die Tomaten in Würfel schneiden.
2. Danach die Auberginenwürfel mit einem Küchentuch abtupfen (das Salz entzieht der Aubergine die Feuchtigkeit, dadurch wird sie schmackhafter). Die Auberginenwürfel in zwei Esslöffeln Olivenöl ca. 10 Minuten anbraten.
3. Währenddessen Wasser aufsetzen, salzen und wenn es kocht, die Penne naturalmente „al dente" zubereiten.
4. Sobald die Auberginenwürfel goldbraun und weich sind und das Öl eingezogen ist, die Zwiebelwürfel und die Knoblauchscheiben hinzugeben und mitbraten, bis sie glasig sind. Danach mit den Tomaten ablöschen, etwas Wasser (1/2 Tasse) zugeben und ca. 5 Minuten auf kleiner Flamme mit geschlossenem Deckel köcheln lassen.
5. Frische Basilikumblätter klein schneiden und unter das Gemüse geben. Sauce zum Schluss mit schwarzem Pfeffer, einer Prise Cayennepfeffer und Salz würzen. Und dann mit ordentlich Parmesankäse diesen kleinen Ausflug nach „Bella Italia" genießen. Buon appetito e mille grazie, Signore Bellini!

- Tipp vom Ox-Kochstudio: Hervorragend schmeckt es auch, wenn man noch ein paar leckere Kapern und ganz zum Schluss klein gewürfelten Mozzarella unterhebt. Und ist mal keine Tomatenzeit, kann man auch welche aus der Dose nehmen, logo.
- Natürlich gilt wie immer: Veganer lassen einfach den Parmesan weg.

DANSE MACABRE AUBERGINEN TÜRMCHEN

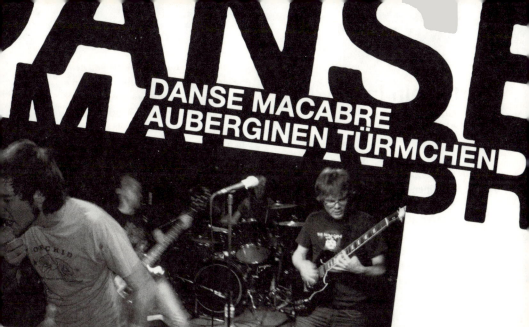

4 Personen/vegetarisch

500g de Cecco (Linguine no 7) - 1 rote Zwiebel - 1 Schote Chili - 1 Knoblauchzehe - 1 Bund Petersilie - 6 Eier - 50 ml Sojasahne - 50 ml Sprudel - S/P nach Gusto - 1 Messerspitze Muskatnuss - 1 Messerspitze Sambal Olek - 2 EL Butter - 3 mittelgroße Auberginen - 2 EL Olivenöl - Kräutersalz - 50g Ricotta - Honig - 4 Pflaumen - 1 Schuss heller Balsamico - 100g Ziegenfrischkäse - 200g Pecorino

1. Topf mit Wasser zum Kochen bringen. Linguine in kochendes, gesalzenes Wasser geben und 8 min al dente kochen. Während der Kochzeit der Nudeln, Zwiebel sehr fein würfeln, die Chilischote in kleine Streifen schneiden, Knobi und Petersilie fein hacken. Zusammen mit den Eiern, der Sojasahne und dem Sprudel in eine Schüssel geben und alles mit einem Schneebesen verrühren. Mit S/P, Muskatnuss und Sambal Olek abschmecken.

2. Eine Pfanne mit 1 EL Butter heiß werden lassen und die Nudeln hinein geben. Kurz anbraten; nach und nach die Eiermasse in die Pfanne geben, so dass eine Frittata-Masse entsteht. Die Herdplatte klein drehen um das ganze langsam, mit Deckel, stocken zu lassen. Wenn die Frittata-Masse fest ist, mit einem Pfannenwender das Ganze einmal umdrehen und von der anderen Seite anbraten. Die Frittata auf einen Teller stürzen und im Ofen bei geringer Hitze warm halten.

3. Die Auberginen in Scheiben schneiden (ca. 1,5 cm dick) und mit Olivenöl in einer Pfanne goldgelb braten. Von beiden Seiten mit Kräutersalz würzen. Auch die Auberginen auf einen Teller legen und im Ofen wärmen.

4. Pflaumen in Stücke schneiden und in eine heiße Pfanne mit 1 EL Butter dünsten. Nach etwa 5 min, wenn die Pflaumen weich sind, den Ziegenfrischkäse und Ricotta dazugeben. Mit Honig, Balsamico und S/P abschmecken.

5. Zum Schluss den Pecorino reiben, in eine Pfanne geben und den Käse bei mittlerer Hitze zerlaufen lassen. Aufpassen, dass der Käse nicht anbrennt. Nach ca. 3 min wenden. Nochmals 3 min abwarten und die Pecorino Kruste auf einen Teller legen, kurz antrocknen und erhärten lassen. Mit einem Glas, dass ungefähr den Durchmesser einer Auberginenscheibe hat, vorsichtig einen Kreis ausstechen.

Die Teller aus dem Ofen nehmen und mit dem Anrichten der Türmchen beginnen: zuerst die Käsekruste auf einen Teller legen; dann eine Auberginenscheibe darauf trapieren. Ein Klecks der Pflaumenmasse auf die Aubergine geben. Die Frittata mit dem Glas ausstechen und auf die Aubergine legen. Das ganze beliebig oft ausführen, so dass ein Türmchen entsteht. Ein Türmchen pro Person auf großen Tellern servieren. Et voilà!

von Rockterrine (www.rockterrine.de)

kartoffeln in olivenöl

für 2, von Uschi & Joachim
AMUSEMENT PARKS ON FIRE
„Out Of The Angeles"

- ca. 500 g Pellkartoffeln aus eher kleinen Kartoffeln (ungeschält!)
- Olivenöl
- Meersalz und Pfeffer

1. Gekochte Kartoffeln mitsamt Schale mit einem Fleischklopfer, einer Gabel oder einer Flasche Bier leicht flachdrücken, bis die Schale etwas platzt, die Kartoffeln aber nicht auseinander fallen.
2. Reichlich Olivenöl in eine große Pfanne geben, heiß machen und die Kartoffeln auf beiden Seiten schön anbraten. Zum Schluss salzen und pfeffern. Verdammt, ist das lecker!

- Passt zu jeder Art von Gemüse, Bratlingen und so weiter.

kartoffel-kürbis-eintopf

von Zahni Müller
CRO-MAGS „The Age Of Quarrel"

Zuerst: Musik an! Das Gericht ist ziemlich schnell gar, einfach zubereitet und macht total satt. Entscheidend ist aus meiner Sicht, dass die Konsistenz des Eintopfs ziemlich genau zwischen einem Kartoffelbrei und einer wässrigen Gemüsesuppe liegt. Schmeckt dann auch am besten. Ich koche immer „nach Auge", je nachdem, wie viele Menschen vor Ort sind („Life of my own"). Deshalb kriegt ihr keine Mengenangaben und müsst das auch mal

ausprobieren. Auf die Zwiebel und den Sellerie könnt ihr verzichten, ich nehme beides oder eins von beidem hin und wieder zur Geschmacksvariation. Logischerweise sollten Kartoffeln und Kürbis den Hauptanteil des Gerichtes stellen (Zwiebel und/oder Sellerie nicht mehr als ein Viertel), sonst stimmt der Name nicht mehr („Face the facts").

- Kartoffeln
- Kürbis
- indische Gewürze – Senfkörner, Koriander, Kreuzkümmel, falls zur Hand: Kardamom und Gelbwurz, beides nicht existenziell (außer bei den Senfkörnern bevorzuge ich die gemahlenen Varianten)
- Gemüsebrühe
- Zwiebel
- Sellerie
- Butter/Margarine
- Sahne (oder Sojamilch oder Reismilch oder Milch)
- Pürierstab oder Stampfer

1. Alles Gemüse in Stücke schneiden: je kleiner, desto schneller gar.
2. Topf auf den Herd und ein ordentliches Stück Butter hinein. Seid nicht zu sparsam, die Butter ist die Grundlage des Eintopfs, ein Geschmackshammer, sie macht glücklich und den Quatsch mit dem Cholesterin vergesst hier einfach mal („Signs of the times"). Auf gar keinen Fall dürft ihr stattdessen Öl nehmen, nicht mal das aus Oliven! Klar soweit? Zur Butter kommen auch gleich die indischen Gewürze, je nach Größe des Eintopfes pro Gewürz einen knappen Teelöffel.
3. Nach ungefähr 1 Minute kommen Zwiebel und/oder Sellerie dazu. Gut umrühren. Falls ihr auf diese Gemüse verzichtet, bitte gleich weiter zu Punkt 4. („Malfunction").

4. Nach einer weiteren Minute die Kartoffeln in den Topf. Alles zusammen auf kleiner bis mittlerer Stufe garen, bzw. leicht anbraten. Weiter gut umrühren, damit das Ganze nicht anbrennt und sich die Butter und die Gewürze gut verteilen. Die Gemüsemasse sollte von Butter und Gewürzen einigermassen gleichmäßig überzogen sein. Falls ihr mal eine kleine Pause vom Umrühren braucht („Hard times"), bitte den Deckel auf den Topf drauf!
5. Nach ungefähr 5 Minuten den geschnippelten Kürbis dazu geben.
6. Nach weiteren zweieinhalb Minuten bereits aufgekochtes Wasser hinzugeben. Nicht zu viel, gut bedeckt reicht (It's the limit). Gemüsebrühe hinzugeben und abschmecken. Auf kleiner Flamme so lange köcheln lassen, bis das Gemüse gar ist. Nicht verkochen lassen („Show you no mercy")! Dieses ist mit einer Gabel oder dem Gebiss zu überprüfen. Topf vom Herd nehmen, Sahne (oder Sojamilch oder Reismilch oder Milch) hinzufügen. Was auch immer ihr nehmt, nehmt einen ordentlichen Schuss, je nach Menge des Eintopfes (Seekers of the truth).
7. Nun pürieren oder stampfen. Achtung: keine feine, geschmeidige Sauce „zaubern" („We gotta know"), sondern das Ganze klumpig lassen, es sollte einen rustikalen Charakter haben. Idealzustand, meiner Meinung nach: ein suppenartiger, aber mächtiger Eintopf („Don't tread on me"). Harley Flanagan fände das auch gut, da bin ich mir sicher. Aber schaut selber, Stichwort: „Mut zur Variation".
8. Das Ganze kann solo genossen werden. Wer möchte, kann noch vegetarische Tofu-Wiener hineintun („World peace"). Mein Geheimtip: Seitan in einer kleinen Pfanne mit Butter oder Olivenöl knusprig anbraten und über den Eintopf in den servierfertigen Tellern geben. Granate. Für Getränke ist der Getränkekellner zuständig („Do unto others"). Ich sach' nur: nix Warmes!

• Nachtisch-Favoriten: Sojapudding aus dem Kühlschrank (Schoko/Vanille gemischt) oder Eis („Street justice").

nudeln mit steckrübe

für 2, von Thorsten Winter
UNFIT „Ten Years Of Hate"

Als Kind bin ich geflüchtet, wenn nur das Wort „Steckrübe" in unserer Küche fiel, Steckrüben waren doch wohl eher was für Kühe oder sonstige Bewohner eines Bauernhofes. Heute könnte ich Steckrüben im Herbst vier Mal die Woche essen. Tja, die Zeiten ändern sich ...

• 250 g Nudeln
• 250 g Steckrübe
• 250 g Sahne oder Ähnliches
• Olivenöl
• Salz, Pfeffer
• 3 EL Thymian, getrocknet

1. Die Steckrübe schälen und in kleine Würfel schneiden. Anschließend eine Stunde in Wasser stehen lassen.
2. Nudeln aufsetzen.
3. In einer Pfanne die abgetropften Steckrübenwürfel in dem Öl anbraten, mit der Sahne ablöschen, salzen und pfeffern.
4. Zum Schluss den Thymian reingeben und die fertigen Nudeln in die Sauce.

• Das Ox-Kochstudio hat das mit kurzer Einweichzeit gemacht; funktionierte auch.

luftiges käsesoufflé

von Anja Schmitz & Fritte
DUOTANG „The Punk & The Godson"

- 50 g Butter
- 50 g Mehl
- 320 ml Milch
- 150 g Bergkäse, Greyerzer oder Knoblauchgouda
- 5 Eigelb
- 1 Prise Macis (Muskatblüte), gerieben
- 1 rote Peperoni
- 6 Eiweiß
- 1 TL Salz

1. Den Ofen auf 200 °C vorheizen. Für die Béchamelsauce Butter in einem Topf bei kleiner Hitze schmelzen. Mehl zugeben und unter Rühren kurz anschwitzen. Milch unter ständigem Rühren zugießen. Sauce einmal aufkochen lassen und vom Herd nehmen. Etwas abkühlen lassen.
2. Den Käse reiben. Die Hälfte des Käses mit dem Eigelb unter die Béchamelsauce rühren. Mit geriebener Muskatblüte würzen.
3. Die Peperoni längs halbieren, entkernen, waschen und fein hacken. Das Eiweiß mit Salz steif schlagen. Den Eischnee, die Peperoni und den restlichen Käse (75 g) unter die Sauce heben. Den Boden (aber nicht die Ränder) einer feuerfesten Form (Jenaer Glas oder eben mehrere Soufflèförmchen) einfetten – nur so geht das Soufflé richtig schön auf. Die Form jeweils zu 2/3 mit der Käsemasse füllen.
4. Das Soufflé im Ofen (2. Schiene) ca. 35 Minuten backen. Evtl. etwa 5 Minuten vor Backzeitende mit einem Stück Backpapier abdecken. Allerdings ist es besser, man lässt den Ofen zu, damit das Soufflé nicht zusammenfällt.
5. Sofort servieren.

- Dazu reicht man am besten einen Salat.
- Das Ox-Kochstudio wurde zum Probieren eingeladen und musste im Anschluss nach Hause gerollt werden. Lecker!

quick, easy, and cheap (just like me!) chili

von Tyler Densley, LEWD ACTS
Das Ox-Kochsudio empfiehlt dazu natürlich LEWD ACTS aus dem CD-Regal

This is how you start it out. Take these fellas and sautee them in a big pot with a little bit of oil:
- 1 white onion (chopped)
- 1 green pepper (diced)
- 1 pkg. mushrooms (sliced)

While they're cooking, open up these cans:
- 1 can of kidney beans (drained)
- 1 can of black beans (drained)
- 1 can of garbonzo beans (drained)
- 4 cans of vegetarian chili beans or pinto beans (if pinto beans, drain)
- 1 small can of tomato paste
- 2 cans of stewed tomatoes (drained)

Once those veggies are nice and cooked, but not browning, toss those beans in there. Now, you're going to reduce the heat to low.
Here's where you get loose with it. Toss in some crushed garlic or garlic powder, salt, pepper, cumin, chili powder, or whatever spices you see fit. Get wild with it and don't be afraid, because there's a lot of food in that pot. Let it cook covered, stirring occasionally for an hour or so. Make sure you get that jazz on the bottom that'll goop up.
It's ready when it tastes delicious.
Serves: A lot. Or just you if you eat it for a week.

- Try this! There are a couple companies that make frozen dinner rolls that are vegan. If you can find them, thaw them out, and using your hands, pinch them into disks. Stretch them out, so they're about twice the size. Set them in a small pan of oil at a high heat. Lightly brown both sides and set on paper towels to absorb excess oil. Once they've cooled down, pour chili on top and adorn with salsa and avocado!

pasta mit kastanien und rosenkohl

für 2, von Uschi & Joachim
V.A. „Shanti Project Collection 3"

Wer holt die Kastanien aus dem Feuer? Wir! Nämlich für dieses ausgefallene Pastarezept.

- 1 Päckchen vakuumverpackte Maronen (ca. 200 g)
- 200 g Rosenkohl
- 1 Becher Sahne
- etwas Parmesan
- 250 g Pasta, lecker sind z.B. Spaghetti oder extrabreite Bandnudeln
- 1 kleine Zwiebel
- 1 Knoblauchzehe
- Butter
- Salz und Pfeffer
- frisch geriebene Muskatnuss
- frischer oder getrockneter Thymian
- 1 EL Zucker

1. Zuallererst ist Rosenkohl putzen dran. Wer schlau war, hat beim Einkaufen auf schöne Ware geachtet und jetzt weniger Arbeit (oder man greift direkt zu Tiefkühlware ...) Kohl am Bürzel kreuzweise einritzen. Etwas Wasser in einem kleinen Topf zum Kochen bringen, Salz dazu und den Rosenkohl darin ca. 5-8 Minuten bissfest kochen.

2. Kastanien aus der Verpackung befreien und in etwas gröbere Stücke hacken bzw. schneiden. Ich kann mir nicht helfen, aber irgendwie erinnern mich die Dinger immer an Minihirne. Rosenkohl abgießen, kalt abduschen, abtropfen lassen und dann quer in Scheiben schneiden.
3. Gute Vorbereitung ist das halbe Leben, deswegen schnibbeln wir auch gleich Zwiebeln und Knoblauch und zwar beides in kleine Würfel. Wer schon richtig gut im Kochen ist, wirft jetzt drei Herdplatten auf einmal an. Die erste ist für das Pastawasser, die zweite für die Sauce, die dritte für das Gemüse. Die anderen machen es eben nacheinander. Los geht's!
4. Pastawasser ist klar, dann geht es jetzt an die Sauce. In einem kleinen Topf schmelzt ihr etwas Butter und dünstet darin Zwiebeln und Knoblauch an. Sahne rein und etwas einkochen lassen. Nach Gusto geriebenen Parmesan dazu und mit Salz, Pfeffer, etwas Thymian und Muskat würzen. Wenn die Sauce noch arg flüssig ist, muss etwas Saucenbinder herhalten ...
5. In einer Pfanne macht ihr jetzt das Grobe. Dafür etwas Butter schmelzen, Rosenkohl und Kastanien rein und leicht anbraten. Dann einen Esslöffel Zucker drüber streuen und leicht karamellisieren lassen. Irgendwann bildet sich ein leicht bräunlicher Überzug. Wenn nicht, ist es auch nicht weiter schlimm. Mit Salz und Pfeffer würzen.
6. Zum großen Finale die Nudeln abgießen und abtropfen lassen und mit der Sahnesauce vermischen. Auf zwei Teller verteilen und die Deko, sprich: Rosenkohlkastanien, drauf verteilen. Yummy! Den Verdauungsschnaps schon mal bereit stellen.

poser-pasta deluxe

für 4, von Uschi & Joachim
THE VERVE „Urban Hymns"

- 1 große Aubergine
- 250 g Ricotta
- 50 g Parmesan, frisch gerieben
- 2 EL Pinienkerne
- 40 g Paniermehl
- 1 Zwiebel
- 1 Knoblauchzehe
- Olivenöl
- 2 Dosen Pizzatoms
- 5 Kardamomkapseln (weglassen, wer sie nicht kriegt oder mag)
- 1/2 Bund Basilikum
- Salz, Pfeffer, Zucker
- 500 g Gemelli oder ordinäre Spiralnudeln

Damit das Kochen nicht in Stress ausartet, könnt ihr die Ricottabällchen und die Aubergine gut im Voraus zubereiten.

1. Zuerst ist die fiese Aubergine dran. Waschen, abtrocknen und in ca. 1 cm dicke Scheiben schneiden. Auf einem großen Teller schön nebeneinander ausbreiten. Dezent einsalzen und 20 Minuten stehen lassen.
2. In der Zwischenzeit geht es an die Bällchen. Dafür Pinienkerne in einer beschichteten Pfanne ohne Fett goldbraun werden lassen. Obacht! P-Kerne sind ziemliche Mimosen und brennen schnell an, wenn man sie nicht ständig im Auge behält.
3. Abgekühlte Pinienkerne, Parmesan, Ricotta und Semmelbrösel gut miteinander vermatschen. Schüssel mit kaltem Wasser bereitstellen. Mit einem Teelöffel Ricottapampe, so groß wie ein Jawbreaker aus dem Automaten, abstechen und mit feuchten Händen zu

glatten Kugeln formen. Einen Teller leicht mit Semmelbröseln bestreuen und die Kugeln darauf deponieren. Ab damit in den Kühlschrank.

4. Nach den 20 Minuten die Auberginen mit einem Küchentuch oder Taschentuch abtupfen. Reichlich Olivenöl in einer (beschichteten) Pfanne erhitzen und die Auberginenscheiben portionsweise von beiden Seiten schön goldbraun braten. Goldbraun ist sehr wichtig, da es nichts Schlimmeres als die berühmt-berüchtigten Auberginen-Schuhsohlen im Essen gibt. Rausnehmen und auf einem Küchenkrepp etwas abölen lassen.

5. Kurz vor dem Essen dann bitte schön noch die Tomatensauce zaubern. Dafür Zwiebel und Knoblauch fein hacken und in etwas Olivenöl andünsten. Die Kardamomkapseln mit einem großen Messerrücken etwas andrücken, sodass sie aufplatzen. Den Inhalt der Tomatendosen zu den Zwiebeln kippen, ganze Kardamomkapseln dazu und etwas einkochen lassen. Alles mit Salz, Pfeffer und etwas Zucker abschmecken.

6. In der Zwischenzeit Pastawasser aufsetzen und die Dinger bissfest kochen.

7. Während die Nudeln kochen, sind noch die Ricottabällchen dran. Eine große beschichtete Pfanne auf den Herd, etwas Olivenöl rein und die Teile leicht anbräunen lassen. Das sollte pro Portion nicht länger als 2 Minuten dauern.

8. Wer ein lebenslanges Kardamom-Trauma vermeiden will, sollte jetzt besser noch die Kardamomkapseln aus der Sauce fischen. Kann verdammt unangenehm im Mund werden, wenn man da unvorbereitet draufbeißt. Anstelle der Kapseln kommen jetzt die Auberginenscheiben in die Sauce; etwas anwärmen.

9. Pasta und Tomaten-Auberginen-Pampe vorsichtig miteinander vermischen, auf vier große Teller verteilen und die Ricottabällchen darauf dekorieren. Zum Schluss in Streifen geschnittene Basilikumblätter oben drüber, fertig. Wir haben damit noch jeden beeindruckt ...

ratatouille

für einen zauberhaften Abend zu zweit, von Henrik Roger, GHOST OF TOM JOAD
Zum Kochen Erykah Badu und V.A. „Secret Love", zum Essen Nina Persson „A Camp"

Als Musiker macht man sich in der Regel keine Gedanken übers Kochen. Auf Konzertreisen wird man vom Veranstalter versorgt, und isst man dann mal zu Hause, so bietet einem das Nudelregal im hiesigen Supermarkt zwar keine üppige, aber dafür eine mehr als schmackhafte Auswahl an Pesto und Teigwaren. Während einer gemeinsamen Tournee mit MUFF POTTER brachte Bassist Dominic Laurenz die kulinarische Genügsamkeit von tourenden Musikern treffend auf den Punkt, indem er mir auf die Frage nach seinem Lieblingsgericht antwortete: „Nudeln mit Gewürz". Der eigenen Koch-Lethargie trotzend ließ ich mich einige Monate später auf ein Wagnis ein, welches meine Einstellung zur Nahrungsaufnahme grundlegend verändern sollte. Der Plan sah wie folgt aus: Gehe auf den Markt, kauf' Sachen, auf die du Bock hast, besorge dir zwei Flaschen halbtrockenen Rotwein, mach die Fenster auf und schmeiß Erykah Badu auf deinen Technics 1210er. Horizonterweiterung ist hier das Stichwort. In der Küche und auf dem Plattenteller.

Hier nun meine Handreichung für ein wahrhaft lukullisches Gericht, welches mein Blickfeld in vielerlei Hinsicht erweiterte und mir einen fantastischen Abend reich an Wein, tollen Gesprächen und fantastischer Musik bescherte. Im Folgenden werde ich diese Speise „Ratatouille" nennen.

- 1 Zwiebel
- 1 Aubergine
- 1 Zucchini
- 400 g Champignons
- 3 Tomaten
- 1 rote Chilischote
- 200 g Fetakäse
- 2 Ciabattabrote

Vorbereiten:
Zunächst beginnen wir mit einem Glas Merlot, denn du wirst in den nächsten 15 Minuten durstig werden. Viele Dinge im Leben sind zu zweit schöner als alleine. Dazu gehört auch Kochen. Denke also auch an ein zweites Glas für deinen Freund oder deine Freundin. Während der Zubereitung hören wir eine CD aus der Sampler-Reihe „Secret Love", erschienen beim Berliner Label Sonar Kollektiv. Unaufdringlich, aber dennoch bestimmt und vor allem wunderschön.

Jetzt geht es ans Schneiden:
1. Die Zwiebel häuten und in kleine Würfel schneiden.
2. Aubergine waschen und in Scheiben schneiden. Den grünen Zipfel ab und in den Biomüll.
3. Zucchini waschen und der Länge nach halbieren. Die beiden Hälften in Scheiben schneiden.
4. Den Tomaten das Fell über die Ohren ziehen. Dazu musst du sie kurz in ein heißes Wasserbad reinschmeißen, danach lassen sie sich ohne Murren mit einem scharfen Messer die Haut abziehen. Anschließend in kleine Würfel schneiden.
5. Champignons putzen. Nicht waschen, sonst saugen sie sich voll Wasser und sind nicht mehr so der Brüller. Die Champignons sollten keine Dellen haben oder sonstwie komisch aussehen. Die trockenen Enden der Stiele schneidest du ab. Danach Pilze in Scheiben schneiden.
6. Die Chilischote wird der Länge nach aufgeschnitten. Die Kerne und den weißen komischen Strang rausschneiden. Mit einem scharfen Messer die Schote klein hacken.
7. Zu guter Letzt den Fetakäse in kleine Würfel schneiden.

Kochen:
1. Zwiebeln in einer heißen Pfanne mit Olivenöl glasig werden lassen. Dann raus damit und in eine Schale.
2. Champignons in die heiße Pfanne geben und anbraten. Die Pfanne ist jetzt schon voll, aber keine Angst, die Pilze schrumpfen gewaltig.
3. Jetzt kommen die Auberginen dazu. Lass sie ruhig ein bisschen schmoren, die können etwas Hitze vertragen.
4. Nun die Tomaten, Zwiebeln und die Chili in die Pfanne geben. Anschließend heißt es würzen. Du kannst Kräuter der Provence aus dem Gewürzregal benutzen. Wenn du Zeit und Geld hast, kannst du dir auch frische Kräuter vom Markt holen. Beim Würzen nicht Salz und Pfeffer vergessen.
5. Jetzt solltest du das Ganze einige Minuten in der Pfanne brutzeln lassen. Anschließend kommt der Feta in die Pfanne. Das Ganze etwa 10 Minuten auf mittlerer Hitze in der Pfanne vor sich hin köcheln lassen. Zwischendurch immer ein wenig umrühren und eventuell nochmal mit den Kräutern der Provence, Salz und Pfeffer

abschmecken. Wichtig bei diesem Ratatouille ist, dass es erst fertig ist, wenn dir die Konsistenz und der Geschmack gefällt. Ist es für dich zu dünn, musst du es noch ein wenig in der Pfanne lassen. Ist es zu fad, dann weiter würzen. Da wir nur frische und gute Zutaten verwenden, haben wir jetzt schon einen Spitzengeschmack. Ein Träumchen.

6. Tisch decken, Brot schneiden. deinen Gast zu Tisch bitten, Wein nachschenken und das Ratatouille genießen!

spargel mit limonensauce und räuchertofu

4 ordentliche Portionen, von Tine Ledermann LOS FASTIDIOS „Animal Liberation" (nicht „Natursektparty in der Spargelzeit" von BRATSETH)

- 1 kg Bio-Kartoffeln (ordentliche Portion, falls was übrig bleibt, gibt es eben am nächsten Tag Bratkartoffeln)
- 500 g frischer Spargel pro Person
- 1-2 Pakete Räuchertofu (pro Person ca. 1/2 Paket)
- Grill- oder Bratengewürz
- 2 Limonen, unbehandelt
- 2 Schalotten oder Zwiebeln
- 1 EL Margarine (oder Butter, wer es nicht vegan kochen will)
- 1-2 EL Mehl
- 1 Tasse Gemüsebrühe
- 1 Paket Sojasahne (oder „echte" Sahne)
- 1 Prise Salz
- Chilipulver oder Pfeffer
- Zucker

1. Zuerst die Kartoffeln aufsetzen, denn die brauchen am längsten. Dann den Spargel schälen und ihn in einem breiten Topf oder einer hohen Pfanne mit wenig Wasser kochen. Dem Kochwasser einen Teelöffel Salz und einen Teelöffel Zucker zugeben. Die Garzeit hängt von der Dicke der Spargelstangen ab und beträgt ca. 8 bis 15 Minuten. Zwischendurch immer mal testen. Dazu einen Spargel mit der Gabel aus dem Wasser heben. Biegt sich die Stange durch, ohne ganz durchzuhängen, ist der Spargel gar.

2. Während Spargel und Kartoffeln kochen, ist Zeit, die Limonensauce zu machen. Dazu die Schalotten klein würfeln und in Margarine glasig andünsten. Das Mehl einrühren, mit der Gemüsebrühe ablöschen und kurz aufkochen lassen, bis die Sauce dickflüssig wird. Dann die Schale von zwei Limonen fein abreiben, dazugeben und noch etwas mitköcheln lassen. Nun die Sojasahne einrühren. Danach beide Limonen ausdrücken, den Saft von einer Limone dazugeben und die Sauce mit Salz, Pfeffer (oder Chili), Zucker und nach Belieben mit dem restlichen Limonensaft abschmecken.

3. Zum Schluss den Räuchertofu in feine Scheiben schneiden, mit etwas Grillgewürz einreiben und in heißem Fett kross anbraten.

4. Spargel und die geschälten Kartoffeln mit der Sauce anrichten und den Räuchertofu dazu drapieren. Sieht gut aus, schmeckt super frisch, ist einfach und ist nicht so fett wie eine klassische Hollandaise.

- Falls danach noch Sauce übrig ist, kann man sie auch einfach mit den klein geschnittenen restlichen Spargelstückchen zu Spaghetti essen.

sushi für uschi
oder Sex, Sake and Rock'n'Reisroll
für 4, von Jörkk Mechenbier

Sushi ist hierzulande noch immer eine eher exotische Angelegenheit, wenn es um die Frage geht, was man auf den Tisch bringt, wenn Gäste geladen sind. Dennoch erfreuen sich die kleinen Reishappen mit rohem Fisch, respektive diversen Gemüsesorten, immer größerer Beliebtheit. Vorbei die Zeiten, in denen ausschließlich Scheidungsanwälte, Ölmilliardäre und Börsenspekulanten mit phantastischem Einkommen dem Genuss der kleinen, asiatischen Leckerbissen frönen – so wie man es noch heute in (vornehmlich amerikanischen) Fernsehserien suggeriert bekommt. Nein, in Zeiten wie diesen, in denen bereits Achtjährige in der Rubrik „Lieblingsessen" im „alle meine Schulfreunde"-Büchlein orthografisch korrekt den Terminus „Sushi" vermerken, darf nun sicher auch in einem Kochbuch für (Punk)Rocker eine Anleitung zur Herstellung von Sushi, dem dekadenten Fingerfood des Klassenfeindes, vorzufinden sein.

Zudem lassen sich gutaussehende, stilsichere junge Menschen, darunter vornehmlich Frauen, ganz formidabel mit dieser Kaltspeise beeindrucken, womit wir auch schon eine Antwort auf die Frage gefunden haben dürften, warum der Autor dieser Zeilen ausgerechnet dieses Gericht als Beitrag zu diesem Kochbuch auserkoren hat.

Kommen wir als erstes zur Zusammenstellung des Einkaufszettels. Die Grundausstattung ist sicherlich zunächst eine mittlere Investition, die dauerhafte Insassen des Prekariats (früher auch bekannt unter dem Begriff „Dauerpraktikanten" und/oder „Lebenskünstler") zunächst monetär ein wenig schmerzen mag. Jedoch hat man, ist die Grundausstattung erst einmal angeschafft, schnell und kostengünstig ein weiteres Candlelight-Dinner mit Reis-Gemüseröllchen bereitet. Im Asialaden eurer Wahl oder im gut sortierten, weltoffenen SB Warenhaus ersteht man nun, möglichst frisch frisiert und gut gekleidet, folgende Zutaten:

Grundlegend vonnöten und für den Vorratsschrank
- Sushi-Reis (ist als solcher gekennzeichnet, oft auch „Klebereis" genannt)
- Reis-Essig
- Nori-Blätter (Algenpapier)
- Sushimatte
- Sojasoße
- Essstäbchen
- Wasabi (japanischer, grüner Meerrettich – fertiger aus der Tube schmeckt tatsächlich meist besser als die Pulvervariante zum Selbstanrühren und hat auch die bessere Konsistenz)

Frische Zutaten:
- 300 g Gemüse (sehr gut eignen sich z.B. Karotten, Avocado, Gurke, Paprika)

Zubereitung:
Nachdem man das Objekt seiner Begierde und/oder die Frau/den Mann für's Leben in einer zwielichtigen Rock-Spelunke seiner Wahl ausfindig gemacht hat (z.B. dem Sonic Ballroom in Köln, dem Pretty Vacant in Düsseldorf, dem Karate Klub Meier in Saarbrücken, dem Golden Pudel in Hamburg usw.), umgarnt man die entspechende Person mit den in unserer Gesellschaft üblichen Mitteln. Nun ja, ich gehe davon aus, man kennt das Spiel. Für das anschließende Wiedersehen verein-

bart man ein gemeinsames Abendessen („Liebe geht durch den Magen ...") in den heimischen vier Wänden am nächsten Tag und versucht, bei der anschließenden Odyssee der Heimkehr die unleserlich auf einem durchgeweichten Bierdeckel hinterlassenen Kontaktdaten (Telefonnummer, Emailadresse, Myspace, Facebook etc.) nicht zu verlieren. Optimalerweise wacht man zu Hause an einem Samstag vor Ladenschluss auf und tätigt nach einer wiederbelebenden Dusche die ein oder andere Besorgung (siehe: Zutaten).

Nachdem man alles Notwendige plus eine Flasche trockenen Mosel Riesling besorgt hat, entkorkt man, wieder zu Hause angelangt, eben diese und macht sich an die Zubereitung des Abendessens (währenddessen den Riesling bitte peut á peut aus einem ordentlichen Weissweinglas zu sich nehmen). Man sollte, um keinen unnötigen Stress zu generieren, ca. 2 Stunden zur Zu- und Vorbereitung einplanen. Die Frisur will ja auch noch einmal gecheckt, die Zähne geputzt und die Mahlzeit ansprechend angerichtet werden. Tip vom Profi: Blümchen, Tischdeko und Kerzen schaden nie.

1. Den Reis (so wie auch bei normalem Reis üblich, etwa eine Tasse pro Person) in einen großen Topf schmeissen und die gleiche Menge Wasser hinzugeben. Anschliessend zum Kochen bringen. Den Reis gelegentlich mit einem nicht zu klein gewählten Holzlöffel durchrühren, bis das Wasser komplett aufgesogen/verkocht ist – erfahrungsgemäß muss man noch einige Male regulierend eingreifen und Wasser nachgießen, bis der Reis weich ist (und das Wasser komplett verkocht/aufgesogen ist). Sodann pro Tasse Reis (je nach Geschmack) 2-3 Esslöffel Reisessig hinzugeben und das ganze ordentlich durchrühren. Abschmecken und beiseite stellen. Riesling trinken.
2. Karotten sollten vor der weiteren Verarbeitung ein wenig in nicht mehr kochendem Wasser weichgekocht und dann in möglichst dünne Streifen geschnitten werden. Avocado, Paprika und Gurken bedürfen keiner vorherigen Sonderbehandlung, müssen aber natürlich auch in Längsstreifen von ca. 3 mm Stärke geschnitten werden.
3. Die Noriblätter befeuchtet man am besten in der Spüle, den Gaumen mit dem gut gekühlten Riesling. Einfach zwei Finger breit kaltes Wasser ins Becken einlaufen lassen und die Blätter kurz vor der weiteren Verarbeitung im Wasser wenden. Das weiche Algenpapier sodann an zwei Ecken greifen und auf die Sushi-Matte legen. Die Hände in einem zuvor bereitgestellten Gefäß befeuchten und eine Portion Reis in der Größe eines Hodens zwischen den Händen zu einer Wurst rollen. Die Reiswurst auf die Länge (auf das untere Ende) des Algenpapiers kneten und ein wenig platt drücken. Die gewünschte Füllung nun mittig auf die breitgedrückte Reiswurst legen und vorsichtig mit wohl dosiertem Druck einrollen. Das Gebilde sorgfältig (und mit der Füllung mittig) zu rollen erfordert ein klein wenig Übung, sollte aber nach dem zweiten oder dritten Mal problemlos gelingen. Nach dem Zusammenrollen beiseite legen und weiter machen, bis alle Würste formschön auf einem Teller bereit liegen.
4. Die erkalteten Würste mit einem scharfen Messer in mundgerechte Stücke schneiden und auf einer Platte hübsch anrichten. Riesling trinken.
5. Die sogenannten Makis beeindrucken meist bereits hinreichend, jedoch lässt sich das Ganze noch optisch auf die Spitze treiben, indem man kleine

Quader aus Reis formt, ein Stück Gemüse darauflegt und das Ganze mit einem schmalen Streifen Noriblatt umwickelt und zusammenklebt. Das nennt man dann ein Nigri.

6. Ein wenig Sojasoße mit Wasabi verrührt neben den Teller stellen, eingelegten Ingwer in einem separaten Schälchen daneben stellen und – Haustür öffnen.

7. Aufessen, Sex haben, heiraten, Flitterwochen in Tokio. Yeah.

• Tipp vom Ox-Kochstudio: eine Frischhaltefolie um die Sushimatte gewickelt hilft immens, damit das Zeug nicht komplett verdreckt und sie auch für eine zweite Runde zu gebrauchen ist.

rote-linsen-lasagne mit schafskäsesauce
für 5, von Thorsten Kremparsky
THE KING KHAN & BBQ SHOW „s/t"

- 300 g rote Linsen
- ca. 400 g Schafskäse
- 2 Dosen gestückelte Tomaten
- 2 rote Zwiebeln
- Knoblauch nach Belieben
- Lasagneplatten
- Olivenöl
- etwas Milch
- Tandoori Masala-Gewürzmischung
- Salz und Pfeffer
- Minze (getrocknet geht auch super, muss nicht frisch sein)
- Pfeffer, Oregano, Basilikum
- geriebener Käse

1. Die Zwiebeln und den Knoblauch schälen und klein hacken, das Ganze in etwas Olivenöl anbraten. Die roten Linsen und so 1-2 Esslöffel Tandoori Masala kurz mit dazu und dann mit den Tomaten (nicht abgießen!) ablöschen. Bei mittlerer Temperatur ca. 20 Minuten köcheln lassen. Bei Bedarf ruhig ab und zu etwas Wasser hinzufügen, damit es nicht zu trocken wird. Den Ofen auf 180-200 °C vorheizen.

2. Für die Sauce den Schafskäse zerkleinern und in eine möglichst gut beschichtete Pfanne geben (sonst gibt's ne Sauerei!) und das Zeug zum Schmelzen bringen. Das ergibt eine Art Brei, daher Milch dazugeben, bis die gewünschte Konsistenz erreicht ist, also bis das Zeug schön cremig ist. Die Sauce mit Minze, Pfeffer, Oregano und Basilikum abschmecken.

3. In der Zwischenzeit sollten die Linsen schön weich gekocht sein. Die Tomaten-Linsen-Sauce mit Tandoori Masala, Salz und Pfeffer nach Belieben abschmecken.

4. Jetzt geht es ans Schichten: In eine Auflaufform zunächst eine Schicht Tomaten-Linsen-Zeugs, dann Lasagneplatten, Tomaten-Linsen-Zeugs, Schafskäsesauce, Lasagneplatten usw., aber mit Schafskäsesauce abschließen.

5. Zum Abschluss etwas geriebenen Käse drüber (da muss man selbst wissen, wieviel Käse man so verträgt ...) und je nach Geschmack noch etwas Oregano und Basilikum, dann ab damit in den Ofen. Nach etwa 20 Minuten sollten die Nudeln weich sein.

• Tipp vom Ox-Kochstudio: Wer es nicht ganz so mächtig und eher saftig mag, nimmt entweder ein bisschen weniger Linsen oder eine Dose mehr von den Tomaten.

schwarzwurzeln in leckerer sauce

für 2, von Uschi & Joachim
EXPLOSIONS IN THE SKY
„All Of A Sudden I Miss Everyone"

Kennt jemand von euch Schwarzwurzeln? Die Stängel werden auch „Spargel der armen Leute" genannt und sind verdammt lecker. Das Zeug kriegt ihr frisch aber nur während der Wintermonate. Und damit ihr keine böse Überraschung erlebt, bitte unbedingt an die Zubereitungshinweise bezüglich Schwarzwurzeln halten. Die Teile werden superschnell braun und sehen dann unappetitlich aus.

- 750 g Schwarzwurzeln
- 125 ml Essig
- 30 g Butter oder Margarine
- 1 EL Currypulver
- Salz
- 1 TL Zucker
- 150 ml Sahne oder veganes Produkt
- 1 EL Sesam

1. In einer Schüssel den Essig mit einem halben Liter Wasser vermischen. Schwarzwurzeln unter fließendem Wasser schälen und schräg in ungefähr 3 cm lange Stücke schneiden. Sofort ins Essigwasser legen.
2. Eine große Pfanne aus dem Schrank holen und darin die Butter schmelzen. Curry dazu und unter Rühren etwas anschwitzen. Dann die Schwarzwurzeln aus dem Wasser fischen und tropfnass zur Currybutter geben. Schön vermischen.
3. Sahne dazu und mit Salz und Zucker abschmecken. Dann den Deckel auf die Pfanne, Temperatur eher runter und das Ganze so 20 Minuten garen. Dann den Deckel runter, noch weitere 5 Minuten einköcheln lassen.
4. In der Zwischenzeit könnt ihr euch dem Sesam widmen: Einfach ohne Fett in einer Pfanne anrösten.
5. Sind die Schwarzwurzeln fertig, verteilt ihr alles auf zwei Teller und streut den Sesam drüber. Mmmmhhhhhhh ...

- Dazu passen hervorragend Kartoffeln in Olivenöl; siehe Seite 64 in diesem Buch.

sauerkrautcurry

2-3 werden satt, von Wolfgang und Angela, New Lifeshark Records
D.O.A. „Northern Avenger"

Das Gericht ist vor ein paar Jahren einfach durch Ausprobieren entstanden und wird immer wieder gern gegessen. Passt sehr gut im Winter und ist einfach super lecker!

- 500 g Sauerkraut
- 500 g Gnocchi
- 1 große Zwiebel
- 1-2 rote Paprikaschoten (je nach Größe)
- 1/2 Schlangengurke
- 4 Strauchtomaten
- 4 Lorbeerblätter
- 5 Nelken (getrocknet)
- 1 gestrichener TL Currypulver
- 1 gestrichener TL zerstoßene Chilischote (erstmal weniger nehmen und dann abschmecken)
- etwas Öl

1. Die Zwiebel schälen und in Würfel hacken.
2. Öl in der Pfanne erhitzen und die Zwiebel glasig dünsten, dann das

Sauerkraut dazugeben, die Lorbeerblätter und die Nelken auch drunter mischen und öfter mal umrühren. Das Ganze bei mittlerer Hitze köcheln lassen.
3. In der Zwischenzeit die Paprika waschen, putzen und in nicht zu große Würfel schneiden. Auch in die Pfanne geben und immer gut umrühren, damit nix anbrennt.
4. Tomaten und Gurke in kleine Würfel schneiden und ab in die Pfanne.
5. Das Ganze mit Curry und Chili würzen und insgesamt eine knappe halbe Stunde köcheln lassen. Jetzt noch die Gnocchi unterheben, ein paar Minuten warten und in der Zwischenzeit Nelken und Lorbeerblätter rausfischen.

- Frisches Brot dazu reichen und lecker essen.

♛

risotto mit spinat und walnüssen

für 4, von Anne und Jürgen, Rookie Records
Während Anne Achten rührt, tanzt Jürgen für sie zu I WALK THE LINE, wahlweise „Black Wave Rising" oder „Desolation Street."

- 400 g Risottoreis (ich empfehle Arborio, z.B. von Riso Scotti)
- 400 g Blattspinat (frisch oder TK)
- 70 g Walnüsse
- 1 EL Honig
- 2 Schalotten
- 1 Knoblauchzehe
- 200 ml trockener Weißwein
- ca. 1 l Gemüsebrühe (selbst gemachter Fond oder Instant)
- 40 g frisch geriebener Parmesan
- 1-2 EL Butter

Wichtig bei der Zubereitung von Risotto: Im Vorfeld alle benötigten Zutaten entsprechend vorbereiten, so dass man sich anschließend ganz aufs Rühren beschränken kann.

1. Zur Vorbereitung: Die Walnüsse in grobe Stücke hacken und in etwas Olivenöl anbraten. Wenn sie leicht gebräunt sind, mit einem Esslöffel Honig karamellisieren und zum Abkühlen beiseite stellen.
2. Den Spinat rechtzeitig komplett auftauen bzw. frische Ware putzen, in Salzwasser kurz blanchieren, gut abtropfen lassen und auswringen. Der Spinat sollte kein Wasser mehr enthalten. Grob hacken und beiseite stellen. Gemüsebrühe ansetzen und heiß halten.
3. Jetzt geht's richtig los: Die Schalotten klein hacken und in Olivenöl goldgelb andünsten.
4. Den Reis zugeben und unter ständigem Rühren bei mittlerer Hitze 1 knappe Minute anschwitzen. Die Knoblauchzehe pressen und kurz unterrühren. Den Knoblauch nicht stark braten, da er sonst bitter wird. Schalotten, Reis und Knoblauch mit dem Weißwein ablöschen und mit einem Holzlöffel immer eine Acht rühren, bis die Flüssigkeit fast aufgenommen ist.
5. In der Folge immer eine Kelle der Gemüsebrühe, die heiß (aber nicht kochend) sein muss, auffüllen und den Risotto rühren, rühren, rühren. Das Prozedere circa 20 Minuten lang wiederholen, bis der Risotto cremig ist, aber immer noch den richtigen Biss besitzt (zwischendurch einfach immer ein paar Körner probieren, damit ihr den richtigen Zeitpunkt nicht verpasst. Die Zeitangabe auf der Verpackung, 15 bis 18 Minuten, ist meiner Erfahrung nach zu kurz).

6. Den Spinat und die Walnüsse unterrühren, bis alles richtig heiß ist. Abschließend den geriebenen Parmesan und die Butter unterrühren und nach Bedarf salzen und pfeffern.

- Wer gerne etwas schärfer isst, kann entweder zu Beginn eine kleine Chili mit den Schalotten auslassen und anschließend entfernen oder ein wenig Sambal Oelek (ca. 1/2 TL) an die gedünsteten Schalotten geben.
- Variante: Anstelle der Schalotten oder zusätzlich kann man auch 1-2 Stangen Lauch anbraten.

sambuca-nudeln

für 4, von Bille Barracuda und
Andre f** Kingpistol
WORLD INFERNO FRIENDSHIP SOCIETY
„Only Anarchists Are Pretty". So laut anhören,
wie MANOWAR live spielen!

- 500 g Penne
- 1 Zwiebel
- 1 Fenchel
- 1 Chicorée
- Sambuca
- Salz, Pfeffer aus der Mühle
- 1 Tomate
- 1 gehäufter EL Sahneschmelzkäse
- 1 Becher Sahne
- Olivenöl

1. Zu Beginn die Nudeln in kochendes Salzwasser geben und al dente machen.
2. Während die Nudeln kochen, kann einiges an Vorarbeit erledigt werden: Zuerst die Tomate mit heißem Wasser überbrühen, um ihr leichter aus der Jacke zu helfen. Anschließend zusammen mit der Zwiebel in feine Würfel schneiden und beiseite stellen.
3. Den Fenchel in dekorative Scheiben schnibbeln und kurz in heißem Wasser blanchieren. Den Chicorée in Blätter teilen, waschen und beides ebenfalls beiseite stellen.
4. Jetzt die Zwiebel in einer Pfanne glasig brutzeln, den Fenchel dazugeben und kurz mitbraten. Anschließend die Tomatenwürfel dazukippen und auch diese nur kurz mitbrutzeln.
5. Mit einem Schuss Sambuca ablöschen (nicht zu viel, sonst wird's zu süß und ihr habt ein Dessert) und den Becher Sahne samt dem Schmelzkäse unterrühren. Das Ganze leicht aufkochen lassen, mit Salz und Pfeffer abschmecken und die Nudeln unterrühren.
6. Das leckere Gericht kann nun mit einigen Chicoréeblättern garniert serviert werden. Reingehauen!

mecklenburger senfei

für 4, von Pager, Immergut Festival
KETTCAR „Nullsummenspiel"

Bei diesem Gericht handelt es sich um das wohl günstigste Gericht der Welt gleich nach „Kartoffelschalensuppe" oder „Wickelpoten schwarz-sauer". Gerade Menschen aus dem Osten der Republik sind dieser Leckerei während ihrer Schulzeit in Großküchen wöchentlich begegnet.

- 1/2 Becher Senf
- 2 EL Mehl
- 120 g Butter
- 1 Locke Essig
- 1 Überwurf Zucker
- 10 Eier
- Salz und Pfeffer
- 1 kg Kartoffeln

Die Butter in einem Topf auslassen, dann mit etwas Mehl versehen. Dann kräftig und stetig umrühren, so dass sich keine Klüdder bilden. Sobald das mehlgetränkte Fett eine saftige, goldbraune Farbe angenommen hat, das Ganze mit einem halben Liter Wasser ablöschen. Nun nicht mit Senf, Salz, Pfeffer, Essig und Zucker sparen. Die letzten beiden so lange dreingeben, bis das Ganze lecker ist – süßsauer soll es sein!

Der wichtigste Aspekt bei Senfeiern ist mit Abstand die Sauce. Ist diese schön dickflüssig, leicht süßlich, mit deutlichem, aber nicht zu scharfem Senfaroma, dann habt ihr das Schwerste bereits hinter euch. Am besten passen klassische Salz- oder Pellkartoffeln dazu. Diese gern mit Dill, Kümmel, Petersilie oder Schnittlauch bestreuen. Die Eier sollten auf keinen Fall zu hart gekocht werden. Aber auch nicht zu weich, sonst platzen sie im Eierschneider. Wachsweich ist genau die richtige Konsistenz – mittelgroße Eier benötigen dafür ca. 6 Minuten und 40 Sekunden.

subversives x-mas-special-fondue

von Grisu, Teenage-Riot.com -Mailorder
Musik: Alles, bloß keine Weihnachtslieder

- 1,5 l Pflanzenöl
- 100 g Karfiol (= Blumenkohl)
- 100 g Broccoli
- 100 g Kohlsprossen (= Rosenkohl)
- 2 Bananen
- 200 g Tofu (natur, geräuchert oder andere Sorte)
- 200 g Seitan
- was eure Fantasie noch alles bereit hält: Kartoffeln, Karotten, Zucchini ...

Für den Teigmantel:
- 500 ml Bier oder Mineralwasser
- Dinkelmehl
- etwas Salz

1. Alles an Gemüse, Fake-Meat und Obst gründlich waschen und in mundgerechte Stücke schnippseln. (Karfiol und ggf. Kohlsprossen und Broccoli im Salzwasser bissfest garen, Bananen in dicke Stücke schneiden)
2. Für den Teigmantel: Bier oder Mineralwasser in eine Schüssel geben. Bei ständigem Rühren Mehl und Salz zufügen, bis ein zäher Teig entstanden ist.
3. Das Öl in den Fonduetopf geben. (Bei Fonduegeräten mit Spiritus, das Öl vorab auf dem Herd erwärmen.)
4. Ein Stückchen Gemüse oder Tofu auf eine Fonduegabel aufspießen, in den Teig tauchen und sofort im heißen Öl kurz frittieren.

- Dazu gehören natürlich mindestens ein Dutzend verschiedene Saucen und ein paar Stangen Baguette. Zum Beispiel „Honig"-Senf-Dille Sauce: Sojajoghurt mit Senf, Ahornsirup (oder anderer Honig-Ersatz) vermischen und mit Dill, Salz und Pfeffer abschmecken und durchziehen lassen. Oder Kräutersauce: Öl, Senf und Essig in eine Schüssel geben und verrühren. Zwiebel und Gewürzgurke in feine Stücke schneiden und zusammen mit der Petersilie (oder diversen anderen Kräutern) unter die Mischung rühren. Mit Salz und Pfeffer den Geschmack der Sauce abrunden.

Stuttgarter Kokos-Linsen

von Judith und Reiner

Sebastian Krämer
Wovon träumst Du

Max Raabe
Rinderwahn

Zutaten für 4
200g rote Linsen
500 ml Gemüsebrühe
400 ml Kokosmilch
200 ml Milch
1 rote Zwiebel
2 Knofizehen
400g Kohlrabi
2 mittlere Zuccini
2 große Möhren
1 Zitrone
2 Lorbeerblätter
Reis für 4
Olivenöl

Making of
Das Gemüse je nach kreativem Belieben in Kleinteile zerlegen; Würfel, Scheiben, Schnitze,...Zitrone entsaften. 1 Knofizehe mit der zerlegten Zwiebel in Öl andünsten. Linsen und Brühe zugeben und aufkochen. Bei leichter Hitze 12 Min. quellen lassen. Dann überschüssige Brühe abgießen. So lange die Linsen mit Quellen beschäftigt sind, die andere Knofizehe mit den Lorbeerblättern andünsten. Kleingeteilte Kohlrabi, Zuccini und Möhren dazugeben, mit Salz und Pfeffer würzen und 10 Minuten dünsten. Mit Milch und Kokosmilch aufgießen. Gedünstetes Gemüse zu den gequollenen Linsen geben und mit Zitronensaft beträufeln. Den zwischenzeitlich gekochten Reis in 4 kleine Salatschüsseln portionieren und Reishügel auf Teller „stürzen". Die Kokoslinsen drum herum anrichten. Wohl bekomm´s!

couscous heiß & kalt

von Dirk Scheuer
LED ZEPPELIN „Physical Graffiti", „Kashmir"

Küsschen, Küsschen! Wie bitte? Wir haben Couscous, Cous Cous oder Kuskus für uns entdeckt! Eine tolle Sache, die man unglaublich vielfältig nutzen kann. Couscous ist ja letztlich nichts anderes als Grieß, dessen Körner eben drei Mal so groß sind. Nebenbei bemerkt: Grieß wird gerne unterschätzt, ist doch ein warmer Grießbrei der perfekte Helfer bei Wehwehchen jeder Art. Insbesondere bei Traurigkeit übergibt der gewärmte Magen fröhliche Signale an das Traurigkeitszentrum und hellt die Stimmung in Sekunden wieder auf. Dazu dann noch Tante Gerdas Johannisbeersirup. Lecker. Ich glaube, ich wäre jetzt gerne traurig und in Maasen (da wohnt Tante Gerda) und äße Grießbrei mit Sirup. Danach vor den warmen Ofen und wohl fühlen. Vielleicht noch mit Tante Gerda Mühle spielen ... ich schweife ab. Zurück zum Couscous. Die Zubereitung ist denkbar einfach und ist auf jeder Packung nachzulesen, so dass ich für die folgenden Rezepte immer voraussetze, dass ihr den Couscous für sich schon zubereitet habt.

- Zwiebeln
- Tomaten
- glatte Petersilie
- Knoblauch
- Curry
- Couscous
- Gurke
- Quark
- Milch
- Salz und Pfeffer

An manchen Tagen, genau genommen an den meisten Tagen, meine Freundin würde sagen: an allen Tagen, habe ich das Bedürfnis, mein Essen zu verschlingen. Mein Leitspruch: „Wer schnell isst, denkt schnell." Aber wie oft habe ich mir schon den Gaumen verbrannt. Und das ist unangenehm. Das ganze Essen schmeckt dann nicht mehr und mit dem Schlingen macht es dann auch keinen Spaß. Dies erklärt vielleicht meine Vorliebe für kalte Pizza bzw. kaltes Essen allgemein. Also mit kalt meine ich jetzt nicht so was wie kalten Salat, sondern abgekühltes, ehemals sehr heißes Essen. Nun habe ich eine Lösung gefunden, die all meine Bedürfnis befriedigt: Ich mische das heiße Essen mit kaltem Essen und ich kann Schlingen, bis mir schlecht ist. Ein gutes Gefühl.

Zuerst bereiten wir „Kalt" zu. Dafür brauchen wir eine Zwiebel, reife Tomaten, ganz viel Blattpetersilie, frischen Knoblauch und ein bisschen Salatgurke und Quark, Milch, Salz und Pfeffer. Die Zwiebel darf man in beliebiger Form klein schneiden. Streifen, Würfel, Ringe, dick oder dünn, klein oder groß. Gleiches gilt auch für die Tomaten, die Blattpetersilie, die Gurke und den Knoblauch. Halt, kann man Blattpetersilie in Ringe schneiden? Nein, das ist natürlich Unsinn. Um es leichter zu machen, möchte ich eine Formvorgabe machen: Tomate in kleine Stückchen, Blattpetersilie in Streifen, Gurke in mitteldünne Scheiben und anschließend in Viertel eines Kreises, Knoblauch in Scheiben und dann in Streifen. Alles locker miteinander vermengen und mit Salz und Pfeffer würzen. Ein Schuss Olivenöl dazu, Teil I von „Kalt" ist fertig.

Es folgt Teil II: Den Quark mit einem Schneebesen schön cremig rühren. Dafür braucht man mindestens fünf Minuten. Durch das Rühren verändert der brockige Quark seine Konsistenz und wird traumhaft sahnig. Einen kleinen Schuss Milch dazu und mit Salz und Pfeffer nach Geschmack abschmecken, bis der Quark eine pikante Note hat. Nun nur noch „Kalt I", also das Gemüse, mit dem noch warmen Couscous verrühren, mit Curry würzen und „Kalt II", den Quark, dazu essen. „Gutt!" würde meine Tochter Lara dazu sagen.

couscous ammerländer art

von Dirk Scheuer
PINK FLOYD „Atom Heart Mother", „If"

- Couscous
- frischer Grünkohl
- Kartoffeln
- Salz, Pfeffer
- Zwiebeln
- Sonnenblumenöl
- etwas Gemüsebrühe

Wo bitte und was bitte ist das Ammerland? Das Ammerland ist eine Geestlandschaft im westlichen Oldenburg. Und was ist eine Geestlandschaft? Die Geest ist eine Moränenlandschaft mit sandigen Böden, welche gerne auch verheidet und vermoort sind. Und was hat das mit dem Essen zu tun? Eigentlich nichts, aber ein bisschen Allgemeinbildung hat ja noch nie geschadet. Außerdem gibt es im Ammerland den einzig wahren Grünkohl. Blöd nur, dass die Beilagen wie Pinkel, Kochwurst, Kassler und Speck früher in etwas anderer Gestalt – aber sehr lebendig – auf vier Beinen standen. Gibt es Alternativen im Kohlfahrtrestaurant? Grünkohl mit Kartoffeln ohne Pinkel, Kochwurst, Kassler und Speck. Man kann das essen, aber es fehlt etwas. Die Pinkelwurst wiederum ist

ja eine Grützwurst mit Speck. Und Grütze ist kein Fleisch. Wer jetzt aber an das Zeugs denkt, was der gemeine Bremer gerne zum Braunkohl ist, der ist auf dem falschen Weg. Das ist nämlich nichts anderes als Hackgrütze, enthält auch Schweinschmalz ohne Ende und schmeckt wie „Knüppel auf den Kopf". Wie überhaupt ich mit großem Bedauern sagen muss, dass die Bremer in Bezug auf das Essen von Grünkohl keinen sehr guten Geschmack beweisen. Wie dem auch sei. Nun zur Zubereitung: Zwiebeln kleinschneiden, Sonnenblumenöl in den Topf und die Zwiebeln darin anschwitzen. Den frischen Grünkohl – von den großen Strünken befreit und klein gezupft – dazugeben, mit einer Tasse Gemüsebrühe aufgiessen und ca. 2 Stunden leicht köcheln lassen. Dann mit Salz und Pfeffer abschmecken. Fertig. Servieren mit heißen Salzkartoffeln und dem warmen Kuskus. Mohltiet.

süßkartoffelpogo

für zwei hungrige Punkrocker,
von Meike und Linus
CHAOS-Z „Ein Tropfen im Feuer"

Das perfekte Gericht, wenn man sich nach einem Hungerstreik im Polizeigewahrsam mal wieder auf Linie bringen will (wegen dem vielen Eisen und der Macht an Ballaststoffen). Schön aber auch als Romantic-Dinner in der antikapitalistischen Swinger-Wagenburg.

- 2 Zehen Knoblauch
- 1 mickrige Zwiebel
- Öl
- 2 mittelmickrige Süßkartoffeln
- 1 Tasse rote Linsen

- 750 ml Gemüsebrühe
- 1 kleiner Brocken Ingwer
- 200 ml Kokosmilch
- Salz
- 1 TL Currypaste

1. Kommt her, Zwiebeln und Knoblauch, ihr Kunden. Schmeckt die Klinge des Haushalts, ihr werdet jetzt gewürfelt. Und wer ist der hässliche Lange da, der aussieht wie ein Türstopper? Ach, die Süßkartoffel und ihr Kollege. Okay, werden ebenfalls gehäutet, dann in größere Würfel gedonnert. Und jetzt die verdammten Linsen. Nächster Halt gefliester Boden, Quatsch, nächster Halt Sieb – und kaltes klares Wasser drüber.
2. Nun die gesammelten Quittungen für die Steuererklärung raus aus dem einen großen Topf, dafür Öl rein – und Feuer! Zwiebeln, Knoblauch und die Kollegen Süßkartoffeln unter Rühren anbraten. Ein schönes Bad in der Gemüsebrühe nehmen und die Linsen einsteigen lassen. Und jetzt ab die Lucy für 15 Minuten. Dann knöpft euch den Ingwer vor, schälen, reiben, rein damit, Salz, Curry und Kokosmilch dazu, fertig – schmatzilecker!

wirsingeintopf
für 2, von Eric Hilt
Malcolm Middleton „In The Woods"

Das ist ein klassisches Winterrezept von der Oma, etwas umgewandelt. Beim Original gibbet zum Beispiel Speck und keine Peperoni.

- 1 Kopf Wirsing
- 4-6 Kartoffeln
- 2-4 Möhren
- 2 Zwiebeln
- 2 Zehen Knobi
- 2 rote Peperoni
- 1 l Gemüsebrühe
- Zwiebelschmalz
- Salz, Pfeffer
- gemahlener Kümmel
- Kardamom
- Crème fraîche, evtl. veganes Produkt
- Petersilie
- geräucherter Tofu

1. Die äußeren Blätter vom Wirsing entfernen und weg damit. Den Kopf vierteln und den Strunk entfernen. Den Wirsing dann in ca. 2 cm breite Streifen schneiden. Kartoffeln schälen, waschen und in Würfel schneiden. Zwiebeln schälen, grob würfeln. Peperoni waschen und schnippeln.
2. Zwiebelschmalz in einem wirklich großen Topf erhitzen und die Zwiebelwürfel mitsamt dem fein gewürfelten Knobi anschwitzen, anschließend den Wirsing und die Kartoffeln mit der Peperoni und den geschnippelten Möhren nach und nach dazugeben und leicht anbräunen (mittlere Flamme). Pfeffer, Salz, Kardamom und Kümmel dazu (Vorsicht mit dem Kümmel, da is' schnell zu viel).
3. Wenn alles im Topf ist, langsam mit Brühe auffüllen und drei, vier gute Löffel Crème fraîche dazugeben und bei niedriger Hitze für eine halbe Stunde durchziehen lassen.
4. Jetzt noch abschmecken, Salz genug dran? Gut. Den Tofu einfach oben draufgeben und noch 3 Minuten warten, bis er heiß ist.
5. Anrichten und Petersilie drüber.

- Dazu schmeckt ein gekühlter Weißwein ganz vorzüglich.

süße bratkartoffeln mit grappa à la cambiador
für 2, von Carsten Philippen
HOLGER BURNER „Obrint Pas"

Leicht verkatert spontan entworfen, probiert und für sehr lecker befunden.

- 1 große Süßkartoffel
- 1 Handvoll getrocknete, in Öl eingelegte Tomaten
- 2 Frühlingszwiebeln
- 150 g Mozzarella
- 5 EL (Raps-)Öl
- 5 EL Olivenöl
- 25 g Pinienkerne
- 4 EL vernünftiger italienischer Grappa
- Salz und Pfeffer
- Petersilie
- Oregano
- Koriander
- Majoran

1. In ein Gefäß fünf Esslöffel Grappa, vier Esslöffel gutes (das Letzte, woran mensch sparen sollte!) italienisches Olivenöl und jeweils etwas von den Gewürzen und Kräutern geben.
2. Die vorher zerkleinerten Frühlingszwiebeln und Mozzarella zugeben und ca. 30 Minuten darin einweichen.
3. Die Süßkartoffel schälen, in ca. 1 cm dicke Scheiben schneiden und bei niedriger bis mittlerer Temperatur (Stufe 1,5 bis 2 von 3) unter Zugabe von Salz und Pfeffer in heißem Rapsöl anbraten.
4. Wenn nach ca. 10 Minuten beide Seiten leicht goldbraun sind, die Pinienkerne und die halbierten/geviertelten Tomaten hinzugeben. Weitere 4-5 Minuten bei mittlerer Hitze anbraten.
5. Anschließend die vorbereitete Mischung aus Olivenöl, Mozzarella, Grappa und Frühlingszwiebeln mit in die Pfanne geben und weitere 4-5 Minuten bei gleichbleibender Temperatur anbraten. Heiß servieren.

- Schmeckt als Beilage hervorragend zum Beispiel zu in Bärlauch-Senf und Haferflocken panierten Tofu-Schnitzelchen. Ein Muss dazu: fruchtiger, trockener Rotwein, der „kitzelt" den Geschmack des Grappa besonders schön hervor.

easy spargel
für 2, von Uschi
MARK & THE SPIES „Give me a Look"

Es gibt eine superleichte Art, Spargel ohne Probleme und ständiges Aufpassen weich zu kriegen. Wie das geht? So:

- 500 g Spargel
- 75 g Butter
- 1/2 TL Zucker
- Salz
- Alufolie
- Karoffeln zum Dazuessen

1. Den Backofen auf 180 °C vorheizen.
2. Spargel schälen bleibt euch leider auch bei diesem Rezept nicht erspart, also los geht's! Und wie sonst auch die holzigen Enden abschneiden.
3. In einem kleinen Topf die Butter schmelzen (ich befürchte, Margarine funktioniert bei diesem Rezept nicht) Zucker rein, gut verrühren und zum Schluss noch etwas Salz dazu.
4. Jetzt schnappt ihr euch ein größeres Stück Alufolie und los geht es mit der Bastelei: Spargel wie Buntstifte in der Schule schön ordentlich nebeneinander und übereinander auf die Folie legen und die Alufolie auf allen vier Seiten hochklappen, so dass eine Art Kasten entsteht. Buttergemisch drüber und Päckchen gut verschließen, so dass nichts rauslaufen kann. Eventuell nochmal eine Lage Alufolie drumrum wickeln, denn dicht sein muss es! Das Endprodukt sollte eine Art dicke Aluwurst sein.
5. Ab damit in den Ofen und 40 Minuten garen lassen.
6. In der Zwischenzeit Kartoffeln kochen oder als Backofenkartoffeln mit ins Rohr geben.
7. Es ist Weihnachten! Päckchen auspacken, Inhalt auf Teller flutschen lassen und essen. Und, hab ich euch zuviel versprochen?

- Pro Päckchen maximal 500 g Spargel nehmen.

badischer flammenkuchen
von Tanja Meckle
BELLE AND SEBASTIAN
„Judy And The Dream Of Horses"

Der Boden:
- 400 g Mehl Typ 550
- 100 g Hartweizengrieß
- 1 Päckchen Trockenhefe
- 1 Prise Salz
- 1 El Olivenöl
- ca. 200 ml lauwarmes Wasser

1. Zuerst die Zutaten für den Hefeteig zusammenkneten (der Teig sollte nicht mehr an der Schüssel kleben oder an der Hand) und an einem warmen Ort (abgeschalteter Ofen) mit einem Geschirrtuch abgedeckt ca. eine Stunde gehen lassen. Danach je nach Bedarf aufteilen und dünn ausrollen und den Boden auf ein mit Backpapier ausgelegtes Backofengitter legen.
2. Für den Belag Schmand oder Crème fraîche (am besten gemischt) dünn auf den Teig ausstreichen.
3. Tomatenwürfel (ohne Kerne), frische Champignons in Scheiben geschnitten und Frühlingszwiebeln in Ringe geschnitten über den Schmand verteilen.
4. Je nach Geschmack und Geldbeutel Raclettekäse oder Ziegenkäserolle in dünnen Scheiben oder geriebenen

Streukäse wie Edamer oder Gouda über den Belag streuen. Anschließend mit Salz, Pfeffer und gehackter Petersilie würzen. Fertig!
5. Bei höchster Stufe in den Ofen, unterste Backschiene. Bis der Boden knusprig und der Käse zerlaufen ist, dauert es ca. 7-10 Minuten.

- Beim Belag kann man natürlich noch variieren. Zerdrückter Knoblauch, Chilis in Scheiben oder Schafskäse schmecken auch sehr gut.
- Den restlichen Teig oder fertigen Boden kann man gut einfrieren.

wirrrsingbällchen
für 2, von Uschi & Joachim
EA80 „Vorsicht Schreie"

Eines unserer ersten vegetarischen Rezepte. Komischerweise hat es das Rezept erst ins vierte Kochbuch geschafft. Immer wieder lecker!

- ca. 1 kg Wirsing
- 1/2-1 Becher Sahne
- 2 Tüten Mozzarella
- 2 EL Semmelbrösel
- Salz, Pfeffer, Muskat, Cayennepfeffer
- TK-Kräutermix oder was ihr findet
- Butter

1. Zuerst heißt es, den Wirsingkopp zerlegen. Dazu macht ihr erstmal die welken, unansehnlichen Blätter ab. Danach schneidet ihr vorsichtig nacheinander die einzelnen Blätter ab, bis so gut wie nichts mehr übriggeblieben ist. Die wirklich fetten Blattrippen solltet ihr am besten ganz rausschneiden.
2. Einen großen Topf mit Wasser zum Kochen bringen. Etwas Salz reinkippen und dann die Wirsingblätter portionsweise darin baden. Nach ungefähr 3 Minuten sollten die Blätter so weich sein, dass ihr sie problemlos zusammenknüllen könnt. Rausnehmen (geht am besten mit einem Schaumlöffel) und etwas abkühlen und abtropfen lassen.
3. Jetzt kommt der schwierigste Teil: eine passende, saubere (!) Auflaufform in den unergründlichen Tiefen eures Küchenschrankes finden. Seid ihr erfolgreich gewesen, fettet ihr diese schön ein und heizt gleichzeitig den Backofen schon mal auf 200 °C.
4. Wer in Origami gut ist, ist jetzt eindeutig im Vorteil. Der nächste Arbeitsschritt ist nämlich, die Wirsingblätter zu schönen Kugeln zu formen. Das geht am besten, indem ihr versucht, das Blatt irgendwie aufzurollen; evtl. das verbliebene Wasser ausdrücken. Danach könnt ihr das Teil gleich in die Auflaufform setzen. Solange weitermachen, bis alle Blätter in Kugelform übergegangen sind.
5. Jetzt die Pampe anrühren. Dazu Sahne mit Salz, Pfeffer, Cayennepfeffer und Muskat würzen und etwas TK-Kräuter dazu. Den Mozzarella könnt ihr auch schon mal in dünne Scheiben schneiden.
6. Die Sahnemischung über den Wirsing kippen, Mozzarellascheiben schön drüber verteilen, Semmelbrösel gleichmäßig drüberstreuen und als Finish noch ein paar Butterflöckchen drauf. Ab damit in den Ofen und so lange drin lassen, bis der Käse leicht braun wird. Das dauert erfahrungsgemäß ca. 25 Minuten.

- Dazu passen gut Ofenkartoffeln, Pellkartoffeln oder Ebly.

kochen bis die ärzte kommen

ein prosperierender lucullus-tag in der wohnung jacobfeuerborn-esser-bliß

von Björn Esser, BLACK FRIDAY 29

tofu-sandwich

Morgens höre ich Radio, weil meine Freundin das anschaltet. Wenn man es abends isst, empfehle ich hierzu: SAVES THE DAY „Through being cool", oder besser noch DAG NASTY „Can I Say" (beste HC/Punk Platte ever!)

Wenn ich Bock und Zeit habe, mache ich meist eher Abends ein reichhaltiges Sandwich für den nächsten Schultag von mir und meiner Tochter. Hierfür benötige ich pro Sandwich:

- 2 Scheiben Vollkorntoast, groß
- 1 Tomate
- 1 Schlangengurke
- 1 Stück Tofu
- Salat (da kann man jegliche Art nehmen)
- vegane Mayonnaise
- Ketchup

1. Ich lege die Scheiben Toast in den Toaster und schneide in der Zeit die gewaschene Tomate und Gurke in Scheiben. Auch den Tofu schneide ich in Scheiben.
2. Nachdem die Scheiben Toast getoastet sind, schmiere ich Mayonnaise auf eine Scheibe. Darüber lege ich die Tofuscheiben, die Gurkenscheiben und die Tomatenscheiben. Dann darauf den Salat mit etwas Ketchup gut verteilen und die anderen Scheiben obendrauf. Selbst am nächsten Morgen ist das Sandwich bei kühler Lagerung noch lecker und gesund. Gibt einfach Kraft und zwei davon machen wirklich satt.

marmelade-joghurt

In der Schule höre ich leider oft Rolf Zuckowski, aber manchmal auch Bill Haleys „Rock around the clock"

Das ist die Alternative, wenn ich am Abend vorher keine Zeit hatte. Ich habe auf meiner Arbeit in der Schule fast immer Sojaghurt und Marmelade im Kühlschrank und Haferflocken im Regal. Hieraus mache ich mir ein sehr nahrhaftes, sowie schmackhaftes Frühstück.

- Sojaghurt Natur
- flüssigere Marmelade
- Haferflocken
- evtl. Zucker oder Ahornsirup

Also Sojaghurt in eine Schüssel kippen und die Marmelade unterrühren. Dann einfach Haferflocken drüber und ebenfalls unterrühren. Eventuell mit Zucker oder Ahornsirup süßen. Fertig!

do-it-yourself-seitan

THE SMITHS „Best Of"

Zu Mittag gibt es diese Köstlichkeit: Seitan (schnell gemacht und gut vorbereitbar), nach Mama-Jacobfeuerborn-Art

Für den Teig (Seitan):
- 500 g Weizenmehl
- 300 ml Wasser

Für einen mediterranen Sud:
- 1 Zwiebel
- 2 Knoblauchzehen
- 1 kleine Peperoni

- Olivenöl
- 1–1,5 l Gemüsebrühe
- 2 EL Tomatenmark
- 1 EL Thymian
- 1 EL Oregano
- 2 Lorbeerblätter
- 1 gestrichener TL Paprikapulver
- 1/2 TL Senf
- Pfeffer, evtl. Salz

1. Weizenmehl und Wasser in eine Schüssel geben. Beides miteinander ca. 10 Minuten lang verkneten, so dass ein Teig entsteht (Küchenmaschine kann eingesetzt werden).
2. Lauwarmes Wasser in die Schüssel geben, der Teig sollte vollständig bedeckt sein. Nun 30 Minuten im Wasser ruhen lassen.
3. Die Ruhezeit kann man nutzen, um den Sud herzustellen: Zwiebel und Knoblauch schälen und grob zerkleinern, Peperoni entkernen und fein hacken. Das Öl in einer großen Pfanne erhitzen, beides darin anbraten. Die Gemüsebrühe dazugießen und erwärmen. Das Tomatenmark unterrühren. Dann schmeckt man den Sud mit den Gewürzen ab (eher überwürzen, da der Seitan nicht so stark annimmt). Den Sud vom Herd nehmen.
4. Nun wieder zum Teig: Nach 30 Minuten Ruhezeit den Teig im Wasser gründlich durchkneten. Dabei beginnt der Teig zu zerfallen und das Wasser wird stark milchig. Diese „Milch" durch ein feinmaschiges Sieb abgießen. Diesen Vorgang mit kaltem Wasser ständig wiederholen (das Kneten nicht vergessen), bis das Wasser klar ist und der Teig eine schwammige Konsistenz bekommen hat (beim Reiben zwischen den Fingern sollten keine rauhen Stärketeilchen mehr zu spüren sein).
5. Den Teig gut abspülen, anschließend ausdrücken und in die kochende Brühe geben. Ca. 30–40 Minuten auf kleinster Stufe bei geschlossenem Topfdeckel köcheln lassen. Danach herausnehmen und nach Belieben weiterverarbeiten.

- Die Brühe (natürlich durchgesiebt) für eine Gemüsesuppe (zum Beispiel mit Paprikaschoten, grünen Bohnen, Zucchinischeiben usw.) verwenden.
- Auch Saucen lassen sich damit würzen (anstelle von Wasser nehmen).
- Seitan gleich in größerer Menge zubereiten (ein Arbeitsgang) und in Portionen einfrieren.

balearische kartoffeln
für 4
THE RAVEONETTES „Lust, Lust, Lust"

Zum Seitan passen vorzüglich:

- 1 kg kleine, neue Kartoffeln
- 1 Bund Minze
- 1 Bund glatte Petersilie
- 6–8 Knoblauchzehen
- 1/2 TL gemahlener Kreuzkümmel
- ca. 1–2 TL Salz
- 4–6 EL Zitronensaft
- 10 EL Olivenöl
- Meersalz und Pfeffer

1. Die Kartoffeln schrubben und in Salzwasser ca. 20 Minuten garen.
2. Minze und Petersilie grob hacken und mit Knoblauch, Kreuzkümmel, Salz, Zitronensaft und Olivenöl in einem hohen Gefäß glatt pürieren. Mit Salz und Pfeffer abschmecken.
3. Kartoffeln abgießen und in eine Schale geben, mit dem Dressing nappieren und gut durchmengen. Mit ein wenig grobem Meersalz bestreut servieren.

- Ein kleiner Salat passt dazu bestens.

kochen mit dem bauer
von Jonny Bauer, Blurr Mag, OIRO

Kochbücher ohne Fotos hab ich eigentlich noch nie benutzt. Man will ja sehen, was man nachher isst. Wofür sonst die ganze Arbeit. Was scheiße aussieht, schmeckt auch scheiße. Außer Biersuppe natürlich. Das Ox legt doch gerne CDs bei. Warum nicht auch beim Kochbuch? Mit herrlichen Fotos der hier enthaltenen Gerichte. Mit Musik unterlegt und animierten Gemüsemännchen, die tanzen und singen. Das einzige von mir gebrauchte Kochbuch ohne Bilder ist die Rezeptsammlung meiner Mutter, die ca. 1965 ins Ruhrgebiet kam, Vater hatte eine neue Arbeit. Der Arbeitgeber, große Industrie, Chemie, wollte nicht, dass die Ehefrauen und Mütter auf dumme Gedanken kommen und veranstaltete Kochkurse. Da musste Frau hin, sonst neue Arbeit für Mann bald vorbei. Und nette Leute traf man da auch. Eine Hauswirtschaftslehrerin diktierte alle Klassiker der rheinländischen Küche. Es gibt keine Rezeptsammlung, in der mehr angstmachende Fleischgerichte veröffentlicht sind. Man kann nicht sagen, dass damals irgendwas vom Tier weggeworfen wurde. Alle 50 Seiten kriecht ein vegetarisches Rezept wie Reibekuchen mit frischem Apfelmus, Pumpernickel und Rübenkraut hervor. Das schmeckt herrlich. Gestern im TV, dieser Tim Mälzer, der durch deutsche Haushalte und Schulen nach Jamie-Oliver-Vorbild fährt und dem Gartenzwerg gute Ernährung näher bringen will. Lehrerinnen schnappen vor laufender Kamera über. Die Kinder können sich nach einer Woche guter Ernährung nun 20 Prozent besser konzentrieren. Sternekoch Witzigmann flaniert über den Viktualienmarkt in München und kostet sardinische Kirschtomaten, das Kilo zu 22,95 Euro. Und ich baue mein Gemüse selber an. Wir haben ein Stück Acker gemietet und pflanzen Zwiebeln, Tomaten, Radieschen, Kürbis, Spinat, Mangold, Bohnen, Artischocken, diverse Kohlarten, Kartoffeln, Salate, Chilis, Möhren und vieles mehr an. Wir bilden Ketten, um Gießkannen von der Wasserstelle zu den Pflanzen zu transportieren. Wir töten Tiere. Kartoffelkäfer. Wir tragen von Mai bis November Körbe leckersten Gemüses zum Herd. Wir bezahlen jeder 30 Euro im Jahr für das Stück Land. Wir sind zu fünft, haben noch den kleinen Hund auf dem Arm und einen kleinen Jungen an der Hand. Wir sind keine Hippies. Wir essen und kochen gerne. Ohne TV-Sendungen. Das ist toll, man kann es sogar weiterempfehlen. Es ist nicht zu viel Arbeit. Es schmeckt unvergleichlich. Genug geredet. Hier sind die Rezepte. An dieser Stelle muss ich mich leider den Sterne- und Spitzenköchen anschließen: Wenn ihr nicht anbaut (geht natürlich auch auf dem Balkon), kauft regional auf kleinen Märkten, ist oft sogar günstiger als im Supermarkt. Ach, noch was: Saisonal kaufen, schmeckt besser und rettet fast die ganze Welt.

rotkohl-spätzle-gratin & maronen-parmesan
für 4-6
SENIOR PALMINGER
„Harakiri Stammtisch Altona"

- 1 kg Rotkohl
- 1 große Zwiebel
- 2 kleine säuerliche Äpfel
- Butter
- 50 ml Rotweinessig
- 250 ml Rotwein
- 250 g Maronen (gibt es tiefgekühlt oder gekocht im Supermarkt)

- Salz, schwarzer Pfeffer aus der Mühle
- 100 g Parmesan

Spätzle:
- 250 g Mehl
- 75 ml Wasser
- 75 ml Milch
- 2 Eier
- 1/2 TL Salz

1. Kohl vierteln, Strunk entfernen, in feine Streifen schneiden. Zwiebeln schälen, in Streifen schneiden. Die Äpfel schälen, vierteln, klein würfeln.
2. Im großen Topf einen Esslöffel Butter erhitzen, Zwiebeln anbraten und Kohlstreifen, Äpfel beifügen und 4 Minuten mitdünsten.
3. Essig und Wein zugeben, mit Salz und Pfeffer würzen und auf mittlerer Flamme ca. 60 Minuten kochen. Flüssigkeit immer wieder kontrollieren, wenn nötig Wein nachgießen.
4. Für die Spätzle Mehl in Schüssel sieben. Langsam Milchwasser, Eier und Salz dazurühren. Teig soll Blasen schlagen. Dann 15 Minuten ruhen lassen.
5. Viel Salzwasser aufkochen. Zusätzlich eine große Schüssel mit warmem Wasser bereitstellen.
6. Den Spätzleteig in mehreren Portionen auf ein großes Küchenbrett gießen und flach streichen. Nun das Brett über den Salzwassertopf neigen und mit einem Küchenmesser dünne Streifen ins leicht kochende Wasser schaben.
7. So lange ziehen lassen, bis die Spätzle an die Oberfläche kommen. Mit einer Schaumkelle herausnehmen und in die Schüssel mit warmen Wasser geben. Den Vorgang wiederholen, bis der Teig aufgebraucht ist. Zwischendrin schon mal den Ofen auf 180 °C vorheizen.
8. Eine große feuerfeste Form ausbuttern. Die gut abgetropften Spätzle kranzförmig in die Form geben. Den Rotkohl in die Mitte geben.
9. Die Maronen und Parmesan grob hacken und vermischen. Über das Gratin verstreuen und mit Butterstückchen belegen. Das Gratin im vorgeheizten Ofen auf der zweituntersten Rille 30 Minuten backen. Wahnsinnsgericht!

- Rotkohl: Typisches Herbst-/Wintergemüse. Der Rotkohlkopf glänzt dunkelrot bis violett und wirkt wie mit Reif überzogen. Hält sich im Kühlschrank eine Woche. Grundzubereitung: Kann dünn geschnitten oder gehobelt roh als Salat Verwendung finden. Dafür mit Salz und Zucker bestreuen, damit er Wasser zieht und weicher wird.

grünes gemüsecurry mit süßkartoffeln und aubergine

- 1 EL Öl
- 1 Zwiebel, gehackt
- 1-2 EL grüne Currypaste (je nach Geschmack und Schärfe, gibt's im Asialaden)
- 375 ml Kokosmilch
- 250 ml Wasser
- 2 Süßkartoffeln, gewürfelt
- 1 Aubergine, geviertelt und in Scheiben geschnitten
- 6 Kaffir-Limettenblätter (gibt's auch im Asialaden)
- 2 EL Limettensaft
- 2 TL Limettenschale
- 2 TL brauner Zucker
- zum Garnieren: frische Korianderblätter

1. Öl in einem großen Wok/Pfanne erhitzen. Zwiebel und Currypaste hineingeben und 3 Minuten bei mittlerer Hitze rühren.
2. Kokosmilch und Wasser zugeben. Zum Kochen bringen, dann die Hitze reduzieren und ohne Deckel 5 Minuten köcheln lassen.
3. Süßkartoffeln zufügen und 6 Minuten kochen. Dann die Aubergine und die Kaffir-Limettenblätter zugeben, unter gelegentlichem Rühren 10 Minuten weichkochen.
4. Limettensaft, Limettenschale und Zucker zugeben, den Wok rütteln. Frische Korianderblätter darüber streuen.

- Mit Basmatireis servieren. Dazu passen gut in Butter angeröstete Mandelblättchen sowie frische Korianderblätter.
- Anstelle von Aubergine kann natürlich auch anderes Gemüse verwendet werden. Garzeiten beachten.

lauwarme linsen mit zimt & mangochutney

- 2 Schalotten
- 1 Knoblauchzehe
- 2 EL Olivenöl
- 250 g grüne oder Puylinsen
- 2 cm langes Stück Zimt
- 2 TL Mangochutney
- ca. 1/2 l Gemüsebrühe (je nach Linsensorte)
- 1/2 Bund Koriander
- Salz, Pfeffer aus der Mühle
- 1 EL Weißweinessig

1. Schalotten und Knoblauch schälen und fein hacken.
2. In einem Topf das Olivenöl erhitzen. Schalotten und den Knoblauch darin hellgelb dünsten. Die Linsen und das Mangochutney und den Zimt beifügen und ca. 3 Minuten mitdünsten, bis es gut riecht.
3. Dann die Brühe dazugießen und die Linsen zugedeckt je nach Sorte 30-45 Minuten kochen lassen. Das Zimtstück entfernen.
4. Koriander fein hacken, unter die Linsen mischen und diese mit Salz, Pfeffer und Essig abschmecken.
5. Die Linsen leicht abkühlen lassen und anrichten.

spinatcrespelle „brause-dinner"

Teig:
- 150 g Mehl
- je 150 ml Milch und Wasser
- 3 Eier
- 25 g flüssige Butter
- 1/2 TL Salz
- Butter zum Backen

Füllung:
- 1,2 kg Blattspinat
- 250 g Ricotta oder Speisequark
- 100 g Mascarpone oder Crème fraîche
- 3 Eigelb
- 75 g geriebener Parmesan
- Salz, Pfeffer, Muskatnuss

Zum Überbacken:
- 150 ml Schlagsahne
- 50 g geriebener Parmesan

1. Das Mehl in eine Schüssel sieben. Milch und Wasser mischen, unter Rühren langsam zum Mehl gießen und glatt rühren. Die Eier verquirlen und

beifügen. Zuletzt die flüssige Butter und das Salz unterrühren. Den Teig etwa 15 Minuten ruhen lassen.
2. Eine beschichtete Bratpfanne mit Butter ausstreichen und aus dem Teig dünne Omeletten backen.
3. Für die Füllung den Spinat waschen. Reichlich Salzwasser aufkochen und den Spinat nur gerade 1 Minuten blanchieren. Abschütten und sehr gut ausdrücken, damit der Spinat später die Füllung nicht verwässert. Dann grob hacken. Jetzt solltet ihr schon mal den Ofen auf 200 °C vorheizen.
4. In einer großen Schüssel Ricotta oder Quark, Mascarpone oder Crème fraîche, Eigelb und Parmesan gut verrühren und pikant mit Salz, Pfeffer und Muskat würzen. Den Spinat drunter mischen.
5. Die Omeletten mit Spinatmasse bestreichen. Zuerst zur Hälfte, dann zu einem Viertel falten, so dass die Crespelle wie Fächer aussehen. In eine ausgebutterte, feuerfeste Form legen.
6. Die Sahne mit dem Käse mischen und über die Spinatcrespelle verteilen.
7. Die Dinger auf der zweituntersten Rille 20-25 Minuten überbacken.

das kezza-kochclub-menü

Wir, der Kezza-Kochclub, sind zu fünft und spielen allesamt in der Band KEZZA. Da alle in unserer Band gerne essen, aber nicht unbedingt alle (gut) kochen, hat Frau Esche spontan das Zepter an sich gerissen und ein Veggie-Menü zusammengebastelt, das auch den Herren commaaaander, Midge, Matze und Schinski der Band munden würde – die dürfen übrigens nach dem Essen auch lecker die Küche aufräumen, während die Köchin keinen Handschlag mehr tut und es sich mit vollgeschlagenem Bauch auf dem Sofa bequem macht und sich über das lustige Aufräumtreiben in der Küche amüsiert. Die Vorspeise und den Nachtisch kann man übrigens prima einen Tag vorher machen.

warm up: gemüsesuppe
LAFFTRAK „Terror"

Für die Brühe:
- 2 Möhren schälen und grob in Stücke schneiden
- 1 Zwiebel schälen, ebenfalls grob in Stücke schneiden
- 1 Stange Staudensellerie ... genau: grob in Stücke kloppen
- 1,25 l Wasser
- 1/2 Bund Petersilie klein machen
- 1 EL Öl
- 1-2 EL Tomatenmark
- 1-2 EL Salz (nach Geschmack, nicht versalzen!)

Für die Suppeneinlage kann man sein Lieblingsgemüse verwenden, gut passt:
- 1 Möhre, geschält und in nicht zu große Würfel(chen) schneiden

- 1 kleine Lauchstange in Würfel oder dünne Scheiben schneiden
- 1 kleine Zucchini in Würfel schneiden
- 1/2 Bund Petersilie
- 1 EL Öl
- evtl. ein paar Suppennudeln

1. In einem Topf dem Öl einheizen und das Gemüse für die Brühe (die Petersilie noch nicht!) mit dem Tomatenmark darin gut anrösten. Dann das Wasser nebst Petersilie und Salz zuschütten. Alles zum Kochen bringen, Deckel drauf und bei schwacher Hitze so 20 Minuten bis halbe Stunde köcheln lassen.
2. Nun das ganze Gemüse in ein Sieb schütten und etwas ausdrücken, aber ACHTUNG: das Gemüse kann danach weg, aber die Brühe/Flüssigkeit gehört NICHT innen Ausguss, sondern muss zurück in den Topf – logisch oder? Wie nicht logisch ... Neeee, ihr habt doch nicht wirklich???? Nein!!! Doch??? ... Ja, dann müsst ihr nochmal von vorn anfangen!
3. Für diejenigen, die die Brühe nicht in den Aufguss gekippt haben, geht's so weiter: Den Topf mit der Brühe also zackig wieder auf die Kochplatte pfeffern und das kleingeschnibbelte Gemüse für die Suppeneinlage hineingeben und bei kleiner Hitze gar werden lassen – das dauert so 10-15 Minuten. Wer mag, kann noch ein paar Suppennudeln dazugeben.

- Ein paar Scheiben Baguette kommen echt gut zur Suppe. Die Suppe ist übrigens auch eine prima „Gesundmach"-Suppe bei Erkältung und lässt sich gut einfrieren (einfrieren allerdings ohne Nudeln, die schmecken aufgetaut total komisch).

main event: überbackene gnocchi

KARMACOPTER „Verheizt"

- 500 g Gnocchi
- 120-150 g geriebener Appenzeller oder Bergkäse – oder die Hälfte des Käses durch frisch geriebenen Parmesan ersetzen, kommt auch gut
- 1 Zwiebel, fein gewürfelt
- 250 ml Sahne
- wer darauf steht: 1 klein gehackte Knofizehe
- 300-400 g braune Champignons, geviertelt
- ca. 150 g Cocktailtomaten, nicht dran rumschnibbeln, sondern ganz lassen
- ca. 1/2 TL Zucker (am besten brauner Zucker, weißer Zucker geht aber auch klar)
- (Oliven-)Öl
- Salz, Pfeffer
- 2 TL getrockneter Thymian

Ärmel hoch und ran ans Werk:
1. Die Gnocchi ungefähr 1-2 Minuten ins kochende Salzwasser geben, auch wenn auf der Packung was anderes steht. Vorsichtig wieder rausfischen.
2. Den geriebenen Käse mit der Sahne vermischen und mit Salz (oder einem Teelöffel Gemüsebrühpulver) und Pfeffer würzen.
3. Eine Auflaufform etwas einfetten und die gut abgetropften Gnocchi da reinpurzeln lassen, dann die Käsesahnemegakalorienoverkillpampe über die Gnocchi verteilen und für ca. 20-25 Minuten bei 175 °C Umluft in den (vorgeheizten) Backofen packen. Wenn der Herd nicht Umluft kann, dann 190 bis 200 °C Ober/Unterhitze.
4. Während das Gedöns also im Ofen

schmurgelt, schnappt man sich eine Pfanne und verkloppt damit erstmal seine Bandkollegen oder lässt es bleiben und stellt die Pfanne auffe Herdplatte, lässt etwas Öl bei ungefähr mittlerer Hitze etwas heiß werden und haut dann die Zwiebeln in die Pfanne (wer mag auch Knofi), bestreut diese mit etwas Salz und Pfeffer und lässt sie glasig werden.

4. Dann kommen die Champignons mit dem Thymian dazu. Wenn die Pilze fast gut/durch sind, lässt man die Cocktailtomaten dazupurzeln und bestreut die mit etwas Zucker. Beim Wenden aufpassen, dass die Tomaten nicht zu doll zermatschen – die Haut soll/darf zwar ein bißchen aufplatzen, aber die Dinger sollen schon am Stück bleiben.

5. Wenn die Käsepampe über den Gnocchi lecker aussieht, sprich: eine (zumindest stellenweise) goldgelbe Farbe angenommen hat (schwarz wäre doof), dann nimmt man den Auflauf raus, verteilt die Zwiebel-Pilz-Tomaten-Mischung darauf und fertig ist das Ganze – ruff auffe Teller, rinn inne Schnüss.

happy end: fruchtige-beeren-tiramisu

KEZZA „Rock'n'Roll Yakuza"

Das Dessert kann man, wie die Suppe, super einen Tag vorher machen! Wenn man tiefgekühlte Beeren nimmt, SOLLTE das Tiramisu sogar über Nacht in den Kühlschrank stellen, damit die Beeren auftauen können.

- 500 g Quark
- 600 g Schmand (3 Becher)
- 2 Zitronen
- 80 g Zucker
- 2 Päckchen Vanillezucker
- 300 g Löffelbiskuits
- 250 ml Orangensaft
- 100-200 g Schokoraspel (Zartbitter oder Vollmilch, je nach Geschmack)
- 400 g (TK)-Himbeeren oder Erdbeeren oder gemischte Beeren

1. Nicht lang schnacken, sondern auf geht's, und zwar Quark, Schmand, den Saft der beiden Zitronen, Vanillezucker und Zucker verrühren.
2. Ein Drittel der Löffelbiskuits in eine ausreichend große, rechteckige Form legen (eine Auflaufform eignet sich prima) und mit einem Drittel des Orangensaftes beträufeln. Darauf dann ein Drittel der gerade eben zusammengepantschten Quarkcreme geben, glattstreichen und mit den Schokoflocken bestreuen (noch keine Beeren, die sind erst bei der zweiten Schicht dran).
3. Danach wiederholen: Biskuits, Saft, Quarkcreme, JETZT die Hälfte der Beeren, dafür keine Schokoflocken.
4. Danach die restlichen Zutaten verteilen: Biskuits, Saft, Quark, Beeren und als Abschluss die Schokoflocken.
5. Die Auflaufform abdecken und über Nacht in den Kühlschrank stellen.

- Zum Abschluss des Menüs servieren und sich in den höchsten Tönen loben lassen, weil alles so lecker war (*räusper* so hoffen wir das jedenfalls)!

Das war also das KEZZA-Menue. Kochen ist keine Hexerei! Aber echt jetzt: das war doch gar nicht so schwer, ne? Und ruckzuck hat man ein Drei-Gänge-Menü auf die Kette gekriegt – wir hoffen, es schmeckt euch, uns hat es jedenfalls gefallen.

my big fat greek menue
von Liz Tsavlou

gebratene auberginen im mantel mit dip
DIE TÜREN
„Der Blues kommt zurück in die Stadt"

Das perfekte Sommerabend-Rezept!

- 3 Auberginen
- etwas Mehl
- 3 Eier
- Salz, Pfeffer
- Pflanzenöl zum Braten

Für den Dip:
- 100 g Joghurt
- 100 g Magerquark
- 1 TL Olivenöl
- Salz
- 1 kleine Gurke
- Dill

1. Die Auberginen waschen und so lange in Salzwasser kochen, bis das Gemüsefleisch weich genug ist, um den Gabeltest zu bestehen. Gemüse aus dem Topf nehmen und nach einer Abkühlphase in Längsscheiben schneiden und kräftig salzen.
2. In einer Schüssel etwas Wasser und Mehl zu einer dickflüssigen Panade zusammenrühren. Die Eier hinzugeben und wenn nötig noch Mehl hinzufügen. Mit Salz und Pfeffer würzen.
3. Die Auberginenscheiben durch die Panade ziehen und so lange in Öl braten, bis die Oberfläche goldgelb ist.
4. Eine Joghurtsauce passt hervorragend dazu! Dazu Joghurt, Quark und Öl mit dem Schneebesen cremig schlagen und mit Salz und Dill abschmecken.
5. Die Gurke mit einer Käsereibe in eine separate Schüssel raspeln. Danach das Fruchtfleisch mit den Händen auspressen und so entwässern. Zum Joghurt geben, umrühren – fertig!

• Schmeckt sowohl warm als auch kalt!

tomaten mit hut & hirn
DIE AERONAUTEN „Männer"

- 5 große Tomaten
- 5 EL weißer Reis
- 1 Zwiebel
- 1 Zucchini
- 3 EL Olivenöl
- Petersilie
- Dill
- Minze
- Salz und Pfeffer

1. Die Tomaten waschen. Anschließend einen Deckel abschneiden und das Fruchtfleisch auslöffeln.
2. Zwiebeln und Zucchini raspeln. Petersilie, Dill und Minze klein schneiden.
3. Fruchtfleisch, Zwiebeln, Zucchini, Petersilie, Dill, Minze und ungekochten Reis in eine Schüssel geben und mit Olivenöl, Salz und Pfeffer verrühren.
4. Masse in die ausgehöhlten Tomaten geben und mit den abgeschnittenen Deckeln abdecken.
5. Die Tomaten in einer Auflaufform in ein leichtes Wasserbett geben und bei ca. 220 °C 40-45 Minuten garen. Wenn nötig, zwischendurch noch etwas Wasser hinzugeben.

tomaten-eiertanz
HEAVENLY „Heavenly vs. Satan"

- 500 g reife Tomaten
- 1 Zwiebel
- 2 grüne Langspitzpaprika
- 3 Eier
- 2 EL Pflanzenöl
- Petersilie
- Oregano
- Salz und Pfeffer

1. Tomaten in kleine Würfel schneiden.
2. Die Zwiebel klein schneiden und in einer großen Pfanne glasig dünsten. Tomatenstücke dazu geben und auf kleiner Flamme köcheln lassen.
3. Die Paprika waschen, Bürzel abschneiden, Körner entnehmen und anschließend in Ringe schneiden.
4. Dann zusammen mit der klein geschnittenen Petersilie in die Pfanne geben.
5. Wenn die Tomaten zur Sauce werden, die verquirlten Eier hinzugeben und unter ständigem Rühren gar braten. Mit Salz, Pfeffer und Oregano würzen.

- Zusammen mit Baguette und Schafskäse warm servieren.

joghurtsuppe
THE MONKS „Black Monk Time"

- 1 l Wasser
- 3/4 Tasse weißer Reis
- 1 Zwiebel
- 400 g Joghurt
- Salz und Pfeffer
- Oregano
- 50 g Butter

1. Den Reis in einem Liter Salzwasser zum Kochen bringen.
2. Die Zwiebel in Würfel schneiden und in etwas Butter in der Pfanne anbraten.
3. Wenn der Reis im Wasser gar ist, Pfanneninhalt in den Topf hinzugeben.
4. Den Joghurt mit dem Schneebesen cremig schlagen. Mit einem Schöpflöffel etwas Wasser aus der Suppe nehmen und unter Rühren zum Joghurt geben. Dies 3-4 Mal wiederholen.
5. Dann den so bearbeiteten Joghurt zur restlichen Suppe geben und mit Oregano, Pfeffer und Salz abschmecken.

auberginenaufstrich
FREE YOURSELF „Notausgang"

- 3 mittelgroße, runde Auberginen
- 1 Zwiebel
- 2 EL Olivenöl
- 2 EL Essig oder Zitronensaft
- Salz und Pfeffer

1. Die Auberginen auf einem Blech bei 220 °C backen. Wenn die Auberginen einfallen, sind sie fertig ausgebacken.
2. Auberginen aus dem Ofen nehmen und Schale entfernen.
3. Gebackenes Gemüsefleisch stückeln und mit dem Kochlöffel so lange schlagen, bis die Stücke zu einer cremigen Masse werden.
4. Eine Zwiebel schälen, unter Wasser ausspülen, in kleine Stücke schneiden und in die Auberginenmasse geben.
5. Anschließend Essig und Öl dazugeben, mit Salz und Pfeffer abschmecken und mit einem Mixer kräftig schlagen. Je nach Geschmack mit Essig oder Zitronensaft nochmals verfeinern.

turkish delight

scharfe paprikasauce
von Ingrid Bohnensack
THE BEATLES
„Sgt. Pepper's Lonely Hearts Club Band"

- 4 große rote Paprika
- 400 g gehackte Tomaten
- 1 kleine Zwiebel
- Knoblauch
- 1 EL Harissa
- Salz, Pfeffer
- Olivenöl
- Petersilie

1. Die Paprika vierteln, den Strunk, die Kerne und das weiße Zeug entfernen. Die Paprikateile auf einem Stück Backpapier im Ofen auf höchster Stufe grillen, bis die Haut schwarz wird und Blasen wirft (wenn du einen Gasherd besitzt, kannst du die Teile auch auf eigene Gefahr direkt in die Flamme werfen).
2. Dann die Paprika in einen Gefrierbeutel legen (Vorsicht, heiß!), diesen verschließen und warten, bis sie etwas abgekühlt sind. Jetzt sollte sich die Haut ganz leicht von der Paprika lösen lassen. Die Teile dann in ca. 1 x 1 cm große Stücke schneiden.
3. Zwiebel und Knoblauch hacken, mit dem Öl in einem Topf oder einer Pfanne andünsten. Paprikastücke dazu und nach ein paar Minuten die Tomaten hinterher. Mit Harissa (du musst wissen, was du tust ...), Salz und Pfeffer abschmecken und gut eine halbe Stunde auf kleiner Flamme einkochen lassen. Fertig ist die Sauce, wenn alles weich gekocht, die Paprikastücke als solche aber noch erkennbar sind. Zum Schluss noch eine Handvoll fein gehackter Petersilie drunter rühren.

• Passt als Sauce, als Dip oder Ähnliches zu beinahe allem, was du aufpeppen oder irgendwo eintunken willst, wie Fladenbrot, (zu trockener) Reis, etc.

roter bohnentopf
von Monika Ring & André Bohnensack
FIREWATER „The Golden Hour"

Für den Bohnentopf:
- 400 g weiße Bohnen (aus dem Glas)
- 120 g Karotten
- 120 g Sellerie
- 2 Zwiebeln
- 2 Knoblauchzehen
- 4 EL Tomatenmark
- 1/2 TL Zucker
- Zitronensaft
- Cayennepfeffer
- Salz
- 1 EL Petersilie
- Olivenöl

Für Pilaw mit Reisnudeln:
- 225 g Langkornreis
- 3 EL Arpa Sehriye (türkische Reisnudeln)
- 1 EL Butter oder Margarine
- 450 ml heißes Wasser
- Salz
- 1 kleine Handvoll Mandelsplitter

1. Karotten, Sellerie und die Zwiebeln in kleine Würfel und den Knoblauch so klein wie möglich schneiden. Die Bohnen aus dem Glas in ein Sieb kippen und mit Wasser von dem ekligen Schleim befreien.

2. Das Öl in einem Topf erhitzen, Zwiebeln und Knoblauch rein und nach ein paar Minuten die Karotten und den Sellerie dazu. Das Ganze weiter andünsten und dann das Tomatenmark, den Zucker und den Cayennepfeffer dazugeben und unter Rühren noch ein paar Minuten auf hoher Stufe brutzeln lassen.
3. Die Bohnen dazugeben, den Topfinhalt mit soviel Wasser aufgießen, bis alles knapp bedeckt ist und dann auf niedriger Stufe eine gute halbe Stunde köcheln lassen, bis das Gemüse weich, aber noch bissfest ist.
4. Jetzt kann man sich dem Pilaw mit den Reisnudeln widmen: als Erstes den Reis in einem Sieb mit Wasser auswaschen.
5. Die Mandelsplitter in einem Topf rösten, dann herausnehmen und beiseite stellen.
6. Im selben Topf die Butter schmelzen und darin die Reisnudeln unter ständigem Rühren braten, bis sie hellbraun sind.
7. Den Reis hinterher und mitbraten, bis er leicht glasig wird, dann mit dem heißen Wasser auffüllen und salzen. Einmal aufkochen lassen, dann mit geschlossenem Deckel bei niedriger Hitze ca. 20 Minuten köcheln lassen. Dabei immer wieder umrühren.
8. Der Reis sollte gar sein, wenn das Wasser verkocht ist; falls nicht, dezent Wasser nachgeben und weiter köcheln lassen.
9. Wenn der Bohnentopf und das Pilaw fertig sind, noch den Saft einer halben Zitrone und die Petersilie zu den Bohnen geben und das Ganze mit Salz abschmecken. Die Mandelsplitter unter den Reis mischen.

- Den Bohnentopf und das Pilaw getrennt servieren, die optimale Mischung kann sich jeder selbst erarbeiten.

käse-yufka-taschen
von Monika Ring
FARIN URLAUB RACING TEAM
„Die Wahrheit übers Lügen"

- 2 Packungen (2 x ca. 500 g) rechteckige Yufka-Blätter (die gibt's in jedem türkischen Laden)
- 500 ml Joghurt
- 3 Eier
- 250 ml Milch
- 400 g Schafskäse (oder 1,5 Rollen von dem türkischen aus der Dose)
- Salz, Pfeffer
- Sesamkörner

1. Ein Backblech mit Backpapier auslegen und darauf eine Lage Yufka-Blatt legen. Das muss am Rand überlappen!
2. Joghurt, Milch, zwei Eier mit Salz und Pfeffer verquirlen. Vom Joghurt ein, zwei Esslöffel übrig lassen.
3. Die weiteren Yufka-Blätter in diese Sauce eintunken, abtropfen lassen und auf das Blech legen. Wenn die dabei zerfallen, ist das nicht weiter schlimm – einfach drauf damit.
4. Auf die dritte Lage kommt dann der zerbröselte Käse, danach die restlichen Lagen eingetunkter Yufka-Blätter aufs Blech legen, bis sie alle sind.
5. Die überlappenden Ränder hochklappen und das Ganze dann von der Mitte beginnend in ungefähr gleich große Stücke schneiden (das hilft der Sauce, sich besser zu verteilen).
6. In die restliche Sauce das letzte Ei, noch einen Schuss Milch und den restlichen Joghurt untermischen und dann über die Käsetaschen gießen.
7. Mit den Sesamkörnern bestreuen und dann bei 200 °C für ungefähr zwanzig Minuten in den Ofen.

- Schmecken lauwarm am besten, aber auch kalt am nächsten Tag.

sigara böregi

von Monika Ring
PASCOW „Nächster Halt gefliester Boden"

- 1 Packung dreieckige (!) Yufka-Blätter
- 500 g Schafskäse
- 1 Bund Petersilie
- viel Sonnenblumenöl zum Braten (Olivenöl geht natürlich auch, falls du nicht weißt, wohin mit deinem Geld)

1. Den Schafskäse in einer Schüssel zerbröseln, die Petersilie hacken und alles vermischen.
2. Da die Yufka-Blätter recht schnell austrocknen, diese am besten nach dem Öffnen der Packung in eine rechteckige Plastikdose mit Deckel legen und immer einzeln rausholen.
3. Ein Yufka-Blatt mit der breiten Seite zu sich auf die Arbeitsplatte legen, ca. einen Esslöffel der Käsemischung dünn von rechts nach links als eine Art Wurst auf der breiten Seite verteilen, an den Enden aber gute zwei Zentimeter Platz lassen.
4. Das Yufka-Blatt ziemlich fest von der breiten Seite zur Spitze hin einrollen und am Ende die Spitze mit etwas Wasser befeuchten und das Ding „zukleben". Es ist wirklich wichtig, dass die Blätter fest gerollt sind, sonst fallen sie nachher in der Pfanne auseinander!
5. Die gerollten Blätter ebenfalls in einer geschlossenen Plastikdose bis zum Braten vor Austrocknung schützen.
6. Wenn alle Blätter gerollt sind und der Käse aufgebraucht ist (idealerweise sollte beides zugleich eintreten), ordentlich Öl in einer großen Pfanne erhitzen und immer drei, vier Stangen von allen Seiten goldbraun anbraten.

- Obwohl jegliche Gewürze fehlen, schmecken die Käsestangen dennoch und sind perfekt als Partysnack geeignet. Außerdem lassen sie sich gut vorbereiten, über Nacht in der Plastikdose aufbewahren und erst am nächsten Tag braten.

aci meze

von Hatice Killi und Monika Ring
EDITORS „An End Has A Start"

- 6 Zitronen
- 1 Gurke
- 5 Zwiebeln
- 3 Knoblauchzehen
- 1 EL Tomatenmark
- 1 EL Biber Sosu (türkische, süße Paprikasauce)
- 1 Glas (370 g) Sambal Oelek
- 5 EL Zucker (eventuell etwas mehr)
- 125 ml Olivenöl

1. Die Zwiebeln, den Knoblauch und die ungeschälte Gurke ganz, ganz winzig klein hacken (wer einen „Quickchef" von Tupper besitzt, sollte den verwenden) und in eine sehr große Schüssel geben.
2. Die Zitronen auspressen und den Saft zum „Gehackten" schütten.
3. Tomatenmark, Sambal Oelek, Bibersosu, Zucker und Öl untermischen und abschmecken. Vorsicht, das Zeug ist ordentlich scharf; die Schärfe kann aber durch Zugabe von etwas mehr Zucker abgeschwächt werden.

- Die Sauce hält sich ungefähr drei Wochen im Kühlschrank, lässt sich auch einfrieren und schmeckt zu beinahe allem, was etwas Schärfe vertragen kann.

der rock city solingen-nachbarschaftsabend
von Sandra und René
LUKE „A Whole New Idea"

Da ich keine Musik mag, wo Sänger nur schreien und ich den Text nicht verstehe, wollte ich erst beim Kochen James Blunt hören. Da ich damit aber wohl nicht ins Kochbuch komme, habe ich mich für „A Whole New Idea" von LUKE entschieden. Die sind lecker, die Jungs. Und lecker isses auch bei mir. Denn von mir gibt es Nachtisch. Nicht nur einen! Es gibt einen großartigen veganen Schokoladenkuchen und dazu eine Marzipancreme. Und Apfelringe, die gebraten werden. Denn nur ein Nachtisch ist Mist. Nachtisch ist das Wichtigste beim Essen. Also immer mindestens zwei zur Auswahl. Am besten vier oder fünf.

veganer schokoladenkuchen à la gitte

... geht so: Ich mische 570 ml Wasser mit 175 ml Öl und 2 EL Essig. Diese Flüssigkeit gieße ich langsam zu einer Mischung aus 550 g Mehl, 220 g Zucker, 70 g Kakaopulver, 2 Päckchen Backpulver, 2 Päckchen Vanillinzucker und etwas Salz.
Dann mische ich alle Zutaten ordentlich und gebe dann den Teig in eine gefettete Kuchenform. Bei 180 °C backe ich den Kuchen 45 Minuten (der Kuchen ist fertig, wenn kein Teig an einem langen Metallstab kleben bleibt, den ich zur Kontrolle in den Teig stecke). Für die Marzipancreme stückle ich 200 g Marzipanrohmasse und zerkleinere diese im Mixer mit 200 ml Milch, die ich nach und nach dazugebe, bis alles cremig ist. Dann noch 250 g Magerquark und für die schlanke Linie noch 250 g Mascarpone drunter mischen und lecker fertig ist die Marzipancreme. Mit gehobelter Schokolade verziert sieht's auch noch gut aus!

gebackene apfelringe

Die Äpfel (ich nehme doppelt so viele Äpfel wie Menschen vorbeikommen) schäle ich, steche vorher mit einem Apfelausstecher das Kerngehäuse heraus und schneide dann den Apfel in ca. 3 cm breite Ringe. Die gebackenen Apfelringe wälze ich in einer Mischung aus (für 6 Äpfel ausgerechnet) 200 g Mehl, 250 ml Milch, 2 Eiern, 80 g Margarine, 2 Prisen Salz, 6 TL Zucker. Wer es mag, kann den Backteig noch mit 2 TL Zimt und 2 EL Rum verfeinern. Dann brate ich die Apfelringe in einer Pfanne mit ordentlich Butter oder Margarine ca. 5 Minuten bei mittlerer Hitze und lasse das überschüssige Fett dann nach dem Braten auf Küchenkrepp abtropfen.

quarkspeise mit tutti frutti

Und nun die ultimative Oldschool-Nachspeise: Quarkspeise. Und zwar nicht irgendeine! Sondern Quarkspeise mit Tutti Frutti. Das sind diese Dosen, wo mehr Birnen als alles andere drin sind. Und nur ein ganz paar (früher war es sogar nur eine, heute meistens 5 Stück!) knallrote Kirschen. Das Beste an der Dose: Ich habe noch heute eine Narbe auf dem Kopf – meine Schwester hat mir im Kampf um die einzige Kirsche eine Gabel in den Kopf gerammt! Heute esse ich die Kirschen als Erstes raus, dann gebe ich den Rest in die Quarkspeise. Keiner isst mir meine Kirschen weg! Also nehme ich mindestens ein Pfund Quark und sollte diesen mit Joghurt, Milch und Mineralwasser (damit es besonders cremig wird) mischen. Mach ich aber nicht! Ich nehme den Quark und eine richtig geile fiese Dose Sprühsahne aus dem Supermarkt und jage so viel Sahne unter den Quark, bis er leicht zu rühren ist. Und so viel Honig, bis alles zuckersüß ist. Geil! Und dann das Obst dazu und fertig. Lecker. Und schnell. Und schnell ist gut.

kleine käsesuppe

Dann hat man noch Zeit, den Gästen eine kleine Käsesuppe zu kochen: 100 g Porreeringe anbraten, mit 500 ml Gemüsebrühe ablöschen, einen Schuss Weißwein dazu, 200 g Sahne und 400 g Schmelzkäse drin verrühren, mit Salz und Pfeffer abschmecken und mit Kresse verfeinern – fertig.

kartoffelpfanne

Und sogar dafür ist noch Zeit – eine Kartoffelpfanne für viele Menschen: dafür 1 kg rohe Kartoffeln in Spalten geschnitten zusammen mit 500 g Paprika, 1 Dose Mais, 500 g frischen Champions (die am besten vorher anbraten und ganz zum Schluss dazugeben, da die Wasser verlieren und die Pfanne sonst mit zu viel Suppe versauen), 500 g Möhren – alles in mundgerechte Stücke geschnitten und mit einer Öl-Gewürze-Mischung (Salz, Pfeffer, Chili, Knoblauch ...) bestrichen in den Ofen bei ca. 180° C, bis die Kartoffeln leicht mit einem Messer einzuschneiden sind. Dann noch Schafskäse drüberbröckeln und kurz überbacken.

Toll. Und lecker. Wie alles bei mir. Find ich. Und René. Und die Bands, die ich bekoche. Und meine Gäste. Gekotzt hat bei mir noch keiner. Außer, der Gast trinkt zu viel Cosmopolitan (ich mische Cointreau mit Wodka und Cranberrysaft und gebe noch einen Schuss Zitronensaft hinzu). Den trinke ich übrigens beim Kochen gern. Und dann – wenn alles auf dem Tisch ist – bin ich besoffen. Und zwar gehörig. Tolltolltoll.

arabischer stagedive-abend
von Sascha, Stagedive Productions

Anbei findet ihr ein paar kleine und schnell zubereitete Rezepte für einen netten arabischen Abend. Die Dips sowie der Salat und Falafel werden zusammen mit in Stücke geschnittenen Tomaten, Gurken, Paprika, Zwiebeln und leckerem arabischen Brot auf den Tisch gestellt und jeder kann sich nach Belieben bedienen.

mutabal

- 1 große Aubergine
- 2-3 EL Tahin (Sesammus)
- Saft von 1-2 Zitronen
- 2 Knoblauchzehen
- 1 TL Salz
- 2-3 TL Joghurt, evtl. veganes Produkt

1. Die Auberginen im Backofen solange grillen, bis die Haut Blasen wirft. Dann die Haut von den Auberginen abziehen und das Fruchtfleisch in kleine Stücke schneiden und in eine Schüssel geben.
2. Die zerdrückten Knoblauchzehen, Joghurt, Tahin und den Zitronensaft dazugeben und abschmecken.
3. Vor dem Servieren mit etwas Olivenöl übergießen.

toum

- 1 Knolle Knoblauch
- 1/2 Tasse Pflanzenöl (kein Olivenöl!)
- 2-3 EL Mayonnaise (gibt's auch ohne Ei)
- 1 Spritzer Zitronensaft
- Salz. Pfeffer

1. Die zerdrückten Knoblauchzehen in eine Schüssel geben. Salz und Zitrone dazu.
2. Etwas Öl zu dem Knoblauch und mit einem Löffel solange umrühren, bis das Öl ganz untergerührt ist. Dann unter stetem Rühren das restliche Öl sowie die Mayonnaise dazugeben. Mit Salz und Pfeffer abschmecken und bis zum Servieren im Kühlschrank aufbewahren.

falafel

- 100 g Bulgur
- 100 ml Wasser
- 1 Dose Kichererbsen
- 2 Zwiebeln
- 2 Knoblauchzehen
- 1/2 Bund glatte Petersilie
- 1 EL Mehl
- 1 TL Backpulver
- 50 g Paniermehl
- Pfeffer, Salz
- Kreuzkümmel (Cumin)
- Chilipulver

1. Bulgur in eine Schüssel geben und mit kochendem Wasser begießen.
2. Dann die Kichererbsen in ein Sieb schütten und abspülen. Kichererbsen gut abgetropft zum Bulgur geben.
3. Zwiebeln und Knoblauchzehen in grobe Würfel schneiden und zusammen mit Petersilie ebenfalls dazugeben. Die Masse mit dem Pürierstab gut pürieren. Mit Pfeffer, Salz, Kreuzkümmel und Chilipulver nach Belieben würzen.

4. In einer weiteren Schüssel Mehl mit Backpulver und Paniermehl mischen und mit der Masse für die Falafel zu einem festen Teig verkneten. Aus dem Teig kleine Bällchen formen, leicht flach drücken und im Kühlschrank ca. 20 Minuten ruhen lassen. Friteuse auf 180 °C erhitzen und Falafel darin unter wenden fünf bis sechs Minuten goldbraun frittieren.

fatoush

- 3 Minzzweige
- 1 Salatgurke
- 5 Tomaten
- Saft einer Zitrone
- Koriandergrün je nach Geschmack
- 1/2 TL Salz
- Olivenöl
- 1 Kopf Eissalat
- 3 arabische Fladenbrote (sehen aus wie Pfannkuchen)
- 1 l Maisöl zum Frittieren

1. Salat, Gurke, Tomaten und Minze klein schneiden und mit Zitronensaft, Salz, ein wenig Olivenöl und Koriander vermischen.
2. Fladenbrote in kleine Stücke schneiden und in einer tiefen Pfanne mit Maisöl frittieren, bis sie goldbraun sind.
3. Salat auf Teller anrichten und zum Schluss die frittierten Fladenbrotstücke darüberstreuen. Sofort servieren, sonst werden die Chips wässrig.

das useless junkfood-menü

für mindestens 2 gefräßige Personen, von Rene Brocher (Useless Fanzine) und Babette Gierig (Babette Vageena And Her Clone)
TERRORGRUPPE „Musik für Arschlöcher"

Fastfood von der Bude um die Ecke ist in den meisten Fällen für die Tonne; labbrige, fettige Pommes mit Ranzmayo und wenn es überhaupt etwas Vegetarisches gibt, dann ist das meist ein Bauernsalat. Wenn ihr die weltbesten Pommes essen wollt, dann haltet euch an genau dieses Rezept, denn es kommt vom größten Frittenjunkie überhaupt.

d.i.y.-fries

- festkochende Kartoffeln (Menge nach Hunger)
- Salz
- Friteuse! (Wer keine Friteuse hat, benutzt einen größeren Topf mit reichlich Öl zum Frittieren. Achtung: Bei erhöhtem Alkoholpegel besteht akute Verbrennungsgefahr!)

1. Kartoffeln schälen und in etwa 1 cm dicke Fritten schneiden. Auf einem mit Backpapier ausgelegten Backblech verteilen und bei niedriger Hitze einige Minuten im Ofen lassen, so dass die Kartoffelstücke trocknen.
2. Friteuse auf 170 °C erhitzen und Pommes 4 Minuten frittieren. Danach rausnehmen und auf einem mit Küchenpapier ausgelegten Backblech verteilen und komplett abkühlen lassen. Erst danach erneut in die Friteuse und fertig frittieren. Und fertig frittieren

heisst nicht, dass die Pommes so blass sind wie in jeder Pommesbude, sondern dass sie goldgelb mit leichtbraunen Rändern sind. Wichtig: Sie müssen kross und nicht wabbelig sein! Rausnehmen und ordentlich salzen.

veggie-frikkos

Entscheidet euch, ob ihr Burger machen wollt oder nur Frikkos, dementsprechend unterschiedlich wird eure Einkaufsliste aussehen.

Für die Frikkos:
- ca. 80 g Kidneybohnen
- ca. 100 g Sojahack
- 3 Knoblauchzehen
- 1/2 Piri Piri
- 1 Bund glatte Petersilie
- 1/2 rote Paprika
- 1 Ei
- Paniermehl
- 2 EL mittelscharfer Senf
- 1 Zwiebel
- 2 EL Tomatenmark
- etwas Salz, Pfeffer
- für die Frikkovariante empfehlen wir Fetakäse in Würfeln für die Füllung, für den Burger natürlich nicht

Für die Burger zusätzlich:
- runde Weizenbrötchen oder Hamburgerbrötchen
- Eisbergsalat
- Saure Gurken in Scheiben
- Senf, Ketchup, Mayo
- Röstzwiebeln

1. Das Sojahack weicht ihr kurz ein, wie es auf der Packung steht, benutzt aber bitte keine ekelhafte Instantbrühe. Nach dem Einweichen ordentlich auswringen, damit es nicht zu viel Feuchtigkeit mitbringt.

2. Die Zutaten für die Frikkos zerkleinert ihr grob und füllt sie, außer dem Ei, Paniermehl und Sojahack, in ein hohes Gefäss und püriert es mit dem Pürierstab so, dass es grob zerkleinert, aber noch kein Brei ist. Danach fügt ihr die kleingewürfelte Zwiebel, das Sojahack und das Ei hinzu und vermengt alles grob mit einem Löffel.

3. Jetzt fügt ihr soviel Paniermehl hinzu und vermengt es, bis ihr eine gut pappende Masse habt, aus der ihr die Frikkos formen könnt. Wenn ihr richtige Burger haben wollt, formt ihr platte, etwas größere Scheiben, und wenn ihr Frikkos haben wollt, formt ihr etwas dickere Bälle und füllt diese mit einem Fetastück.

4. Das Ganze in ordentlich Öl anbraten, bis es knusprig braun ist, und dann entweder warm stellen oder direkt zu Burgern weiterverarbeiten.

- Wer nicht weiß, wie man einen Burger belegt, sollte an dieser Stelle lieber aufgeben! (Oder liest Arnes vorzügliche Beschreibung dazu auf Seite 154 in diesem Kochbuch.)

knoblauchsauce

- 1/2 Becher Crème fraîche
- ca. 2 EL Tomatenmark
- ca. 2 EL mittelscharfer Senf
- 4 EL Mayo
- 2-3 EL Sherry
- etwas Salz
- 3-4 Knoblauchzehen, gepresst

Die Zutaten zusammenschmeißen, gut verrühren, und ihr habt die beste Sauce der Welt!

soja, tofu, seitan & co

andrés harzer gehacktesstippe

für 4, von André Moraweck, MAROON
Mixtape mit DEPECHE MODE, JOY DIVISION, Morrissey, THROBBING GRISTLE, THE SOUTHERN DEATH CULT, COIL, PSYCHIC TV, TEST DEPT., THE CURE, DI6, CRISIS, SPK, CABARET VOLTAIRE, BAUHAUS, EINSTÜRZENDE NEUBAUTEN, COCTEAU TWINS, THE SMITHS, DEAD CAN DANCE, CLAN OF XYMOX, MARQUEE MOON usw.

Ein Rezept aus meiner Heimat. Es war laut meiner Mutter mein Lieblingsessen und ist auch heute noch eins der Gerichte, die sehr oft auf dem Tisch im Hause Moraweck landen. Es geht schnell und lässt sich beliebig „strecken", ist also auch für Konzertveranstalter oder Straßenfeste sehr gut geeignet. Dazu passt am besten Kartoffelbrei oder Salzkartoffeln.

- 500 g Sojagranulat
- 1 Glas Gewürzgurken
- 1 Zwiebel
- 2 EL Mehl
- 1 EL Tomatenmark
- 1/2 l Gemüsebrühe
- etwas Salz
- etwas Pfeffer

1. Sojagranulat in eine Schüssel geben und mit heißem Wasser übergießen, Gemüsebrühe/Gewürze dazu und nach ca. 5-10 Minuten abgießen.
2. Zwiebel würfeln, Gewürzgurken abgießen, dabei das Wasser auffangen und beiseite stellen, Gurken in Scheiben oder Würfel schneiden.
3. Das „Gehackte" in einer beschichteten Pfanne scharf anbraten, Zwiebel dazugeben, Tomatenmark hinzufügen und mit anrösten.
4. Mit dem Mehl überstäuben, mit Gurkensud und Brühe ablöschen (wobei das Verhältnis Geschmacks- und Erfahrungssache ist, je nachdem, wie sauer man es haben möchte. Für den Anfang empfehle ich ein Drittel Sud auf zwei Drittel Brühe einfach selber ausprobieren und immer schön abschmecken).
5. Die geschnittenen Gurken hinzugeben und mit heiß werden lassen, mit Salz und Pfeffer abschmecken, Kartoffelbrei oder Salzkartoffeln dazu fertig!

- Schmeckt mit jedem Aufwärmen besser!

crispy tofu

von Chuck, GIT SOME
ROKY ERICKSON & THE ALIENS

Okay, get a nice block of tofu, throw it in the freezer for a day. When you thaw it out, it's going to have a completely different feel to it. Squeeze out as much liquid as you can. Then cut it up into bite sized cubes, or triangles if you wanna be all fancy.
Get a medium sized bowl. Put in:
- 1/4 cup tamari soy sauce.
- 1 tbsp of sriracha garlic/chili sauce
- 1 1/2 cups of water.

Mix it up. Adjust the salty/spicy tastes how you like by adding more or less tamari and sriracha and water: more water = less spicy/salty; more sriracha = more spicy; more tamari = more salty – you get the picture.
Put the tofu in the bowl, and let it sit there for at least 15 minutes, but overnight would be the best.

Now take another, bigger bowl. Put in:
- 1/2 cup rice flour
- 2 tbsp garlic granules
- 2 tbsp corn meal
- 1 tbsp vegetarian „chicken" stock (if available, if not, don't sweat it)
- 1 tbsp onion granules
- 1 tsp chili powder
- 1 tsp sage

The fun stuff!! Take the pieces of tofu in the medium bowl, lightly squeeze out excess liquid, and individually dredge them in the flour/spice mixture. Make sure you coat the tofu really good.
Now get a large skillet/frying pan and put in:
- 1/4 cup of olive oil
- 2 tbsp of sesame oil

Get it hot. Fry the pieces of tofu in the hot oil. Make sure you turn them so each surface gets golden brown. When they're brown all around, take them out and put them on a folded up papertowel to drain the excess oil. Serve them up!

- Goes awesome with some veggie stir fry.

der blob
aka vegetarische sulz

für 2-3, von Bertram Sekula
TORCHE „Meanderthal"

Eine typisch leckere bayerische Biergartenbrotzeit, die man nur nirgends (außer hier!) als vegetarische Variante bekommt.

- 2 Päckchen Agartine
- 2 Soja-Bigsteaks oder ein paar Soja-Steaklies
- 1 Glas Mixed Pickles
- 1 gekochtes Ei (oder auch nicht)
- Senf
- Sojasauce
- Salz, Pfeffer
- Kräuteressig
- Gemüsebrühe

1. Sojasteaks erst mal 10 Minuten in Gemüsebrühe einweichen, dann kräftig ausdrücken. Die Teile mit Sojasauce würzen, mit Senf bestreichen, salzen und pfeffern und in einer Pfanne schön kross anbraten.
2. 900 ml Gemüsebrühe und 100 ml Kräuteressig in einen Topf kippen und zum Brodeln bringen. Die beiden Päckchen Agartine einrühren und 15 Minuten köcheln lassen.

3. Die Sojasteaks und die Mixed Pickles in einer Auflaufform oder in Suppentellern verteilen. Das gekochte Ei in Scheiben schneiden und drauflegen. Die Flüssigkeit drüberkippen und ca. 3 Stunden im Kühlschrank kalt stellen, bis das Ganze richtig schön fest und glibbrig ist.

- Beim Servieren noch eine kleingehackte Zwiebel und etwas Essig drüber, und dazu noch frisches Brot. Und natürlich darf ein leckeres bayerisches Bier nicht fehlen!

free-kassee

<small>von Jazz
RATTENPISSE</small>

Jazz hat selber ein veganes Kochbuch gemacht mit Rezepten für einfache und schnelle Gerichte, für die mensch kein Vermögen ausgeben muss. Für 2 Euro plus Porto könnt ihr das bestellen unter fuaim_catha84@yahoo.de.

- 200 g Sojageschnetzeltes
- 1 Schale oder 1 Glas Champignons
- 1 Glas Spargel
- 1 Packung TK-Erbsen
- 2 Päckchen Sojasahne
- 6 EL Weißwein
- ca. 2 EL Margarine
- 200-300 ml Sojamilch
- Mehl
- Zitrone
- Petersilie
- Tomatenmark
- Knoblauch
- Salz, Pfeffer, Paprika, Hähnchenwürzer, Rosmarin, Muskat und Koriander

Nachdem alle Zutaten besorgt sind, kann's losgehen. Doch erst noch die Musik einlegen.

1. Als Erstes weicht mensch das Sojageschnetzelte in gekochtem Wasser ein. Sobald es weich genug ist, abtropfen lassen und ein bisschen ausdrücken.
2. In der Zwischenzeit könnt ihr dann schon mal die Champignons entweder klein schneiden (wenn frisch) oder abtropfen lassen (wenn aus dem Glas), den Spargel ebenfalls abtropfen lassen.
2. Ist das Geschnetzelte soweit, kommt das Ganze mit etwas Öl in eine Pfanne und wird schön knusprig angebraten. Ganz zum Schluss fügt ihr noch Hähnchenwürzer, Rosmarin, Paprika und frischen Knoblauch hinzu.
3. Und schon kann die Sauce gezaubert werden. Dafür stellt ihr erstmal eine Mehlschwitze her: Margarine in einem Topf schmelzen und vorsichtig Mehl zuschütten und dabei gleichzeitig mit einem Schneebesen rühren. Nach und nach wird anschließend wieder unter Rühren Sojamilch zugeschüttet und zwar so viel, bis euch die Konsistenz gefällt. Zum Schluss noch die Sojasahne dazugeben. Das Ganze auf kleiner Flamme weiter kochen.
4. Nun folgen Zitronensaft und sechs Esslöffel Weißwein sowie zwei Esslöffel Tomatenmark, Salz, Pfeffer, Muskat, Koriander und Paprika.
5. Erbsen, Pilze und Spargel gesellen sich nun in die Sauce, abwarten, bis diese gar sind.
6. Zu guter Letzt kommen das Sojageschnetzelte und die Petersilie dazu.

- Dazu schmeckt Reis sowie frischer Salat.

hefeschmelz
von Johannes Schreinemachers
SATANIC SURFERS „And the cheese fell down"

Prima für vegane Pizza, Gratins oder als Brotaufstrich (dann etwas fester halten).

- 2 EL Margarine, auflösen und kurz brutzeln lassen
- 1 TL Senf
- 1 TL Salz
- 4 TL Mehl hinzufügen und unterrühren, mit ca.
- 150 ml Wasser ablöschen, gut durchrühren und
- 4 EL Hefeflocken zugeben.
Fertig.

gaúcho burrito
wie aus buenos aires, gerollt mit rapunzelfleisch und discounter-dosengemüse
Hot-fresh served by Fränkie Disco, Celluloid Suckers
RAMONES „Bonzo goes to Bitburg"

Zutaten für die Füllung:
- 1 Dose Discounter-Kidneybohnen
- 1 Dose Discounter-Mais
- 2 Dosen Dosentomaten
- 1 Tube Tomatenmark
- 1 große Metzger-Zwiebel
- 2 Tomaten
- geriebener, mittelalter Discounter-Gouda
- 1 Becher Schmand
- 400 g Rapunzel-Sojagranulat
- gekörnte Gemüsebrühe

Guacamole:
- 1 überreife Avocado
- Limettensaft
- 3 Knoblauchzehen
- Crème fraîche
- Salz und Pfeffer aus der Mühle
- 1 Handvoll Koriander oder glatte Petersilie

Tortillateig:
- 375 g Mehl
- 1 TL Salz
- 45 ml billigstes Öl
- 150 ml Wasser

- Faulheitsoption: Fertige Tortillafladen vom Discounter, z.B. „abenteuerlich einkaufen" bei Xenos.

1. In einer Schüssel Mehl, Salz und Öl vermischen und nach und nach Wasser hinzugeben. Gut kneten, bis ein unfeuchter Teig entsteht. Die Schüssel abdecken und für eine Stunde kühl stellen.
2. Sojagranulat in ordentlichst angesetzter heißer Gemüsebrühe mindestens für 15 Minuten quellen lassen.
3. Eben die Guacamole machen: Avocado auslöffeln, alle Zutaten zerdrücken, fertig.
4. Eine Pfanne mit etwas Öl heiß werden lassen und die Zwiebeln glasigst anbraten, das Tomatenmark dazu und kurz mitrösten. Nicht zu lange, sonst wird es bitter! Dann das Sojahack dazugeben und mit Dosentomaten auffüllen. Mit Salz und Pfeffer abschmecken.
5. Köcheln lassen. Je länger, je besser wird der Sugo! Die Fast-Bolognese darf ruhig ordentlich Würze haben! Und wer es richtig scharf mag, der kann noch einen Teelöffel Chilipulver dazugeben. Und wer es richtig, richtig scharf mag, der kann noch drei Teelöffel Chilipulver dazugeben.
6. Die Kidneybohnen abtropfen lassen und mit dem Zauberstab schön glatt pürieren.

7. Als Nächstes kann man nun den Teig zu Pfannekuchen-ähnlichen Fladen ausrollen und ihn dann mit der Hackfüllung füllen – nicht zu viel, damit die Burritos nicht überquellen. Dazu kommen frische, in Scheiben geschnittene Tomaten, der Mais, die Kidneybohnenpampe, die Guacamole und hochachtungsvoll der Käse. Das Ganze zu einer bettwurstähnlichen Rolle formen und die Burritos in der Pfanne – bei kleiner Hitze – beidseitig anbraten!
8. Zum Schluss wird auf das leckere argentinische Füllhorn ein frischer Klecks Schmand und etwas Koriander gestreut. Der heiße Burrito wird dadurch blitzartig auf Esstemperatur runtergekühlt. Ein Gaúcho hat nämlich wenig Zeit ...

- Pep it like a Gaúcho: Wer es richtig, richtig, richtig scharf mag, der kann noch mit Tabasco peppen!
- Filmtipp zum Essen: „Evita is a Punk-Rocker! – A Celluloid Suckers Story": 1-2-3-4 Jungs aus Wuppertal streifen sich schwarze Perücken und Lederjacken über und fahren dorthin, wo ihre Idole noch immer wie die BEATLES verehrt werden und nicht umsonst ihr legendäres Abschiedskonzert gaben: 1996 vor 50.000 Zuschauern im River-Plate-Stadion. Der Film zeigt, was passiert, wenn die Mitglieder einer deutschen RAMONES-Coverband ein Jahrzehnt später nach Südamerika reisen und drei Konzerte vor den größten RAMONES-Fans des Universums spielen.

homemade seitan

von Chuck, GIT SOME
THE POGUES „Rum Sodomy And The Lash"

First get these spices together:
- 2 tbsp onion granules
- 1 tbsp sage
- 4 tbsp garlic granules
- 2 tbsp paprika
- 1 tbsp basil
- 2 pinches rosemary
- 1 teaspoon chili powder
- 1 teaspoon sesame seeds (black ones are the best)

In a giant bowl, mix that stuff into 4 cups of gluten flour and set it aside.

Take a big-ass pot, really big, and put in:
- 7-8 cups of vegetable stock
- 4 tbsp tamari (light soy sauce)
- 10-20 fresh ginger slices
- 3 tbsp sesame oil

Put the pot over medium heat.

Now back to the bowl full of spices and flour. You will need:
- 2 1/2 cups of vegetable stock
- 4 tbsp tamari
- 2 tbsp sesame oil

Mix all liquid ingredients in a bowl. Slowly pour them into the flour/spice mixture. Use a wooden spoon to mix it; mix it until you can't use the spoon anymore. Then use your hands and knead the dough about 30 times; it should be really glutenous and sticky. Leave it in the bowl. Once the big-ass pot boils, turn the heat down low. Cut up the gluten with a knife into 4 or 5 chunks and put them in the pot. Simmer it under low heat (not too low. just don't boil it!) and let it simmer for about 3 to 4 hours. Shut off the heat and let the gluten cool in its juice. Now it's ready to be cooked however you like. Cut it up into small chunks for stir fry, use a cheese grater and make tacos or put it on pizza, whatever. you name it ... go crazy!

marinierter tofu

von Kerstin (Rezept) und Olli (Musik)
MEATMEN „Meatmen stomp"

- 1 Block Tofu
- 2 EL Sojasauce
- 2 EL Obstessig
- 2 EL Olivenöl
- 2 EL Tomatenmark oder Ketchup
- Pfeffer

Einen Block Tofu in große Würfel schneiden. Aus Sojasauce, Obstessig, Olivenöl, Tomatenmark oder Ketchup und etwas Pfeffer eine Mariande anrühren. Die Tofuwürfel mindestens eine Stunde darin marinieren und anschließend in der Pfanne mit wenig Olivenöl braten oder als Grillspieß grillen.

spaghetti sojagnese

für 4-5, von Reimut van Bonn,
LONG DISTANCE CALLING
ISIS „Panopticon"

- 500 g Vollkornspaghetti
- 1 Packung (150 g) feine Sojaschnetzel bzw. Sojagehacktes
- 500 ml passierte Tomaten
- 2 Dosen Pizzatomaten
- 250 g Cherrytomaten
- 2 mittelgroße Zwiebeln
- 3 Knoblauchzehen
- 1 Packung TK-Kräutermischung
- Aceto Balsamico
- Salz, Pfeffer, Paprika, Curry
- Olivenöl
- frischer Parmesan

1. Das Sojazeug nach Packungsanweisung mit kochendem Wasser übergießen, Gemüsebrühe hinzufügen und 10 Minuten ziehen lassen.
2. In der Zwischenzeit die Zwiebeln schälen und in fingernagelgroße Würfel schneiden.
3. Die Sojaschnetzel abgießen, kräftig ausdrücken und anschließend in einer heißen beschichteten Pfanne mit reichlich Olivenöl anbraten. Immer wieder wenden.
4. Wenn die Schnetzel Farbe bekommen Zwiebeln, Curry und Paprikapulver hinzufügen und weiterbraten.
5. Wenn die Schnetzel richtig Farbe bekommen haben, werden die kleingewürfelten Knoblauchzehen (schneiden, nicht drücken!) hinzugefügt. Das Ganze in drei Zügen mit Balsamico ablöschen und mit Salz und Pfeffer würzen.
6. Nun werden die passierten Tomaten in mehreren Zügen hinzugegeben. Immer wieder einkochen lassen. Nach einiger Zeit die Pizzatomaten hinzugeben, einkochen lassen.
7. In der Zwischenzeit die Spaghetti al dente kochen und nach dem Abgießen in Olivenöl schwenken.
8. Wenn die Sojagnese eine dickflüssige Konsistenz erreicht hat, werden die geviertelten Cherrytomaten und die Kräutermischung in die Sauce gegeben. Mit Salz und Pfeffer kräftig abschmecken (Nudeln ziehen viel Würze aus der Sauce).

- Das Ganze auf einem Teller mit frisch gehobeltem Parmesan anrichten.

oven roasted mango tofu over purple rice

von Kurt, CONVERGE
While cooking this, it's a good idea to listen to a mix tape made of songs from MEATLOAF, BREAD, LARD, CAPTAIN BEEFHEART, HUMBLE PIE, THE RED HOT CHILI PEPPERS and VEGAN REICH.

CONVERGE likes lots of different foods. Every day is a culinary adventure in my kitchen. I don't use recipes very often, but here's a guess at the recipe of what I made today.

- 1/2 cup black rice (or rice of your choice)
- 1 block tofu
- 1 mango
- 1 bell pepper
- 1 hand full of green beans
- 1/2 car rot
- 2 cloves of garlic, finely minced
- 2 thai chilis (or 1 jalapeno), seeded and diced
- 2 tbsp chopped garlic (or some powdered garlic)
- 2 tbsp peanut oil
- 1 tbsp rice vinegar (or other vinegar that isn't balsamic)
- 2 tbsp maple syrup (or honey if you prefer bee vomit)
- 1/3 cup vegetable broth
- 1/3 cup orange juice
- lime juice
- allspice
- salt
- black pepper
- crushed red pepper
- 10 chives

1. You are first going to make a marinade for the tofu. It's a good idea to do this the night before or the morning of the meal so that the tofu can absorb most of the marinade. To make the marinade, saute in a medium saucepan the garlic, ginger, and chilis for a few minutes on medium heat. Don't burn the garlic or the oil. If you do, start over. Chop half of the mango into cubes and add it, the vegetable broth, and the maple syrup and simmer it for 20 minutes or so.
2. Press the water out of the tofu, then slice it how you like it. Saute that in a bit of vegetable oil over medium heat. You can add a bit of onion if you like. The purpose of this is to slightly brown the tofu and to dry it out and make it chewier, so cooking slowly is the key.
3. Remove the marinade from heat and pour it into a blender. Add orange juice, vinegar, a few squirts of lime juice, and pinches of salt, pepper and allspice. Blend until smooth.
4. Put tofu in a 9 x 9" baking pan, pour 1/2 the marinade over it, cover it with plastic

wrap, and put it in the refridgerator until you're ready to cook the rest.
5. Follow the directions on the rice package to prepare the rice. Rice usually cooks better when you make a big batch, so it's good to make rice for a few days all at once. The rice will turn purple once cooked.
6. Once the rice is started, preheat the oven to 190 °C. When the oven is ready, uncover the marinaded tofu and bake it for 25 minutes.
7. While the tofu is baking, cut off the ends of the green beans, chop up the chives, and slice the rest of the mango, carrots and peppers into thin strips. Add all of this stuff to the tofu after the tofu has baked for 25 minutes and pour the rest of the marinade on top. Shake some red pepper on top then bake for another 10 minutes or until the vegetables are cooked but still crispy. Let it cool for 5 minutes then serve over rice. Keep some lime juice on the side to reduce the spiciness if it's too hot.

toeuf bourguignon
von Christoph, DENY EVERYTHING
Beim Kochen: „Navy Seals Theme" (dann geht das alles ein bisschen schneller)
Beim Essen: LATTERMAN
„No Matter Where We Go"

- 1 Packung Soja-Chunks
- Gemüsebrühe
- Gyros-Gewürzsalz (Obacht! Glutamat-Falle)
- 250 g Pilze
- 1 Zwiebel
- 2 große Gläser Rotwein
- 1 großes Glas Wasser
- 1 EL Mehl
- 2 Lorbeerblätter
- 1 Zweig Rosmarin
- Zucker, Salz, Pfeffer

1. Die Soja-Chunks in stark gewürzter Gemüsebrühe 15 Minuten kochen. Die Brühe abgießen und das restliche Wasser aus den Chunks pressen, damit sie nicht so vollgesogen sind. Dann mit dem Gewürzsalz ordentlich würzen und in einem großen Topf mit jeder Menge Öl scharf anbraten.
2. Nebenbei die Zwiebel würfeln und die Pilze je nach Größe halbieren oder vierteln.
3. Wenn die Chunks gut angebraten sind, die zerkleinerten Pilze und die Zwiebelwürfel hinzugeben und ca. 2 Minuten weiter braten.
4. Das Ganze mit dem Rotwein ablöschen. Das Mehl mit dem Wasser verrühren und darauf achten, dass keine Klümpchen entstehen. Das Mehlwasser in den Topf geben. Die Menge von Wein und Wasser kann beliebig variiert werden, je nachdem, wie viel Sauce man mag. Das Verhältnis von Wein zu Wasser sollte allerdings immer 2:1 betragen.
5. Zum Schluss die Lorbeerblätter, den Rosmarin und etwas Zucker hinzugeben und ordentlich mit Salz und Pfeffer würzen. Mindestens 15 Minuten kochen lassen, bis die Sauce etwas eingedickt ist. Fertig!

- Wie es sich für ein ordentliches Winteressen gehört, wird das Ganze mit Kartoffelknödeln und Rotkohl serviert. Man kann das aber auch als Pastasauce benutzen.

vegetarisches labskaus
für 4, von Mole, NO LIFE LOST

Eigentlich ist Labskaus ein Reste-Essen, das früher auf See, wenn alle frischen Vorräte aufgebraucht waren, aus lange haltbaren Lebensmitteln zusammengestoppelt wurde, also aus Kartoffeln, Pökel- oder Dörrfleisch und Zwiebeln. Zum modernen Labskaus gehören noch je nach Geschmack Salz-oder Gewürzgurken und Rote Bete und obendrauf ein Spiegelei und ein Rollmops. Dass Labskaus Fisch enthält, ist ein Gerücht, dass sich hartnäckig unter Nicht-Fischköppen hält. Das Schöne am Labskaus ist, dass es „rinn wie rutt" aussieht, d.h. wenn man einer alkoholbedingten Unpässlichkeit erliegt, verändert sich nichts großartig. Praktisch ist auch, dass man sich das Kauen sparen kann. In Anbetracht der immer größer werdender Anzahl bewusster Esser, die sich entschieden haben, kein Fleisch mehr zu essen, habe ich im Rahmen der Record-Releaseparty meiner Band NO LIFE LOST mit „Noisy Cooking" (www.noisy-cooking.de) eine vegetarische Variante entwickelt und mit Erfolg getestet. Lässt man das Ei weg, ist es auch für Veganer eine leckere Abwechslung.

- 1 Gemüsezwiebel
- 400 g Räuchertofu
- 1 kg überwiegend festkochende Kartoffeln
- 3 EL Rapsöl zum Braten
- 0,25 l Wasser
- Salz
- 1 TL Gemüsebrühe
- 1 Lorbeerblatt
- 2 Gewürzgurken
- 1/2 Glas rote Bete
- Zucker, Kräuteressig, mittelscharfer Senf, Pfeffer
- 4 Spiegeleier

1. Zwiebel schälen und in feine Würfel, Tofu in große Würfel schneiden. Kartoffeln schälen, waschen und in Würfel schneiden.
2. Öl erhitzen, Zwiebeln und Tofu darin anbraten. Wasser, Kartoffeln, Salz, Gemüsebrühe und Lorbeerblatt zugeben, aufkochen, 15 Minuten bei mittlerer Hitze weiterkochen und 5-10 Minuten in der Nachwärme ziehen lassen. Alles grob zerstampfen. Gurke und rote Beete hacken und unterheben. Mit Zucker (ca. ein Teelöffel), Essig (ca. ein bis zwei Esslöffel), Senf (ca. ein bis zwei Esslöffel) und Pfeffer abschmecken.
3. Bergartig portionsweise anrichten und mit einem Spiegelei bedecken.

„hühner"-frikassee
von Kerstin (Rezept) und Olli (Musik)
CHICKS ON SPEED „We don't play guitars"

thai-soja-schnetz
für 2, von Christian Meiners
FIREWATER „The Golden Hour"

- 1 Dose „Mock-Duck" bzw. „Mock-Chicken" gut abtropfen lassen (Seitanstücke in Geflügeloptik, gibt es im Asialaden)
- 1 EL Mehl
- 2 EL Sonnenblumenöl oder Margarine
- 100 g weiße Champignons, in feine Scheiben geschnitten
- 100 g Spargelspitzen oder Spargelstücke
- 100 g frische grüne Erbsen
- 1 Lorbeerblatt
- 2 Gewürznelken
- 100 ml Weißwein
- 400 ml Spargelsud (aus Spargelschalen und -abschnitten gekocht) oder Gemüsebrühe
- 2 gehäufte EL Mehl
- 1 Becher Sahne oder Sojasahne
- 1 TL Thymian
- je 1 Prise Zucker und Kurkuma
- Salz, Pfeffer, Muskat
- Zitronensaft und -schale

1. Die abgetropften Seitanstücke in etwas Mehl wenden und im Fett leicht anbraten.
2. Das Gemüse mit dem Lorbeerblatt und den Nelken dazugeben und kurz mit andünsten.
3. Mit Weißwein ablöschen, aufkochen lassen und den Spargelsud bzw. Gemüsebrühe hinzufügen. Etwas Brühe übriglassen, darin die zwei Esslöffel Mehl auflösen und zur Sauce geben.
4. Nochmals aufkochen lassen und den Thymian hinzugeben. Zum Schluss mit den übrigen Gewürzen abschmecken.

- Dazu passt Reis.

- etwa 75 g Soja-Schnetzel (Fein oder grob? Reine Geschmacksache!)
- 1 Zwiebel
- 1 Knoblauchzehe
- 1/2 EL Ingwerpulver
- 1/2 EL Korianderpulver
- 1/2 TL Zimt
- 1/2 TL Kümmel
- 1 Dose dicke Kokosmilch
- 2 TL Instantgemüsebrühe
- 1-2 EL Tomatenmark
- Salz, Pfeffer, Zucker
- Zitronensaft
- Chiliflocken

1. Soja-Schnetzel nach Packungsanweisung zubereiten und anschließend in einer Pfanne, in der schon das erhitzte Olivenöl der Dinge harrt, scharf anbraten.
2. Zwiebeln würfeln, Knoblauch hacken und beides hinzu. Kurz warten, bis die Zwiebeln glasig sind, und dann etwas Platz auf dem Pfannenboden schaffen.
3. Jetzt muss es schnell gehen: Ingwer, Zimt, Koriander und Kümmel in Häufchen auf die freie Fläche streuen und kurz anbraten – aber nicht zu lange, sonst werden sie bitter! Dann die Pfanne schwenken und Gewürze gut verteilen.
4. Anschließend Kokosmilch und Sahne reinschütten, Brühe unterrühren.
5. Tomatenmark rein und verrühren, bis die Sauce eine ansprechende orangebraune Farbe hat.
6. Mit Salz, Pfeffer, Zucker, Zitronensaft und Chiliflocken abschmecken. Fertig.

- Dazu passt Basmatireis.

„steak" (and ale) pie

für 6, von Isy und Mike, den Autoren des grandiosen veganen Koch- und Infobuches „Another Dinner is Possible!" (www.eco-action.org/teapot)
FALL OF EFRAFA „Owsla" oder Bruce Springsteen „Greatest Hits"

Es handelt sich um einen Pie, dessen Füllung hautsächlich aus Sojahack besteht. Das kann natürlich auch ersetzt werden durch marinierten Tofu, Seitan, Tempeh oder auch Wurzelgemüse.

- 2 Zwiebeln
- 2 Selleriestangen
- 1 Knoblauchzehe, gehackt
- 200 g Austernpilze
- 2 EL Pflanzenöl
- 450 g Sojaschnetzel, für 20 min in heißem Wasser eingeweicht, oder Tofu ... oder aber 1,5 kg Wurzelgemüse wie Möhren, Kartoffeln, Rüben und Kürbis
- 1 TL Thymian
- 1 TL Majoran
- 900 ml vegane Bratensauce oder Ale (dunkles Bier, am besten Guiness) oder ein bisschen von beidem
- 2 EL Sojasauce
- Salz und Pfeffer
- 1 EL Balsamico-Esssig
- 400 g Blätterteig, aufgetaut
- Sojamilch für die Glasur

1. Als Erstes den Ofen auf 220 °C vorheizen.
2. Zwiebeln schälen und in Scheiben schneiden. Die Pilze mit einem feuchten Lappen abreiben und in kleinere Stücke schneiden. Die Selleriestangen in dünne Scheiben schneiden. Für den Fall, dass ihr das Wurzelgemüse statt dem Sojazeug nehmt, dieses waschen, schälen und in mundgerechte Stücke schneiden.
3. Das Öl in einer großen, tiefen Pfanne erhitzen und die Zwiebeln darin andünsten. Nach ein paar Minuten Knoblauch und Sellerie dazu und nach weiteren 5 Minuten die Pilze rein.
4. Nochmal 5 Minuten später gebt ihr die ausgedrückten Sojaschnetzel oder das entsprechende Äquivalent zusammen mit den Kräutern dazu. Auf kleiner Flamme ca. 5 Minuten mitbraten. Zum Schluss kippt ihr jetzt noch die Flüssigkeit in die Pfanne, bringt sie zum Kochen und lasst alles 15 Minuten leicht köcheln.
5. Zum Schluss ist das Abschmecken dran. Je nachdem, wie salzig das Ganze schon ist, etwas Sojasauce, Balsamico-Essig und Salz und Pfeffer dazu. Hier erstmal lieber vorsichtig rantasten; nachsalzen kann man immer.
6. Die fertige Mischung in eine tiefe Auflaufform von der Größe 30 x 25 cm, geben. Wenn du Zeit hast, lass das Ganze jetzt etwas auskühlen. Dann aus dem Blätterteig den „Deckel" für die Auflaufform ausrollen. Auf die Füllung legen, etwas an den Seiten andrücken, Ecken abschneiden und mit etwas Sojamilch bestreichen. Zum Schluss in der Mitte ein Loch ausstechen, damit der Dampf entweichen kann.
7. Ab damit in den Ofen und 30 Minuten backen, bis der Blätterteig etwas hochgekommen und die Oberfläche schön goldbraun ist.

- Serviert den Pie mit Bratensauce, Kartoffelpüree und gedämpftem grünem Gemüse als Beilage.

szegediner gulasch

für 2 sehr hungrige Mäuler, die jeder dreimal Nachschlag holen, oder 4-6 normale Esser, von Juliane Schulz
KILLING THE DREAM

- 125 g Sojageschnetzeltes
- Wasser
- Gemüsebrühe (Pulver)
- 1 Zwiebel
- mind. 1 Knoblauchzehe
- etwas Öl
- 1/2 Tube Tomatenmark
- 1 Büchse Weinsauerkraut (770 g Abtropfgewicht)
- ganz viel Curry, nach Belieben Kümmel, Pizzagewürz, Pfeffer, Chili, Salz, Paprikagewürz

1. Das Sojageschnetzelte mit reichlich gekochtem Wasser und Gemüsebrühe aufgießen und ca. 15 Minuten ziehen lassen, bis das Geschnetzelte weich ist.
2. In der Zwischenzeit in einer großen Pfanne (am besten Wok) oder einem großen Topf die kleingehackte Zwiebel und den Knoblauch anbraten.
3. Danach die Gemüsebrühe mit dem Geschnetzelten durch ein Sieb geben. Die Gemüsebrühe dabei auffangen. Das leicht ausdrückte Sojageschnetzelte zu den Zwiebeln und Knoblauch geben und mit anbraten.
4. Danach mit der Gemüsebrühe ablöschen. Das Tomatenmark dazugeben und gut verrühren.
5. Nun das abgetropfte Sauerkraut dazugeben und ebenfalls gut verrühren. Jetzt kann nach Belieben gewürzt werden, bis der Gulasch feurig würzig und leicht säuerlich (durch das Sauerkraut) schmeckt. Noch ein paar Minuten köcheln lassen und fertig!

- Dazu passen perfekt Klöße oder Knödel.

spaghetti bolognese

für 4, von Tom-Eric & Diana Moraweck, MAROON
Langsam kochen, damit ihr euch jeden einzelnen Song von Morrissey anhören könnt!

- 1-2 Packungen Nudeln (egal welche)
- 500 g Tofu (Ihr könnt auch wahlweise feines Sojagranulat nehmen, das es in jedem Supermarkt gibt, und dann einweichen und genauso mit der Zwiebel anbraten wie unten beschrieben. Wir empfehlen aber dringend Tofu.)
- 1 große Zwiebel
- 450 ml Ketchup
- 100 g getrocknete Kidneybohnen (oder eine 1/2 Konservendose)
- 100 g tiefgekühlte Erbsen (oder eine 1/2 Konservendose)
- Mehl für Mehlschwitze (3-5 Löffel, je nachdem, wie viel Sauce ihr wollt)
- Wasser
- 3 EL Margarine
- 1-2 TL Zucker
- 1 TL Salz

Gourmetvariante (siehe oben, plus):
- 100 ml Soja-Cuisine
- 10 g TK-Kräutermix
- ein wenig frische Peperoni (je nach Schärfe-Wunsch)

Ein Tipp bevor ihr loslegt: Wer getrocknete Kidneybohnen verwenden möchte, sollte diese über Nacht in ausreichend Wasser quellen lassen und anschließend weich kochen. Wer tiefgekühlte Erbsen nimmt, sollte die so eine Stunde vorher auftauen lassen und dann schon früher in die Sauce schmeißen, damit die auch weich werden. Fangt am besten chronologisch mit der kompletten Morrissey-Diskografie an, das heißt ihr legt jetzt die „Suedehead"-MCD (nehmt die CDs, die braucht ihr nicht umdrehen!) ein und fangt an.

1. Einen großen Topf voll Wasser mit dem Salz zum Kochen bringen
2. Wenn das Wasser kocht, die Packung Nudeln dazugeben und unter geringer Wärmezufuhr köcheln lassen. Ab und zu umrühren. Nun am besten erst einmal CD wechseln, denn die „Suedehead" könnte schon zu Ende sein. Also jetzt die „Viva Hate" reinpacken und weiter geht es.
3. Die Zwiebel nehmen und in kleine Stücke schneiden, dann den Tofu mit einer Gabel zerquetschen, so dass kleine Bröckchen entstehen. Das ganze mit einem Esslöffel Margarine in einer Pfanne anbraten, bis der Tofu goldbraun ist.
4. Einen neuen Topf für die Sauce nehmen. Darin die Margarine zerlaufen lassen und mit einem Schneebesen das Mehl unterrühren (Mehlschwitze). Nach und nach Wasser und Ketchup hinzugeben und so lange verrühren, bis die gewünschte Menge und Konsistenz da ist. Wenn ihr euch vorher noch nicht ganz sicher seid, wie viel Sauce ihr machen wollt, dann macht es am besten so: Nehmt irgendein Gefäß, das ca. 1 l fasst und das man oben dicht verschrauben kann. Das füllt ihr zu Dreiviertel mit Wasser und gebt 5 gehäufte Esslöffel Mehl dazu. Jetzt zuschrauben und wie einen Cocktail schütteln, bis keine Klümpchen mehr zu sehen sind. Jetzt gebt ihr immer Wasser, Ketchup und Mehlschwitze in den Topf, bis ihr genug habt.
5. Die Grundsauce steht nun. Jetzt Tofu mit den Zwiebeln, Kidneybohnen und die Erbsen dazugeben und mit Salz und Zucker abschmecken. In der Zwischenzeit müssten auch die Nudeln soweit sein und ihr könnt essen!

Zum Essen könnte schon wieder eine neue CD fällig sein. Damit ihr nicht ständig aufstehen müsst, lasst am besten die ganzen MCDs weg (obwohl ihr dann einige geniale B-Seiten verpasst) und legt die „Bona Drag"-Compilation ein. Nach dem Essen so lange in der Küche bleiben, bis ihr alle Morrissey-CDs geschafft habt. Ihr könnt ja nebenbei abwaschen und aufräumen.

Die Gourmet-Version:
6. Nehmt die gekochten Nudeln und bratet sie in einer großen Pfanne mit etwas Margarine und ein paar frischen Kräutern (am besten zerhacktem Basilikum) kurz an.
7. Zur fertigen Sauce gebt ihr nun noch das Soja-Cuisine, den Kräutermix und die Peperoni hinzu. Nochmal kurz erhitzen und fertig.
8. Nudeln auf den Tellern verteilen, Sauce drüber und das große Fressen kann beginnen!

• Am besten mit vielen Freunden kochen und dann ganz viel Sauce machen! Geht schnell und einfach und man kann viel variieren, und vor allem schmeckt es auch aufgewärmt noch mal gut (bis auf die Nudeln, da sollte man neue kochen)!

tofu paniert
von Uschi & Joachim
BURIAL „Untrue"

Eine völlig fantastische Art, Tofu simpel und lecker zuzubereiten!

- 1 Block Tofu natur
- Senf deiner Wahl
- Salz
- etwas Paniermehl
- Bratöl

1. Einfach den Tofublock in ca. 7 mm dicke Scheiben schneiden und alle Seiten sehr großzügig mit Senf bestreichen. Etwas salzen, wer mag. Dann Paniermehl auf einen Teller kippen und die Tofuscheiben darin wenden. Ja, ich weiß, das ist ein bisschen Sauerei an den Fingern, aber egal.
2. Großzügig Öl in einer Pfanne erhitzen und den Tofu darin schön goldbraun brutzeln. Mir läuft jetzt schon wieder das Wasser im Mund zusammen!

- Passt perfekt zu Kartoffelsalat.
- Das Paniermehl kann mit diversen Kräutern und Gewürzen zusätzlich aromatisiert werden.

veggie-mett
von André Bieler
BUBONIX „Free love on Rügen" vom Album „Please Devil Send Me Golden Hair"

Ein Gericht, in dem Reiswaffeln ausnahmsweise genießbar sind! Reiswaffeln sind für Joachim und mich der Inbegriff für drögen, gesunden Hippiefraß, den kein normaler Mensch freiwillig isst. Aber wir sind ja lernfähig ... Uschi

- 1 Zwiebel
- 1 Knofizehe
- 10 Scheiben Reiswaffeln
- 3-4 EL Tomatenmark
- Paprikapulver
- Chilipulver
- Salz, Pfeffer
- 1 Flasche Bier

1. Zwiebel ordentlich klein schneiden.
2. Das Gleiche machen wir mit dem Knofi und kippen beides in eine Schüssel.
3. Nun wenden wir uns den Reiswaffeln zu. Wir weichen jede Scheibe einzeln unter heißem Wasser auf, drücken sie dann ein wenig aus, fummeln den Kram in kleine Stückchen und geben den Pamps dann zu der Zwiebel und der Knofizehe.
4. Anschließend manschen wir das Tomatenmark mit dazu.
5. Dann mit Paprika- und Chilipulver würzen.
6. Immer schön weiter manschen (sollte es ein wenig zu trocken sein, einfach einen Schuss Öl dazu).
7. Mit Salz und Pfeffer abschmecken und fertig ist der Lack.
8. Das Ganze auf ein Brötchen schmieren, Zwiebelringe drauflegen und das Bier öffnen.
9. Brötchen essen, Bier trinken.

- Mit etwas Semmelbröseln zur Konsistenzverbesserung können aus dem Veggie-Mett auch fantastische Klopse gebraten werden.

griechischer auflauf

für 4, von Uschi und Joachim
THE SOUNDTRACK OF OUR LIVES
„Communion"

- 100-120 g Sojahack oder Sojaschnetzel fein
- Gemüsebrühe instant
- 200 g Kritharaki (Nudeln, die aussehen wie Reis; gibt's beim Türken um die Ecke)
- 1 große Dose Tomaten
- 1-2 EL Tomatenmark
- 1 Zucchini
- 1 Aubergine
- 1 Zwiebel
- 2-3 Knoblauchzehen
- 1 TL Oregano
- 1 TL Fenchelsamen
- 1/2 TL Paprika
- 1/2 TL Zimt
- Olivenöl
- Salz und Pfeffer
- Ouzo

1. Als erstes weicht ihr das Sojahack in der kochenden Gemüsebrühe ein, die gerne etwas konzentrierter sein darf und lasst das Ganze 10 Minuten einweichen.
2. In der Zwischenzeit macht ihr euch schon mal an da Gemüse: Zwiebeln und Knoblauch fein würfeln, Zucchini und Aubergine waschen, vierteln und in nicht ganz dünne Scheiben schneiden.
3. Großen Topf im Schrank suchen, Olivenöl rein und Zwiebeln und Knoblauch darin anbraten. Das fertig gequollene Sojahack etwas ausdrücken und zu den Zwiebeln geben, ein paar Minuten anbraten und dann das geschnibbelte Gemüse dazugeben. Schön durchrühren und etwas mitbraten lassen.
4. Soll das Timing stimmen ist es jetzt an der Zeit, das Nudelwasser für die Reisnudeln aufzusetzen.
5. Tomatendose öffnen, Saft in den Topf kippen, die ganzen Tomaten etwas zerkleinern und auch in den Topf geben. Alles gut durchrühren.
6. Fenchelsamen mit Hilfe eines Mörsers zerquetschen. Habt ihr so'n Teil nicht in eurem Küchenschrank, tut es sicher auch ein Pflasterstein. Alle Gewürze und Tomatenmark in den Topf schmeissen, Salz, Pfeffer und 1-2 TL Gemüsebrühepulver dazu und lecker verrühren. Deckel drauf und 15 Minuten blubbern lassen.
7. Spätestens jetzt müssen die Nudeln ins Wasser, sonst wird das nix. Kurz vor al dente abgießen und zum Hackgemüse geben. Gut verrühren und nochmal ca. 5 Minuten ziehen lassen. Deckel runter, probieren und evtl. etwa nachwürzen.

- Kann man gut am nächsten Tag nochmal aufwärmen, indem man einfach alles in eine Auflaufform packt und (Schafs-)Käse obendrüber macht.
- Ideales Futter für eine größere Menschenansammlung.
- Ouzo dazu ist Pflicht!

tofu mit gemüseallerlei

für 4, von Katrin Dißelhorst
BISHOP ALLEN „Grrr ..."

- 4 Frühlingszwiebeln
- 150 g Pilze
- 2 Stangen Staudensellerie
- 2 Möhren
- 100 g Zuckerschoten
- 100 g Broccoli

- ca. 400 g Tofu (gerne Räuchertofu)
- 1 kleine getrocknete Chilischote
- ca. 3 cm Ingwer (1 TL voll)
- 2 EL Honig oder Agavendicksaft
- 3 EL Sojasauce
- 3 EL Aceto Balsamico
- 4 cl Sherry oder Marsala
- 5 EL Erdnussöl
- Pfeffer und Salz
- frischer Koriander

1. Das Gemüse putzen und waschen. Frühlingszwiebeln, Pilze, Staudensellerie und die geschälten Möhren in sehr dünne Scheiben schneiden. Von den Zuckerschoten die Enden abknipsen und den Broccoli in kleine Röschen teilen. Den Tofu in 1 cm dicke Scheiben schneiden.
2. Das Öl in einem Wok oder in einer hochwandigen Pfanne erhitzen. Das Gemüse darin portionsweise unter ständigem Rühren je etwa 4 Minuten anbraten, dann herausnehmen.
3. Dann unter weiterem Rühren die Tofuscheiben anbraten und mit Salz und Pfeffer, zerstoßener Chilischote und kleingeschnittenem Ingwer würzen. Mit Honig beträufeln und mit Sojasauce, Aceto Balsamico und Sherry aufgießen.
4. Gemüse und Tofu vermischen. Alles bei starker Hitze kurz kochen lassen und nach Belieben mit etwas Koriandergrün bestreut servieren.

- Dazu passt Reis.

schneller gekocht als gekauft

backofenpommes-pfanne

Grundrezept für 1 Person, von Mingo Leidinger, SEASICK PANZERKNACKER AG „Deospray"

Da ich ein Pommes-Fan bin, aber so 'nen Schnickschnack wie einen Backofen oder eine Fritteuse nicht habe, mache ich alles auf meiner zweiflammigen Campinggas-Anlage. So auch die leckere Backofenpommes-Pfanne.

- 1 große Pfanne
- 1/2 Packung Tiefkühlpommes (Backofenpommes)
- 2 Zwiebeln
- 1/2 Knolle Knoblauch
- 1 daumengroßes Stück Ingwer
- 2 Chilischoten
- etwas Pflanzenöl (Distel- oder Olivenöl is the best)
- Gewürze nach Belieben bzw. Vorhandensein

1. Öl in einer Pfanne erwärmen und die Tiefkühlpommes dazuwerfen. Auf kleiner Flamme brutzeln lassen, bis die Pommes aufgetaut sind (dauert nicht lange).
2. In der Zwischenzeit könnt ihr schon mal alles restliche kleinschneiden.
3. Die restlichen Zutaten dazugeben und mehr Gas oder Strom geben. Ständig gut wenden und fertig ist das Grundgerüst.
4. Für noch größere Gaumenfreuden gebe ich immer was dazu, z.B. Mais, Erbsen, Sojakram oder alle Arten von Gemüse; der Experimentierfreude sind keine Grenzen gesetzt. Praktisch alles, was an Dosen, frischem oder Gefrierzeugs vorhanden ist, kann verwendet werden.

Die Frittenform leidet zwar etwas durch die Prozedur, das tut dem Geschmack aber keinen Abbruch. Mahlzeit!

- Das Ox-Kochstudio empfiehlt: Perfekt für Camping, Ferienhaus oder anderweitig eingeschränkte Kochbedingungen, denn dafür kann man auch die eben gekauften, schon angetauten Tiefkühl-Pommes nehmen. Und mehr als eine Flamme braucht man auch nicht.

blitzpasta

von Uschi & Joachim MOJOMATICS

Dass die MOJOMATICS nicht nur tolle Musiker, sondern auch begnadete Köche sind, hat uns Davide bei unserem Besuch in Venedig gezeigt. Diese Pasta wird zwar in bella Italia mit einem speziellen Radicchio gekocht, dem Radicchio Rosso di Treviso, einer lokalen Spezialität, aber mit normalem Radicchio schmeckt's auch.

- 1 kleiner Kopf Radicchio
- 500 g Penne
- 2 Knoblauchzehen
- 1 Becher Sahne
- 1/2 Becher Schmand
- etwas frisch geriebener Muskat
- Pfeffer und Salz
- Olivenöl
- frisch geriebener Parmesan

1. Wie immer zuerst das Nudelwasser aufsetzen.
2. Als Nächstes Knoblauch schälen, eine Zehe in das Kochwasser schmeißen (richtig gelesen!) und eine klein würfeln. Den Radicchio könnt ihr auch

schon mal alle machen. Waschen, dicke weiße Teile rausoperieren, den Rest in mehr oder weniger feine Streifen schneiden.
3. Wenn das Wasser kocht, schmeißt ihr die Penne in das Wasser und kümmert euch danach um die Pampe. Dazu in einen kleinen Topf Sahne, Schmand und den kleingemachten Knoblauch geben. Dezent erwärmen und etwas frisch geriebene Muskatnuss dazu.
4. Gegen Ende der Pastakochzeit kippt ihr den Radicchio bis auf einen kleinen Deko-Rest in die Sahnematsche. Schön durchrühren und mit Salz und Pfeffer abschmecken. Etwas einköcheln lassen.
5. Pasta bissfest abgießen, mit der Sahne-Radicchio-Sauce vermischen, gut Parmesan drüber und mit den übriggelassenen Radicchioschnipseln bestreuen. Yummy!

- Dazu harmonieren sehr gut gehackte Walnusskerne.

wilder reis mit kürbis, kartoffeln und spargel
für 4, von Davide, MOJOMATICS
BOB DYLAN AND THE BAND
„The Basement Tapes"

- 250 g Wildreis-Mischung (z.B. 80 % Basmatireis & 20 % Wildreis)
- 1/4 Hokkaidokürbis oder eine andere Sorte; dann evtl. weniger nehmen, da größer
- 1 Stange Sellerie
- 2 Kartoffeln
- 7 Stangen grüner Spargel
- 1 kleine Zwiebel
- Olivenöl
- 1 TL Curry
- 100 ml Gemüsebrühe

1. Als Erstes schält ihr den Kürbis und entfernt die Kerne und das Gekröse. Anschließend in kleine Würfel schneiden. Kartoffeln ebenfalls schälen und in kleine Würfel säbeln. Zwiebel auch fein würfeln.
2. Spargel und Sellerie sind etwas tricky. Am besten schneidet ihr die quer in größere Stücke und anschließend in schöne Streifen.
3. Bevor ihr mit dem Gemüse weitermacht, setzt ihr jetzt am besten den Reis auf. Dazu die Gemüsebrühe erhitzen, Reis darin 15 Minuten leicht blubbernd kochen lassen und anschließend zugedeckt noch 5 Minuten stehen lassen. Flüssigkeit müsste jetzt restlos aufgesogen sein.
4. Während der Reis blubbert, schwitzt ihr die Zwiebel in etwas Olivenöl und zwei bis drei Esslöffel Gemüsebrühe an. Etwas ungewöhnlich, aber funktioniert. Nach ein paar Minuten Kartoffel- und Kürbiswürfel dazugeben.
5. Nach 5 Minuten dann das restliche Gemüse dazu. Nochmal 3-4 Minuten köcheln lassen. Zum Schluss mit dem Curry würzen und evtl. noch etwas Salz dazu, wenn ihr das braucht.
5. Reis auf vier Teller verteilen und das Gemüse schön drum herum drapieren.

- Es rächt sich bitter, wenn ihr zu faul wart, das Gemüse schön fein zu schneiden. Das wird dann nämlich in der relativ kurzen Kochzeit nicht wirklich fertig.

baggers irritiert
für 2, von Dirk Hess, JOHN Q IRRITATED
JOHN Q IRRITATED „5 Days Of Flat Water"

Superleicht, wenig Kalorien, schnell gemacht und schmeckt ...

- 8 tiefgefrorene Baggers (auch Kartoffelpuffer oder Reibekuchen genannt)
- 1 rote Paprikaschote
- 1 grüne Paprikaschote
- 1 große Zwiebel
- 1 Tomate
- 4 Eier
- Schnittlauch
- Salz, Pfeffer, Öl

Wer die Baggers selbst machen will:
- 500 g Kartoffeln, keine festkochende Sorte, grob gerieben
- 1 Zwiebel, gehackt
- 1 großes Ei
- 1 EL Kartoffelmehl
- Petersilie, gehackt
- Schnittlauch, gehackt
- Salz, Pfeffer, Öl

1. Zwiebeln und Paprikaschoten hauchdünn hobeln. Die Kartoffelpuffer in wenig Fett ausbraten und vier Baggers auf die Teller legen.
2. Spiegeleier braten und die Baggers wie einen Hamburger mit den Schoten, Zwiebeln und Spiegeleiern belegen. Die verbleibenden Baggers aufsetzen, mit Tomatenscheiben und Schnittlauch garnieren.

- Tipp: Ein paar Baggers mehr machen und diese dann als Nachtisch mit Zimt & Zucker oder Apfelmus genießen.
- Baggers selbst machen: Die geriebenen Kartoffeln in einem Tuch ausdrücken und mit den Zwiebeln, Gewürzen, Kräutern, verquirlten Eiern sowie der Kartoffelstärke vermischen. In einer Pfanne mit heißem Öl die Baggers goldbraun ausbacken (ca. 30 Minuten).

easy tomatensauce
von Katha
ABUELA COCA „Mambru"

Da die Tomaten ziehen müssen, kann man dieses Rezept morgens vorbereiten oder während der Wartezeit ein schönes Bad nehmen.
Diese Sauce wird kalt zubereitet: klein geschnittene Tomaten mit Salz, Pfeffer, etwas kleingehacktem Knoblauch und reichlich Basilikum verrühren und mindestens eine Stunde an einen kühlen Ort stellen. Wenn die Tomaten genug Aroma angenommen haben, werden sie mit frisch gekochten Nudeln vermischt – am besten noch im heißen Topf.

- Das Ox-Kochstudio empfiehlt: zum Schluss großzügig Olivenöl drübergeben. Man kann das Ganze auch noch mit gewürfeltem Mozzarella aufsupern.

der schnelle inder
für 2, von Claus Wittwer
THE DWARVES „Blood Guts And Pussy"

kartoffel, quark und leinöl
von Katha
OLLI SCHULZ & DER HUND MARIE „Was macht man bloß mit diesem Jungen"

Normalerweise lege ich ja beim Kochen und bei meinen Rezepten großen Wert auf Bio-Gemüse. Manchmal muss es aber einfach auch mal schnell gehen. Schnell heißt leider meistens satt, aber unbefriedigend. Daher hier mal ein sehr schnelles Rezept, das trotzdem saulecker und in Windeseile zubereitet ist. Ein gut sortierter Gewürzschrank und bevorratete Zutaten sollten Voraussetzung sein.

- 1 Paket Kokosmilch
- 1 Kochbeutel Reis
- 1 Beutel TK-Kaisergemüse (bestehend aus Möhren, Broccoli, Blumenkohl)
- halbes Päckchen gestiftelte oder gehobelte Mandeln
- Butter (Veganer nehmen Olivenöl oder Margarine)
- 1 TL Kreuzkümmelsamen
- Currypulver
- Salz und Pfeffer

1. Kochbeutelreis aufsetzen und in Salzwasser kochen. Große Pfanne stark erhitzen und nach 2 Minuten das komplette tiefgefrorene Gemüse reinschütten, Stück Butter (oder Margerine oder Öl) dabei, etwas Wasser dazu (max. 10 ml) und schon jetzt nach eigenem Maßstab salzen und pfeffern.
2. Nach ca. drei Minuten bei voller Hitze die Kokosmilch drüberschütten, verrühren, Mandeln rein, Kreuzkümmelsamen (vorher schnell gemörsert) dazu, reichlich Currypulver, fertig.
3. Reis auf den Teller, Gemüse daneben, Kokossud über alles. Wer gut in der Zeit liegt, kann die B-Seite jetzt zum Essen hören.

Leinöl ist, um meine Chemielehrerin zu zitieren, das gesundeste Öl, das der Niederlausitzer (aber auch andere Bewohner dieses Planeten) zu sich nehmen kann. Der klassische Einsatz erfolgt im Verbund mit Quark und Kartoffeln. Man sollte allerdings darauf achten, dass man Lausitzer Leinöl kauft, da man in anderen Gegenden Deutschlands vielfach nicht so das Talent für die Leinölherstellung hat. Das Niederlausitzer Nationalgericht eignet sich vorzüglich zur gesunden und preiswerten Speisung kleinerer und größerer Menschenmassen.

- Kartoffeln
- Leinöl aus der Lausitz
- Quark
- Zwiebeln
- Kräuter

1. Die Kartoffeln werden ganz normal als Pellkartoffeln zubereitet.
2. Der Quark dagegen muss getuned werden. Wenn man Zugang zu frischen Kräutern hat – damit meine ich nicht das bedauernswerte Zeug, das im Supermarkt in Töpfen angeboten wird – kauft man neutralen Quark und versetzt diesen zuerst mit den Kräutern. In den selbstgemachten oder gekauften Kräuterquark werden kleingehackte Zwiebeln gegeben, alternativ kann man ein Schälchen voller Zwiebelstücke auf den Tisch stellen.
3. Auf dem Teller werden Quark und Kartoffeln mit dem Leinöl übergossen.

pizza pronto

für 2, von Joachim
REPORT SUSPICIOUS ACTIVITY „s/t"

Auch wenn ich Fußball hasse, so weiß ich doch um die Nöte der Anhänger dieses seltsamen Sports: Die Halbzeit naht, doch hunderte anderer Männer wollen ebenfalls beim Pizzataxi ordern, und so wartet man noch Stunden später ... Also einfach selbst machen, die Zeit in der Küche liegt bei diesem Rezept selbst für Ungeübte bei unter 15 Minuten.

- 1 Packung mit 2 Minipizzaböden zum Fertigbacken (idealerweise die Vollkornvariante aus dem Bioladen), im Zweierpack eingeschweißt, lange haltbar und deshalb immer zur Hand, wenn der Pizzahunger kommt.
- 1 kleines Glas rotes Pesto oder Tomatenmark
- ein paar schwarze Oliven ohne Kerne
- Cocktailtomaten
- Rucola
- Frisch geriebener Parmesan
- Olivenöl
- italienische Kräutermischung, Salz, Pfeffer

1. Ofen auf 180-200 °C vorheizen.
2. Backpapier auf Blech oder Gitter, Pizzafladen drauf verteilen, mit dem Messer das Pesto darauf verstreichen.
3. Cocktailtomaten halbieren, mit der Schnittfläche nach oben auf den Pizzaböden verteilen.
4. Oliven in Scheiben schneiden (oder gleich Olivenscheiben kaufen ...) und ebenfalls auf die Böden.
5. Mit Kräutermischung, Salz und Pfeffer würzen, ordentlich Parmesan reiben (wer das Zeug aus Dose oder Tüte nimmt, der fahre bitte zur Hölle) und drüberstreuen. Ab in den Ofen mit den Dingern! Bis hierhin dürften keine 15 Minuten vergangen sein.
6. Rucolablätter waschen, auf Küchenkrepp trockentupfen, dicke Stiele abknibbeln und nicht so schöne Blätter aussortieren. Kommt erst auf die fertige Pizza!
7. Wenn die Pizzadinger fertig sind, was so ca. 10-15 Minuten dauert, raus aus dem Ofen, auf Teller packen, die Rucolablätter grob zerrupfen und auf die Pizzas verteilen, noch ein paar Tropfen Olivenöl drüber und ab dafür!

- Eine genauso schnelle Variante geht mit Kapern, in Öl eingelegten getrockneten Tomaten und Mozzarella.

bärlauchpesto

für 2, von Uschi & Joachim
CUT CITY „Exit Decades"

- 1 Bund Bärlauch (ca. 50 g)
- 2-3 EL geriebener Parmesan
- ca. 2 EL Pinienkerne
- Olivenöl
- Salz und Pfeffer

1. Bärlauch (heißt angeblich so, weil er für Bären die erste Nahrung nach dem Winterschlaf ist) waschen, abtrocknen und in feine Streifen schneiden.
2. Mixer oder Zauberstab im Küchenschrank suchen. Bärlauch, einen guten Schuss Olivenöl und etwas geriebenen Parmesan schön miteinander durchmixen. Die Konsistenz sollte irgendwo zwischen dickflüssig und breiartig sein. Evtl. nochmal etwas Olivenöl nachgießen. Ordentlich mit Salz und Pfeffer abschmecken.

3. Pinienkerne in einer beschichteten Pfanne leicht anbräunen. Zum Pesto geben und kurz, wirklich nur kurz mixen, denn die Pinienkerne sollten etwas stückig bleiben. Fertig.

- Passt hervorragend zu Spaghetti. Und in einem gut verschlossenen Gefäß mit einer Schicht Olivenöl obendrauf hält sich das Pesto etliche Tage im Kühlschrank.

fenchelpasta
für 2, von Uschi
AMUSEMENT PARKS ON FIRE
„Out Of The Angeles"

- 1 mittelgroßer Fenchel
- 1 kleine Zwiebel
- 1 Knoblauchzehe
- Olivenöl
- 2-3 EL Crème fraîche, evtl. veganes Produkt
- abgeriebene Schale von einer Bio-Zitrone
- 2 EL gehackte Walnüsse
- 1 Handvoll Rucola
- Salz und Pfeffer
- 250 g Penne
- Parmesan, wer möchte

1. Zuerst Pasta-Wasser aufsetzen. Und dann ist wie immer Schnibbeln angesagt: Zwiebel, Knoblauch und den Fenchel fein würfeln. Rucola putzen, waschen und trocken legen. Bevor ihr jetzt so richtig mit Kochen loslegt, setzt ihr aber noch schnell das Pastawasser auf. Darin die Penne al dente kochen, am Ende dem Kochwasser eine Tasse abknöpfen und Nudeln anschließend abgießen.

2. Parallel dazu etwas Olivenöl in einer Pfanne erhitzen und darin Zwiebel und Knoblauch etwas andünsten. Danach die Fenchelwürfel dazugeben, umrühren, Deckel (falls auffindbar) drauf und Fenchel weich werden lassen. Optimal wäre es, wenn Pasta und Gemüse gemeinsam fertig werden.
3. Dann Gemüse, Pasta und ein bisschen Pastawasser entweder im Topf oder in der Pfanne vermischen, Crème fraîche, Zitronenschale, Walnüsse und Rucola dazu und alles gut vermischen. Jetzt noch mit Salz und Pfeffer würzen, fertig! Wer mag, kann noch Parmesan oben drauf geben.

- Dazu passt wie zu allen Pastagerichten Ciabatta und ein Blattsalat.

gefüllte knuspersnacks
von Frau Esche
„Der Teufel ist ein Eichhörnchen"-Tape-Sampler

Für die Füllung:
- 100-150 g Frischkäse der Sorte, die man gerne mag
- 1 TL Zitronensaft
- 1 Frühlingsziebel, in feine Scheiben geschnitten
- Salz und Pfeffer
- so ungefähr 6-8 Scheiben American-Toast (die großen Toastbrotscheiben)

Man kann noch zusätzlich dazugeben:
- ein paar kleingeschnittene, getrocknete, in Öl eingelegte Tomaten
- Olivenstückchen
- Paprikastückchen
- Kapern

Zum Panieren:
- 1 Ei
- Paniermehl
- Fett zum Ausbacken (am besten reichlich Butter mit einem Schuss Öl in die Pfanne geben)

1. Käse, Zitronensaft und Frühlingszwiebel (und evtl. zusätzliche Zutaten) verrühren, ordentlich und mit Schmackes salzen und pfeffern und erstmal beiseite stellen.
2. Von den Toastscheiben die Ränder abschneiden, danach die Scheiben diagonal durchschneiden, so dass Dreiecke entstehen. Die Dreiecke dann mit einem Nudelholz flachrollen. Wer kein Nudelholz besitzt, nimmt einfach eine leere Glaspulle, das geht auch!
3. Auf jedes Dreieck etwas Füllung geben und den Toast dann mit einem anderen Dreieck belegen und gut festdrücken (evtl. mit einer Gabel).
4. Toast in verquirltem Ei wenden, danach in Paniermehl. Dann ab damit in die Pfanne und in reichlich (!) Fett ausbacken.

- Wer möchte, kann auch anstatt Dreiecke Kreise ausstechen. In die Kreise dann die Füllung geben und wie einen Halbmond zusammenklappen und die Enden festdrücken – vom Geschmack ist das aber gehopst wie gesprungen ob Dreieck oder Kreis, es ist halt lediglich eine Frage der geometrischen Vorliebe. Nerd ahoi und guten Hunger!

scharfes gemüsecurry mit mie-nudeln

für 3-4, von Matthias Schmidt
GREEN DAY „Know Your Enemy"

Das Rezept ist eine Eigenkreation, entstanden aus der Situation heraus, dass man beim Einkaufen ist und keinen Plan von einem Rezept hat. Also schnell etwas Gemüse, Nudeln und Kerne einkaufen und ab in den Wok. Die Currypaste sorgt dafür, dass es immer schmeckt, auch wenn man echt verplant ist.

- 1 Packung Mie-Nudeln (die ohne Eier)
- 1 Aubergine
- 300 g Pilze (Shitake sind cool, Champignons bei kleinem Budget)
- 1 Bund Lauchzwiebeln
- 1 Paprika
- 1 TL sauscharfe rote Currypaste (gibt's im Asialaden, aber Achtung: manchmal mit Fischsauce drin)
- 400 ml Gemüsebrühe
- ca. 2 cm Ingwer
- 2 EL Sojasauce
- je 1 EL Pinienkerne und Pistazienkerne (ohne Salz und Schale). Bei kleinem Geldbeutel geht's auch mit Mandelsplittern oder ganz ohne.
- 1/2 EL Saucenbinder
- Salz
- Zucker
- Öl

1. Gemüse waschen/putzen und in kleine Würfel schneiden. Die Lauchzwiebeln mit Grün in Ringe schneiden. Den Ingwer schälen und klein hacken.
2. Wasser im Wasserkocher heiß machen, rein in eine Schüssel, Mie-Nudeln dazu

voms vomlette

von Vom Ritchie
THE BOYS „Sick on you",
M.O.T.O. „Raw Power"

Für 1 Vomlette brauchst du:
- 2 Bio-Eier
- (Soja)Milch
- Salz, Currypulver
- Sonnenblumenöl
- 1-2 Champignons
- 1 kleine Tomate
- weicher Ziegenkäse oder geriebener Hartkäse
- Vollkorntoast, Butter oder Margarine

und ca. 4 Minuten ziehen lassen. Zwischendurch immer mit einer Gabel etwas auflockern, sonst gibt einen Mie-Klumpen.

3. Etwas Öl in die Pfanne, ein klein wenig Zucker dazu und die Kerne kurz anrösten, dann raus auf einen Teller. Die Nudeln hinterher und so lange braten, bis sie leicht braun werden. Pfanne vom Herd und mit den Nudeln stehen lassen.
4. Die Gemüsebrühe mit dem Ingwer, der Sojasauce, Saucenbinder und der Currypaste vermischen. Wer nach dem Motto „Nur die Harten kommen in den Garten" lebt, nimmt zwei Teelöffel Currypaste mehr.
5. Wer einen Wok hat, kann sich jetzt glücklich schätzen, denn in einer Pfanne könnte es eng werden. Rauf auf den Herd, heiß werden lassen, Öl rein. Das Gemüse kurz (2-3 Minuten) anbraten und etwas salzen, dann die Sauce darüber gießen. Alles auf kleiner Flamme ein paar Minuten köcheln lassen und am Schluss die Nudeln hinzu. Wer jetzt keinen Wok hat, weiß, was mit dem Kommentar gemeint ist. Noch 1 Minute köcheln lassen.
6. Wok auf den Tisch, Pinienkerne, Stäbchen dazu und los gehts.

- Als Notfall-Medizin hilft Lassi oder Naturjoghurt mit etwas Minze.
- Schnell in großen Mengen zu kochen, da man das Gemüse vorschneiden kann und das eigentliche Kochen nicht mehr als 5-7 Minuten dauert.

1. Zuerst die beiden Eier in eine Schüssel aufschlagen, aber nacheinander, und jeweils erst eines mit dem Schneebesen verrühren. Keine Ahnung, warum das so ist, aber irgendwie ist die Konsistenz dann smoother. Dann einen Spritzer Milch hinzufügen (Ich nehme ungesüßte Sojamilch, schmeckt genauso gut, und außerdem vertrage ich Milchprodukte nicht) und einen halben Teelöffel Currypulver einrühren. Ich nehme eines, das weder zu scharf noch zu süß ist. Manche Leute halten Curry und Eier ja für eine seltsame Kombination, aber es ist einfach sehr lecker. Der einzige Nachteil: Wenn man zu viel Curry nimmt, regt das die Arschtrompete doch sehr an und das macht dich später auf der Party nicht unbedingt zur beliebtesten Person – aber man kann ja nach der letzten Trompete auch einfach gehen und die Sache jemand anderen ausbaden lassen. Dann noch eine Prise Salz dazu, nochmal umrühren.
2. Jetzt die Champignons in dünne Scheiben schneiden, ebenso die Tomaten. Dann die Pfanne vorheizen – Strom so ca. auf 7, bei Gas auf mitt-

lerer Flamme. Ideal ist eine beschichtete Pfanne, in einer normalen Pfanne braucht es eine dünne Schicht Sonnenblumenöl.
3. Die Eier-Milch-Suppe in die Pfanne kippen und fest werden lassen. Dann auf der einen Hälfte des Vomlettes die Pilz- und Tomatenscheiben verteilen, auf der anderen Hälfte den Käse. Ich habe das auch mal mit abgepackten Leerdamer-Scheiben versucht, aber das sah eher nach geschmolzenem Plastik aus (und schmeckte auch so), also besser bleiben lassen.
4. Deckel auf die Pfanne, aber nicht ganz, so dass der Dampf entweichen kann. Ab und zu den Rand des Vomlettes anheben und schauen, ob da was anbrennt. Lass dem Vomlette Zeit, unnötige Eile (und zuviel Hitze) sorgt nur dafür, dass das Ding anbrennt.
5. Wenn die Unterseite schon braun ist, die Hälfte mit dem Käse auf die Hälfte mit dem Gemüse klappen, damit das aussieht wie eine Pizza Calzone. So vermischt sich der Käse auch sehr schön mit dem Gemüse. Fertig!
6. Auf einen Teller damit und dazu Vollkorntoast mit Butter oder Margarine servieren.

käskartoffeln
für 4-6, von Lissy Götz
VERBAL REVOLT „Gunpowder Plot"

- 1,5 kg Kartoffeln
- 200 g Limburger oder Romadur
- 2 EL Essig
- Salz, Pfeffer
- ca. 200 ml Gemüsebrühe
- 2 Zwiebeln
- etwas Mehl

- Butterschmalz (oder Öl)
- Schnittlauch

1. Pellkartoffeln kochen (am schnellsten geht's im Dampfkochtopf), 10-15 Minuten, je nach Größe der Kartoffeln. Etwas abkühlen lassen, schälen und in nicht zu dünne Scheiben schneiden (kann man mit einem Eierschneider schön hinbekommen).
2. Zwiebeln in Ringe schneiden, in Mehl wenden und wieder etwas abschütteln. Dann im erhitzten Butterschmalz schön braun und kross werden lassen, aber bitte nicht zu braun, denn dann werden die Zwiebeln bitter. Unbedingt regelmäßig umrühren und sich während dieser Zeit nicht vom Herd entfernen; notfalls ein Bierchen zwischendurch trinken (gibt ja mittlerweile übrigens auch leckere alhoholfreie Sorten). Danach auf einem Stück Küchenrolle abtropfen lassen.
3. Schnittlauch in kleine Röllchen schneiden.
4. In einem Topf Brühe erhitzen, Kartoffelscheiben hineingeben und kurz aufkochen lassen. Dann den in kleine Würfel geschnittenen Romadur oder Limburger hineingeben und umrühren. Noch einmal kurz erhitzen, bis der Käse geschmolzen ist (umrühren nicht vergessen – brennt schnell an!), dann auf Teller geben, flüssiges, heißes Butterschmalz und Röstzwiebeln sowie Schnittlauchröllchen darüber geben.

- Dazu schmeckt grüner Salat oder Endiviensalat, Schwarzbrot und natürlich Bier!
- Das Ox-Kochstudio empfiehlt: Noch schneller geht's mit gekochten Kartoffeln vom Vortag.

spaghetti pomodoro e aglio

für 3-4, von Keule, FinestNoise
RESEDA „Cigarette Burns"

- 500 g Spaghetti
- 2 mittelgroße Zwiebeln
- 4 gepresste Knoblauchzehen
- Gemüsebrühe
- 500 ml passierte Tomaten
- 4 Tomaten, geachtelt
- Rapsöl
- 50 ml Rotwein (zum Verfeinern)

1. Zwiebeln in Ringe schneiden, mit etwas Öl in mittelgroßem Topf anbraten. Gleichzeitig Wasser für die Spaghetti aufsetzen.
2. Sobald die Zwiebeln glasig sind, Nudeln in das kochende Wasser, einen Schuß Öl dazu.
3. Passierte Tomaten in den Topf mit den Zwiebeln, einen Esslöffel Gemüsebrühe dazu und mit Salz und Pfeffer abschmecken.
4. Erst als Letztes die geachtelten Tomaten dazu, sonst werden sie zu weich.
5. Knoblauch in die Tomatensauce geben und aufkochen lassen. Als Letztes den Wein dazu, da er ansonsten zu schnell verkocht, dann 2 bis 3 Minuten köcheln lassen.
6. Nudeln vom Herd nehmen, Wasser abgießen, dann den Rest Öl dazu, damit sie nicht verkleben. Mit der Tomatensauce servieren.

- Zu den Spaghetti empfiehlt das Haus einen nicht zu trockenen Rotwein.
- Aufgrund der geringen Kosten ein geniales Bandessen.
- Tipp für Salzabstinenzler: Das Nudelwasser muss nicht gesalzen sein, ein Esslöffel von der Gemüsebrühe hat viel weniger Salz und sorgt für besseren Geschmack.
- Der Rotwein zum Verfeinern der Soße kann hinein, muss aber nicht.

gnocchi mit möhren-ingwer-sauce

von Nadine Maas
Für Softies: KINGS OF LEON „Only By The Night"; Für die Härteren: DILLINGER ESCAPE PLAN „Ire Works"

Geht fix und ist unglaublich beliebt bei nicht-veganem Besuch!

- Gnocchi (selbst gemacht oder aus der Frischetheke)
- Crème fraîche
- ordentlich frischer Ingwer
- ein paar Möhren
- etwas Wasser oder Gemüsebrühe
- Zwiebeln
- Salz, Pfeffer

1. Möhren und Zwiebeln schälen, klein schneiden, Ingwer schälen, reiben und alles in Öl andünsten.
2. Etwas Wasser oder Gemüsebrühe dazu und die Möhren in ca. 10 Minuten mittelweich kochen.
3. Gnocchi in kochendes Wasser schmeißen und ziehen lassen, bis sie oben schwimmen.
4. Jetzt noch Crème fraîche zu den Möhren geben (Menge nach Geschmack und Kalorienbewusstsein), Salz und Pfeffer drauf, noch etwas köcheln lassen.
5. Die ganze Chose mit den Gnocchi mischen und: Voilà!

vegan strogonoff
von Glauce, Hurry Up! Records
HAVE HEART „Songs to Scream at the Sun"

Glauce macht zusammen mit Matteo Hurry up! Records in Dublin, spielt in der brasilianischen Band OVERSTATE und hat einen veganen Blog unter http://foodinmylife.blogspot.com

- 100 g Sojaschnetzel, grob
- Gemüsebrühe zum Einweichen
- 250 g passierte Tomaten
- 1 Würfel Gemüsebrühe
- 1 Knoblauchzehe
- 1 Zwiebel
- 1/2 Päckchen Sojasahne (ca. 125 ml)
- 1 TL Pflanzenöl
- Oregano, Thymian, Rosmarin etc.
- 1 Dose Mais (optional)
- Salz und Pfeffer

1. Als erstes weicht ihr das Sojazeug 20 Minuten in reichlich Gemüsebrühe ein.
2. In der Zwischenzeit könnt ihr Knoblauch und Zwiebel fein würfeln.
2. Schnappt euch jetzt eine Pfanne und erhitzt darin das Öl. Zwiebel- und Knoblauchwürfel dazu und etwas andünsten. Zum Schluss den Gemüsebrühwürfel dazugeben und 20-30 Sekunden mitbrutzeln lassen.
3. Die Sojastücke müssten mittlerweile weich sein. Gemüsebrühe abgießen und das Zeug etwas ausdrücken. Anschließend in die Pfanne geben, ein paar Kräuter dazu und ca. 5 Minuten anbraten.
4. Passierte Tomaten und Mais dazukippen und ein paar Minuten köcheln lassen. Zwischendurch immer mal umrühren. Wenn euch das Ganze zu dick wird oder Sauce fehlt, einfach etwas Wasser dazugeben.
5. Zum Schluss die Sojasahne rein, schön verrühren und nochmal abschmecken.

- Ich mag das Strogonoff am liebsten mit Reis oder Backofenkartoffeln.

brazilian vegan parmegiana
von Glauce, Hurry Up! Records
7 SECONDS „The Crew"

- 2 vegane Bratlinge (fertig gekauft oder selbstgemacht)
- 1 Dose Pizzatoms, passierte Tomaten oder die Reste der letzten selbstgemachten Tomatensauce
- 3 EL veganer Frischkäse
- 250 ml Sojasahne

- Kräuter, z.B. Petersilie, Basilikum, Paprika etc.
- 5-6 mittlere Kartoffeln
- 2 EL vegane Margarine
- 3 EL Sojamilch
- Salz

1. Als erstes schält ihr die Kartoffeln und kocht sie in Salzwasser gar. Herausnehmen und noch heiß entweder mit einem Kartoffelstampfer oder einer Gabel gut zerdrücken. Alles zurück in den Topf und mit Margarine, Sojamilch und Salz gut vermischen, bis eine homogene Kartoffelmasse entsteht. Wer mag, kann das Ganze auch etwas klumpig lassen. Zum Schluss abschmecken.
2. Ofen auf 180 °C vorheizen.
3. Als nächstes verrührt ihr in einer Schüssel den Frischkäse mit der Sojasahne.
4. Jetzt schnappt ihr euch eine Auflaufform und verteilt etwas von der Tomatenpampe auf den Boden und zwar soviel, bis dieser leicht bedeckt ist. Darauf legt ihr jetzt die beiden Burger. Als nächstes folgt das Kartoffelpüree. Schön verstreichen, bis alles in der Auflaufform damit bedeckt ist.
5. Dann die restliche Tomatenpampe darauf verteilen. Das Finish ist der Frischkäsemix, den ihr ebenfalls schön gleichmäßig verstreicht. Wer möchte, kann jetzt noch kleine Scheiben veganen Käse oder veganen Parmesan drauf geben.
6. Ab damit in den Ofen und solange drin lassen, bis die Burger heiss sind. Das dauert ca. 10 min, wenn der Ofen schon richtig vorgewärmt war.

pseudo-asiatische möhren mit reis

für 2, von Dominik Winter
NAPALM DEATH „Time Waits For No Slave"

Dieses Gericht bekommen selbst die größten Kochanfänger hin: Es ist unkompliziert, ebenso schnell fertig wie eine Tiefkühlpizza, als Hauptspeise sowie als Beilage geeignet – und schmeckt auch noch.

- 250 g Reis
- 600 g Möhren
- 1 Knoblauchzehe
- Gemüsebrühe
- Sojasauce
- Currypulver
- Chili (frisch, Pulver oder Sauce)
- Petersilie

1. Zuerst kocht ihr den Reis (ein Teil Reis und zwei Teile Wasser).
2. In der Zwischenzeit Möhren waschen, schälen und in Scheiben schneiden. Anschließend einige Minuten in Gemüsebrühe bissfest kochen und in ein Sieb abgießen.
3. Parallel hackt ihr eine Knoblauchzehe klein. Danach erhitzt ihr etwas Olivenöl in einer Pfanne und röstet darin die vorgekochten Möhren an.
4. Jetzt gebt ihr den Knoblauch und den fertigen Reis hinzu, schmeckt mit Sojasauce und Currypulver sowie – bei Bedarf – etwas Chili (wahlweise frisch, als Pulver oder Sauce) ab und lasst das Ganze noch ein wenig bei mittlerer Temperatur köcheln. Kurz vor dem Servieren noch etwas Petersilie drüberstreuen – fertig.

spaghetti aglio e olio
für 4, von GO FASTER NUNS

- 500 g Spaghetti
- 8 EL Olivenöl
- 3-4 mittelgroße Karotten
- 1 mittelgroße Zucchini
- Knoblauchzehen (Menge je nach Geschmack)
- 2 rote Chilischoten (oder mehr; je nach Geschmack)
- 1 TL Zucker
- Petersilie oder Schnittlauch

1. Die Knoblauchzehen schälen und in dünne Scheiben oder Würfel schneiden. Die Chilis der Länge nach halbieren, entkernen und in dünne Streifen schneiden. Danach die Karotten schälen und mit dem Schäler hauchdünne Streifen von den Karotten und der Zucchini abschälen und erstmal zur Seite stellen.
2. Jetzt die Spaghetti in den Topf mit kochendem Wasser geben und bissfest kochen. Kurz vorher das Öl in einer großen Pfanne bei mittlerer Hitze erwärmen. (Vorsicht: Pfanne darf nicht zu heiß sein, da sonst der Knoblauch anbrennt = Fauxpas! Vorher einfach mit ganz wenig Knofi testen. Politisch korrekt: Knofi darf nicht braun werden, dann passt das!)
3. Den Knoblauch und die Chilis zugeben und erstmal ordentlich ziehen lassen, damit das Öl das Knoblauch- und Chiliaroma aufnehmen kann. Nach ca. 4 Minuten die Karotten und Zucchini zugeben und durchrühren. Nach einer weiteren Minute den Zucker zum Karamelisieren darüberstreuen und das Ganze ziehen lassen, bis die Nudeln fertig sind. Vielleicht auch ein bißchen länger. Macht einfach einen Riechtest!
4. Nudeln aus dem Topf nehmen, abtropfen lassen und in die Pfanne zugeben, ordentlich durchrühren und ca. 2 Minuten ziehen lassen. Auf die Teller verteilen und gut is! Auf dem Teller kann das ganze mit grünen Kräutern garniert werden. Petersilie oder Schnittlauch eignen sich hervorragend!

pommes-penne
für 2, von Uschi
SOUTHPORT „Armchair Supporter"

Dieses leckere Essen widmen wir Thomas vom Fuze Magazine, der Pasta verschmäht und Kartoffeln liebt.

- 250 g Penne
- 2-4 gekochte Kartoffeln
- 1 Knoblauchzehe
- ein paar getrocknete Tomaten (am besten nicht in Öl eingelegte, die gehen zur Not aber auch), kurz in heißem Wasser eingeweicht
- Gemüsebrühe
- Olivenöl
- frische, gehackte Kräuter nach Wahl
- Salz und Pfeffer

1. Als Erstes das Nudelwasser aufsetzen.
2. Dann die gekochten Kartoffeln schälen und in ca. 1 cm große Würfel schneiden. Getrocknete Tomaten in Streifen schneiden, Knoblauch würfeln.
3. Wenn die Pasta im Wasser ist, geht es folgendermaßen weiter: Etwas Olivenöl in einer Pfanne erhitzen und die Kartoffelstücke samt Knoblauch ein paar Minuten anbraten. Dann so viel Gemüsebrühe zugeben, bis der Boden der Pfanne leicht bedeckt ist.

4. Auf nicht zu großer Flamme brutzeln lassen und nach ein paar Minuten die Tomatenstücke dazuschmeißen. Zum Schluss die Kräuter reinkippen und mit Salz und Pfeffer abschmecken.
5. Penne abgießen und in die Pfanne bugsieren. Alles gut vermischen und nach Bedarf nachwürzen. Ein Schuss vom guten Olivenöl als Finish schadet nicht, damit die Angelegenheit nicht zu trocken wird.

- Dazu passt ein Salat, und wer mag, kann auch noch etwas Parmesan drüberstreuen.

dem Mozzarella sowie dem frischen Basilikum vermischen, mit Salz, Pfeffer, evtl. Gemüsesuppenbrühpulver und Olivenöl (möglichst gute Qualität – zahlt sich aus!) abschmecken.

- Möglichst sofort heiß auf den Tisch bringen und essen. Frisches Weißbrot und natürlich einen leckeren Rotwein dazu. Das Ox-Kochstudio nimmt gerne Pinienkerne dazu.

spaghetti al vegesto
für 4-5, von Uwe Zann, ZANN
THE SEA AND CAKE „The Fawn"

Liebe Leute, Essen ist wichtig und wir essen gerne. Darum ein Gericht, das billig und einfach ist. Vielleicht auch eine kleine Inspiration für die JuZe-Köche, die sonst immer nur Nudelkuchen fabrizieren.

- 150 g TK-Basilikum (da billiger und sofort nutzbar)
- 20 EL gutes Olivenöl
- 250 ml Sojasahne
- 2 EL vegane Worcestersauce
- 10 EL Nüsse (ich empfehle 5 EL Cashew- und 5 EL Sonnenblumenkerne)
- 4 EL Hefeflocken
- 1,5 EL Salz
- 1,5 EL (Rohr-)Zucker
- 2 Zehen Knoblauch
- frisch gemahlener Pfeffer
- einige Tomaten
- Spaghetti ohne Ei

1. Alle Zutaten außer Sojasahne, Worcestersauce und Tomaten in eine hohe, schmale Schüssel geben und mit dem

bandnudeln mit pesto, cocktailtomaten und mozzarella
für 2, von Lissy Götz
VERBAL REVOLT „Keine Grenzen"

Einfach, schnell, günstig und trotzdem lecker!

- 250 g Bandnudeln
- 250 g Cocktailtomaten
- 1 Glas Basilikumpesto (noch besser ist Selbstgemachtes)
- 2 Packungen Mozzarella (vielleicht sogar Büffelmozzarella)
- frisches Basilikum
- Olivenöl
- Salz und Pfeffer

1. Nudeln in reichlich Wasser kochen.
2. Cocktailtomaten halbieren, Mozzarella in kleine Stücke schneiden.
3. Gekochte Nudeln (unbedingt al dente) mit dem Pesto, den Cocktailtomaten,

Stabmixer zerkleinern, bis ein cremiger Brei entsteht.
2. Den Pestobrei mit Sojasahne und Worcestersauce versetzen und per Hand oder Mixer gut mischen.
3. Pesto in einen Topf umfüllen und leicht erwärmen.
4. Spaghetti al dente kochen, Wasser abgießen und mit ein paar Spritzern Olivenöl vor dem Schicksal des Nudelkuchens bewahren.
5. Tomaten würfeln und ein paar Nüsse hacken.
6. Pesto auf die Spaghetti geben und mit den gewürfelten Tomaten, gehackten Nüssen und Pfeffer garnieren. Fertig.

Pastawasser zum Kochen bringen und Spaghetti darin al dente kochen. Abgießen. Dann einfach mit Öl, jeder Menge Gewürzmischung und etwas Salz vermischen. Parmesan drauf, schmecken lassen.

• Die Deluxe-Version geht mit Mozzarella, in Öl eingelegten getrockneten Tomaten und eingelegten Oliven (jeweils kleingeschnibbelt).

möhrenschnitzel
für ca. 10 faustgroße Schnitzel,
von Juliane Schulz
DESPICED ICON

• 4-5 Möhren
• etwas Mehl
• ca. 100 ml Wasser
• viele verschiedene Gewürze (Pizzagewürz, Pfeffer, Salz, gekörnte Gemüsebrühe, Curry ...)
• etwas Öl für die Pfanne

1. Die Möhren werden mit einer Reibe oder einer Küchenmaschine klein geraspelt. Danach kommt alles in eine Schüssel.
2. Jetzt das Mehl und das Wasser dazugeben und verrühren, bis alles eine leicht flüssige, aber trotzdem relativ feste Konsistenz hat.
3. Das Öl erhitzen. Dann die Masse mit einem Löffel in die Pfanne geben und verteilen (ich mache sie meistens faustgroß). Knusprig goldbraun backen und fertig!
• Dazu passt perfekt Salat, Kartoffelbrei/Kartoffeln.
• Sie eignen sich aber auch sehr gut als Burger oder auf dem Grill!

pasta on speed
für 2, von Uschi & Joachim
MORE THAN LIFE „Brave Enough To Fail"
– die 6 Songs müssen reichen!

Kennt ihr das auch? Man war ein paar Tage unterwegs, kommt spätabends nach Hause und hat natürlich weder frisches Gemüse noch Salat im Haus. Dafür aber Hunger. Das Leben gerettet hat uns letztens wieder mal Pasta. Zum Leckersein ist hier absolut wichtig, dass ihr gutes, feines Olivenöl nehmt. Von Vorteil ist auch „aromatisierte" Pasta, denn die bringt bereits Geschmack mit.

• 250 g rote Spaghetti
• leckerstes Olivenöl
• Gewürzmischung, z.B. aus getrockneten Tomaten, schwarzem Pfeffer, Paprika, Salz, Rosmarin, Basilikum, Zwiebeln und Knoblauch
• Salz
• frisch geriebener Parmesan

spaghetti carbonara
für 4, von Grisu, Teenage-Riot.com-Mailorder
RENTOKILL „Antichorus"

Was Schnelles, denn Zeit ist bekanntlich Geld, und wer hat damit denn keine Probleme?! Schnelllebige Zeit bedeutet jedoch nicht gleich Fastfood-Mist.

- 500 g Spaghetti
- 250 ml vegane Sahne
- 250 g Räuchertofu
- frische Petersilie
- Knoblauch
- 1 große Zwiebel
- Pfeffer, Salz
- Olivenöl
- etwas Majoran und Oregano

Für Variante 2:
- TK-Erbsen
- Nüsse

1. Einen großen Topf für die Pasta rauskramen und mit Wasser füllen. Auf den Ofen damit und zum Kochen bringen.
2. Das dauert natürlich, und diese Zeit nutzen wir zum Zwiebelschälen (Taucherbrille zur Hand, falls die Augen tränen) und hacken diese anschließend in kleine Würfel. Den Räuchertofu seiner Hülle berauben und ebenfalls würfeln.
3. Petersilienblätter (ich hoffe, ihr habt frische Bio-Petersilie gekauft) vom Stiel entfernen, waschen und gleichfalls hacken (oder Zeit sparen und gefrorene kaufen).
5. Etwas Olivenöl in eine Pfanne und erhitzen. Erst den Tofu reinwerfen – kurz anbraten – und die gemetzelten Zwiebel hinterher. (Wer es lieber etwas süßer will, lässt die Zwiebel und den Knoblauch weg.)
6. Nach ca. 2 Minuten wird das Ganze mit Sojasahne gelöscht. Ein bis zwei Knoblauchzehen reindrücken und Temperatur zurückdrehen.
7. Ein Teelöffel Salz in den Pastatopf, sobald das Wasser kocht (sollte es danach nicht mehr kochen, bitte warten, bis es wieder sprudelt). Die Spaghetti rein und gleich mal umrühren. Die Kochzeit der Pasta bitte auf der Verpackung ablesen.
8. In der Zwischenzeit kommen noch die Gewürze und Kräuter in die Sauce (nicht übertreiben mit Majoran und Oregano, aber gaanz viel Petersilie!), umrühren und die Sauce auf kleinster Flamme warm halten. Bevor die Pasta gar ist, etwas Salz und (frisch gemahlenen) Pfeffer der Carbonara-Sauce hinzufügen.
9. Pasta abgießen und nicht abschrecken, sondern etwas abtropfen lassen, um sie danach gleich mit der Sauce gut zu vermischen. Evtl. nochmals mit Pfeffer würzen.

- Wer mag, kann auch Tiefkühlerbsen in die heiße Carbonara-Sauce kippen und zum Schluss mit Nüssen dekorieren.

leckeres linsengericht
für 2-3, von Kathrin und Björn
TRIBUTE TO NOTHING „Day in, day out"

- ca. 300 g rote oder gelbe Linsen
- 1 große Stange Lauch
- 4 große Karotten
- Gemüsebrühe, Pfeffer, Salz

1. Das Lästige zuerst: Linsen auswaschen, Karotten schälen und schneiden. Den Lauch waschen und schneiden (aufge-

passt: der Dreck hält sich hartnäckig zwischen den Blättern).
2. Öl in einem Topf erhitzen. Karotten dazugeben und anbraten, bis sie einigermaßen weich sind (nicht ganz weich kochen). Kurz bevor Karotten soweit sind, den Lauch dazugeben.
3. Lauch und Karotten schon mal gut würzen, mit reichlich Gemüsebrühe sowie Salz und Pfeffer. Dann Linsen dazu geben und mit doppelter Menge Wasser aufkochen.
4. Die ganze schmackhafte Pampe kochen, bis sie schön sämig ist, und eventuell noch mal nachwürzen.

- Chinakohlsalat mit Karotten passt sehr gut dazu!
- Tipp vom Ox-Kochstudio: mit Garam Masala und/oder Curry würzen, dann kriegt das Ganze eine orientalische Note.
- Das Gericht ist übrigens auch noch dann günstig, wenn man die Zutaten in Bioqualität kauft.

pasta noch was?
für 4, von Claire Edmonds
THE DRAFT „New Eyes Open"

- 2 x 330 g gehackte Tomaten aus der Dose
- 500 g Pasta eurer Wahl
- Olivenöl
- 2 Knoblauchzehen, fein gehackt
- 2 Zwiebeln, klein gehackt
- 1/2 rote Chilischote
- 2 EL Tomatenmark
- Salz und Pfeffer
- 1 TL gemahlener Kreuzkümmel
- 200 g Büffelmozzarella, in kleine Stücke geschnitten

- ca. 50 g Rucola
- 10-15 schwarze Oliven
- **Basilikumblätter, gehackt**

1. Pasta schon mal so wie immer kochen.
2. Knoblauch, Zwiebeln, Tomatenmark und die kleingeschnibbelte Chilischote mit etwas Olivenöl anbraten.
3. Tomaten dazu und eine kleine Weile köcheln lassen.
4. Kreuzkümmel, Mozzarella und Oliven rein, umrühren. Köcheln lassen, bis der Mozzarella zu schmelzen anfängt.
5. Geputzten Rucola und Basilikumblätter unterrühren, mit Salz und Pfeffer abschmecken und schnell runter vom Herd, bevor der Rucola zu verwelkt aussieht.
6. Fertige Pasta zu der Sauce, umrühren, noch ein bisschen Rucola obendrauf, fertig!

pasta-terror palermo
für 4, von Mille, KREATOR
NEGAZIONE

- 1 Topf frisches Basilikum
- 100 g Pinienkerne
- 100 g Mozzarella (Büffelmozzarella, wenn ihr welchen findet)
- Olivenöl
- Balsamico-Essig
- 1 Knoblauchzehe
- Salz und Pfeffer
- 500 g Vollkornpasta
- 5 Cherrytomaten

1. Zuerst die Pasta in kochendes Salzwasser mit einem Tropfen Öl legen und al dente kochen.
2. In der Zwischenzeit in einer Pfanne die Pinienkerne kurz ohne Fett anrösten,

bis sie angebräunt, aber nicht schwarz sind. Rausnehmen.
3. Jetzt füllt ihr in einen Messbecher das gezupfte Basilikum, die kleingehackte Knoblauchzehe, die gerösteten Pinienkerne und den zerbröckelten Mozzarella und füllt die Mischung mit Öl auf. Nun mit einen Pürierstab das Ganze pürieren, bis alles schön pampig ist. Mit etwas Balsamico, Salz und Pfeffer abschmecken.
4. Nudeln abgießen, auf vier Teller geben und die Pampe über die Pasta verteilen. Mit kleingeschnittenen Cherrytomaten garnieren – fertig.

- Anstatt Basilikum kann man auch Bärlauch verwenden, ist auch sehr lecker!

heißem Wasser übergießen, mit kaltem Wasser abgießen und die braune Haut abpulen. Das geht erstaunlich gut auf diese Weise.
3. Gebt jetzt die getrockneten Tomaten, Knoblauch, Basilikum, entkernte Oliven und das Olivenöl in einen Mixer. Geht jetzt auf volle Pulle und häkselt das Ganze in ca. 30 Sekunden zu Brei. Pestosauce in eine ausreichend große Schüssel geben und mit ein paar Löffeln vom Nudelwasser vermischen.
4. Pasta abgießen, zum Pesto geben, gut vermischen und mit Parmesan bestreuen. Yummy!

punkrock pancakes
für 2, von den SEWER RATS aus Köln
SOCIAL DISTORTION
„Sex, Love & Rock'n'Roll"

- 125 g Weizenmehl
- 2 Eier von glücklichen Hühnern
- 200 ml Milch von glücklichen Kühen
- 1 Prise Salz
- 25 g weiche Butter
- 1 Handvoll Champignons
- 2 Zwiebeln
- 1 Schälchen geriebener Gouda
- 125 g Räuchertofu

penne mit rotem pesto
für 4, von Davide, MOJOMATICS
THE KINKS „Arthur"

„The perfect pasta for hangover.", sagt Davide.

- 400 g Penne oder Pennette
- 200 g getrocknete Tomaten in Öl
- 2 Knoblauchzehen
- 40 g Mandeln
- ein paar Blätter Basilikum
- ein paar schwarze Oliven
- 4 TL gutes Olivenöl
- 50 g geriebener Parmesan
- Mixer

1. Als Erstes setzt ihr das Pastawasser auf und kocht die Penne al dente. Gerne dürfen zwei Esslöffel Salz ins Wasser.
2. Die Mandeln müssen unbedingt ihre Hüllen fallen lassen, deshalb kurz mit

1. Mucke rein und los geht's! Ihr schmeißt das Mehl, die Milch und das Salz in eine Schüssel und mischt alles mit einem Quirl gut durch.
2. Jetzt haut ihr die Eier und die Butter rein. Und dann nochmal Sir Mixalot. Den Teig etwas stehen lassen. 10 Minuten reichen; 30 Minuten ist für Weicheier.
3. Champignons putzen und in Scheiben schneiden. Die Zwiebeln und den Tofu

in kleine Würfelstückchen schneiden und in einer Pfanne eurer Wahl mit den Champignons und etwas Öl und Pfeffer anbraten.
4. Nach Augenmaß eine Kelle Teig in eine zweite Pfanne pfeffern. Etwas geriebenen Gouda drüberstreuen und das Ganze von beiden Seiten goldgelb braten. Gewendet wird natürlich nur per Rückwärtssalto! Alles andere ist für Angsthasen und Lahmärsche.
5. Ein Viertel vom Tofu-Zwiebel-Pilz-Mix in den ersten Pfannkuchen einrollen. Dann in den Backofen zum Warmhalten. Den restlichen Teig zu Pfannkuchen backen, Gouda drauf, Füllung rein und gut is'.
6. Jetzt ab an den Tisch, ein paar Biere geöffnet und reingehauen. Guten Hunger!

- Olivenöl
- Salz
- Pfeffer

1. Die Tomaten waschen, die Kerne entfernen und in kleine Stücke schneiden. Dann werden die Tomatenstücke in ein Sieb gegeben und kräftig gesalzen. Sie haben nun 20 Minuten Auszeit. In der Zeit entzieht das Salz den Tomaten Wasser, welches zusammen mit dem Salz abtropft.
2. Den gehackten Knoblauch mit dem Zitronensaft und dem Olivenöl (nicht zu sparsam sein) vermengen, die Tomaten und das Basilikum dazu und mit Salz und Pfeffer aus der Mühle abschmecken. Die Sauce mit den fertig gekochten Spaghetti vermischen und sofort servieren.

- Verfeinern kann man das Gericht mit kleinen Mozzarellawürfeln. Kann auch kalt als Nudelsalat serviert werden.

spaghetti mit kalter tomatensauce
für 4, von David Eisert
IMMORAL MAJORITY „s/t"

Das Rezept habe ich beim Essen gehen in Italien abgeschaut. Einfach und lecker und eine Alternative zum Aglio/Olio. Wichtig sind gute und aromatische Tomaten. Mit den roten Wassergewächsen aus dem Supermarkt kommt man hier nicht weit.

- 500 g Spaghetti
- 10–12 aromatische Eiertomaten
- 1 unbehandelte Zitrone
- 1 frische Knoblauchzehe, fein gehackt
- 1 Bund Basilikum, die Blätter grob zerteilt

zitronenspaghetti
für 4, von Davide, MOJOMATICS
BUZZCOCKS „Another Music In A Different Kitchen"

- 500 g Spaghetti
- 1 Bio-Zitrone
- 75 g Butter
- ein bisschen gehackte, glatte Petersilie
- 50 g geriebener Parmesan

1. Als Allererstes setzt ihr das Nudelwasser auf und kocht die Spaghetti darin al dente.
2. In der Zwischenzeit schnappt ihr euch eine Pfanne oder einen Topf und

schmelzt die Butter darin sachte; die darf nicht braun werden oder Blasen werfen!

3. Dann wascht ihr die Zitrone gründlich mit warmem Wasser, trocknet sie ab und reibt die Schale schön vorsichtig ab. Das Weiße bitte an der Zitrone lassen, denn das schmeckt nachher bitter! Außerdem muss man die Zitrone noch auspressen können, was ihr als Nächstes macht.

4. Spaghetti abgießen, in die Butterpfanne geben, Zitronenschale und -saft dazugeben, ebenso die Petersilie und alles schön vermischen und etwas anwärmen. Als Finish den Parmesan oben drauf. Wer's braucht, würzt noch mit Salz und Pfeffer.

spaghetti mediterranea

für 4, von Uschi & Joachim
COLDPLAY „Parachute"

- 1 rote und 1 gelbe Paprika
- 1 mittlere Zucchini
- 1 Fenchelknolle
- 300 g Cocktailtomaten
- 1 große Zwiebel
- 2 Knoblauchzehen
- 2 EL Tomatenmark
- 200 ml Gemüsebrühe
- 1 EL schwarze Oliven, am besten ohne Steine
- 500 g Spaghetti
- Olivenöl
- Salz und Pfeffer
- Oregano
- Parmesan, wer mag

1. Wie immer zuerst das Nudelwasser auf den Herd; dann kann's mit Kochen bzw. Schnibbbeln weitergehen. Fenchel halbieren, Strunk rausschneiden und die Hälften in schön dünne Streifen schneiden. Die Paprika ebenfalls der Länge nach in dünne Streifen schneiden. Die Zucchini in ca. 6-7 cm lange Stücke schneiden und in etwas streichholzartige Stücke schneiden. Zwiebel fein würfeln und Tomaten einfach nur halbieren.

2. Pfanne aus dem Schrank holen, Öl rein und Zwiebel, Fenchel, Paprika mit gequetschten Knoblauchzehen ein paar Minuten anbrutzeln.

3. Dann das Tomatenmark reindrücken, Gemüsebrühe dazu, gut verrühren und schon mal mit Salz, Pfeffer und Oregano würzen. Zucchini, Tomaten und klein geschnibbelte Oliven druntermischen und so lange dünsten lassen, bis das Gemüse einigermaßen weich ist. Dauert ca. 8-10 Minuten.

4. Wenn die Spaghetti fertig sind, könnt ihr sie zu dem Gemüse geben (natürlich ohne das Nudelwasser!). Gut vermischen, auf auf große Teller verteilen und dick mit Parmesan bestreuen. Lecker!

für zwischendurch

botanica-brot

von Paul Wallfisch, BOTANICA

- 750 g Mehl
- 1,5 TL Salz
- 1/2 TL Hefe
- 400 ml Wasser
- 1-2 EL Maismehl (Polenta)
- 1 EL Olivenöl
- eine gute Keramik- oder Pyrexbackform mit Deckel

1. In a bowl, mix the flour, salt & yeast (you can use a fork to stir). Drizzle the olive oil on the dry mix. Pour in the water.
2. With a wooden spoon and your hands, mix the water with the dry ingredients until it forms a somewhat elastic dough. It only takes a couple minutes. If there's a lot of loose flour and it doesn't hang together, add a bit of water, but not too much. There shouldn't be any excess water.
3. Cover the bowl with Frischhaltefolie. Let the thing sit at room temperature for a minimum of 14 hours – and preferably 18! (Usually a bit shorter when it's hot and dry; a bit longer when colder and more humid).
4. Spread some flour on a clean table (and make sure your hands are covered in flour too, because the dough will be sticky and a bit damp). Empty the bowl on the counter and fold over twice. Cover with the Frischhaltfolie for about 15 minutes.
5. Take the Frischhaltfolie off, form the dough into a nice round ball and sprinkle some Maismehl on top. Sprinkle some Maismehl on a baumwolle baking cloth (Backtuch? Hey if that was „Bachtuch" it'd be REALLY musical ...) and put the ball of dough on one half of the Tuch. Cover it with the other half and let it rise for TWO HOURS.
6. While the dough finishes rising, heat up your oven to 240 °C. Make sure you put your baking bowl in the oven while it heats up.
7. Take your HOT bowl out of the oven (yes, don't forget the Handschuhe, or you'll burn yourself) and empty the nice big ball of dough into the bowl. Don't worry if it looks like a bit of a mess! Shake the bowl around a couple times (yeah, use both hands) to even the dough out.
8. Put it in the oven – COVERED – for about 35-40 minutes. Then UN-cover it and let it bake another 15-30 minutes with the cover OFF. (The longer you leave it, the thicker and crispier the crust will be).
9. Take it out of the oven and let it cool for a few minutes before you eat it all! Don't forget to turn off the oven.

- There's nothing better on earth than this bread with some butter on it. Especially when you're stoned.
- You can also put sundried Tomaten, Rosemary, Zwiebeln (sautee them first), Knoblauch (also sautee ...) or just about anything into the bread.
- Everybody will love you when you show up at a dinner party bringing the bread. Nobody will believe you can play the guitar and do this too.
- This is better than singing for getting the girl (or boy).

grüne-tomaten-chutney

von Uschi & Joachim
EMPTY VISION „s/t"

Das hier ist ein tolles Rezept, wenn ihr im Oktober noch grüne Tomaten am Strauch hängen habt, denn die werden sowieso nicht mehr reif. Wahlweise gibt's die Dinger auch beim türkischen Lebensmittelladen deines Vertrauens zu kaufen.

- 500 g grüne Tomaten
- 1 grüne Paprika
- 5 kleine Chilischoten
- 4-6 EL Weinessig
- 100 g Kandiszucker
- 4 Nelken, Salz, Ingwerpulver und Pfeffer

1. Zuerst schaut ihr nach, ob ihr irgendwo leere Marmeladengläser oder sonstige Schraubgläser in der Größenordnung von 200-300 ml findet. Diese sauber spülen, dann in der Spüle in sehr heißes Wasser legen und nach einer Weile rausnehmen und auf einem Geschirrtuch abtropfen lassen. Das ist wichtig, denn sonst schimmelt das Ganze sehr schnell.
2. Als Nächstes ist das Waschen und Schnibbeln dran: Tomaten achteln, Paprika in gröbere Stücke schneiden.
3. Jetzt das Zeug mit dem ganzen anderen Rest in einen großen Topf packen, gut umrühren, Hitze auf 12 und ab dafür. Immer schön umrühren, denn sonst brennt das Zeug an. Wenn alles blubbert, bitte die Temperatur reduzieren; es soll alles einfach nur schön vor sich hin köcheln. Am besten setzt ihr dem Topf den Deckel auf und macht die Dunstabzugshaube an und das Fenster auf, denn Essig verursacht Nasenkrebs!
4. Es dauert jetzt so 30 Minuten, bis das Chutney fertig ist. Wenn euch noch zu viele Stücke drin sind, einfach kurz mit dem Pürierstab rein. Aber Obacht, es soll kein Mus werden. Wenn das Ganze sehr wässrig aussieht, nehmt ihr einfach den Deckel runter und lasst alles nochmal ein paar Minuten kochen. So kann das Zuviel an Flüssigkeit etwas verdampfen.
5. Die rotzige Pampe jetzt am besten in einen Messbecher kippen und die Gläser nacheinander damit fast randvoll füllen. Wer gesaut hat, wischt erst den Schmodder vom Rand ab und dreht dann die Schraubdeckel drauf.
6. Damit das Chutney so richtig lecker schmeckt, sollte es jetzt noch zwei Wochen stehen bleiben.

- Passt supergut zu Bratlingen, gebratenem Tofu, Gemüse, Reis ...

blitzkrieg-brot

von Tine
RAMONES, natürlich

1. 1 Würfel Hefe in 700-900 ml lauwarmem Wasser (lieber erstmal weniger nehmen und nachkippen) auflösen.
2. Dazu 1 kg Weizenvollkornmehl geben, mit 3-4 Teelöffeln Salz und 3-4 Esslöffeln Essig würzen und den Teig entweder in einer gefetteten Kuchenform oder als Laib auf auf einem Blech für 70-80 Minuten bei 215 °C backen. Dabei müßt ihr aufpassen, dass das Brot oben nicht verbrennt und es eventuell mit Papier, Folie oder einem

darübergelegten Backblech beschützen.
3. Eurer schmutzigen Fantasie sind, was die Variationsmöglichkeiten angeht, wenig Grenzen gesetzt: nehmt „normales" Mehl oder mischt es mit Roggen, würzt das Ganze mit Brotgewürzen, Kümmel, Zimt, Kardamom, Petersilie, experimentiert mit verschiedenen Essigsorten oder mopst dem Nachbarn das Vogelfutter und verfeinert den Teig mit Sonnenblumenkernen, Sesam, Kürbiskörnern, Leinsamen, Mohn und ähnlichem Gekörn.
4. One, two, three, four, Essen ist fertig!

mit der Prise Salz untergehoben.
4. Das Fett in einer Pfanne zerlassen, die Holunderblüten in den Teig tauchen und leicht abtropfen lassen. Die Dolden werden im Fett schwimmend mit den Stielen nach oben ca. 2 Minuten ausgebacken. Anschließend etwas auf Küchenkrepp abtropfen lassen.

- Kann mit Zimt und Zucker bestreut werden.
- Eine alkoholfreie Variante ist mit Milch statt Wein möglich.

hollerküchle
von Wolfram Röhrig
Jahreszeitlich angemessene Musik: NOUVELLE VAGUE „Too drunk to fuck", „Human fly" und „Friday night, saturday morning"

- 12 Holunderblütendolden
- 300 ml Weißwein (trocken)
- 200 g Mehl
- 4 EL Butter
- 2 Eier
- 1 TL Zucker
- 1 Prise Zimtpulver
- 1 Prise Salz
- Fett zum Ausbacken
- Zimtzucker

1. Als Erstes heißt es ab in die Natur und die Holunderblüten pflücken und waschen.
2. Zurückgekehrt am heimischen Herd wird erst mal das Mehl mit dem Weißwein verrührt, danach die Butter zerlassen und untergerührt.
3. Anschließend die Eier trennen und das Eigelb sowie Zucker und Zimt unter die Mehlmischung rühren. Das Eiweiß wird zu Eischnee geschlagen und zusammen

bruschetta mit fenchel und schafskäse
für 2, von Joachim
BOTANICA „Berlin Hi-Fi"

Eine leckere kleine Vorspeise, die sich aber natürlich in entsprechend großer Menge auch zum schnellen Hauptgericht ausbauen lässt.

- 2 große Scheiben Bauernbrot (oder entsprechend viele Scheiben Ciabatta)
- 1 kleine Fenchelknolle
- 50 g Schafkäse
- 3-4 getrocknete Tomaten (aus dem Glas)
- 50 g Quark
- Olivenöl
- Salz, Pfeffer, Thymian, Gemüsebrühe

1. 100 ml Gemüsebrühe zum Kochen bringen.
2. Die Fenchelknolle der Länge nach halbieren, in feine Ringe schneiden und mit etwas Thymian ab in die Brühe, bis sie weich ist.

3. In der Zwischenzeit Quark und fein zerkrümelten Schafskäse vermischen und nach Belieben mit Olivenöl, kleingeschnittenen getrockneten Tomaten, Salz und Pfeffer verrühren.
4. Brot antoasten (im Toaster oder unter dem Grill im Backofen), die Quarkpampe draufstreichen, die Fenchelringe on top und ab in den Mund.

weniger Teilchen durchs Zimmer. Zur Sicherheit noch Handtuch drüber. Volle Pulle, bis zähe Pampe entsteht. Danach noch die frischen Zutaten dazu, vermischen und kurz noch anpürieren. Vorsicht, je länger, desto flüssiger werden die Paprika. Muss nicht durchziehen, schmeckt sofort auf jedem Brot.

cashew-paprika-aufstrich

von Schdeffm aus Rüchum und den Gruppe 1-Kids
Musik in der Gruppe mit den Kindern: Soundtrack von „School Of Rock", Musik dahemm: Olli Schulz „Mit und ohne Hund Marie"

Dieses einfache und doch extravagante Rezept ist uns auf der Suche nach Aufstrichrezepten für ein Benefiz-Kochbuch zwischen die Finger gekommen und bei den Internats-Kids und allen Bekannten (nicht nur wegen der simplen Zubereitung) zum Lieblingsaufstrich aufgestiegen. Das wichtigste Werkzeug ist ein Pürierstab.

- 1 Dose Cashewkerne (wenn gesalzen, dann später kein Salz mehr dazu)
- 1 rote Paprika, feinst geschnippelt
- 2 EL Balsamico-Essig
- 2 EL Olivenöl
- 10-15 Basilikumblätter, frisch gehackt
- ein paar Umdrehungen schwarzer Pfeffer

Los geht es mit dem Zauberstab und einem hohen Gefäß. Am besten gleich Essig/Öl zu den Nüssen, dann fliegen

lecker bruschette

für 2, von Uschi & Joachim
THE SOUNDTRACK OF OUR LIVES „Communion"

- 1/2 italienisches Brot (mit nicht so großen Löchern)
- Olivenöl
- grob geriebener Pecorino
- ca. 2 Tomaten
- 1 Frühlingszwiebel
- Basilikum
- Balsamico-Essig
- Salz und Pfeffer

1. Tomaten klein würfeln und mit etwas Balsamico, Olivenöl, Salz und Pfeffer marinieren. Basilikum mit einer Schere klein schneiden, Frühlingszwiebel in dünne, halbe Ringe schneiden und auch zu den Tomaten geben, umrühren.
2. Ciabatta in Scheiben schneiden. Etwas Olivenöl in einer Pfanne erhitzen und die Brotscheiben von beiden Seiten darin leicht anbräunen. Rausnehmen und auf einem Küchentuch zwischenlagern.
3. Etwas von dem geriebenen Pecorino (zur Not geht auch grob geriebener Parmesan) auf jedes Brot streuen, Tomatensalat drüber und lauwarm schmecken lassen. Yummy!

DER VEGIBURGER

AUFWAND: ca. 15 Minuten für 1 Person

MUSIK: Highwayman ›American Remains‹

- BURGERBRÖTCHEN
- MAYONAISE
- TOMATENSCHEIBE
- SENF
- KETCHUP
- KETCHUP
- ROTE ZWIEBELSCHEIBE
- EISBERGSALAT
- FERTIG-TOFUBURGER-PAD
- BURGERBRÖTCHEN

1. Zur Vorbereitung den Grill (alternativ: die Pfanne) gut vorheizen. Währenddessen eine große Tomatenscheibe und eine mittlere Zwiebelscheibe zuschneiden und ein großes Blatt aus einem Salatkopf pflücken. Abwaschen und fertig.

2. Den Tofuburger auf den Grill legen und bei mehrmaligen Wenden 5–10 Minuten gut durchgrillen.

3. Kurz bevor der Tofuburger fertig ist, die beiden Brötchenhälften auf den Grill legen. Jede Seite ca. eine Minute grillen.

4. Besonders wichtig ist die richtige Dosierung der Soßen. Die untere Brötchenhälfte gut mit Ketchup eindecken. Den Tofuburger auf das Brötchen legen und leicht mit Senf bestreichen. Nacheinander Blattsalat, Tomatenscheibe und Zwiebelscheibe auflegen. Zum Schluss ordentlich Mayonaise und Ketchup auf den Burger geben und ihn mit der oberen Brötchenhälfte zudecken.

Rezept: Arne Stach   Illustration: Nadine Redlich

dinkelbrot aus dem gusseisentopf

von Rob Noy
Gwen Guthrie „Peanut butter" (Larry Levan-Remix), die passt zum Brot

Hier ist das Rezept zu einem super Brot, allerdings scheint der Gusseisentopf wichtig zu sein. Ich habe es mal im Cromargan-Topf probiert und es war nicht so gut.

- 425 g Dinkelmehl (Type 630)
- 1/4 TL Tockenhefe
- 1,5 TL Salz
- 100 ml helles Bier (zimmerwarm)
- 200 ml lauwarmes Wasser
- 1 EL Weißweinessig
- Mehl und Öl zum Bearbeiten

1. Mehl, Hefe und Salz in einer Schüssel mischen. 200 ml lauwarmes Wasser, Bier und Essig zugeben und mit einem Rührlöffel schnell glattrühren (der Teig bleibt ziemlich flüssig). Die Schüssel mit Klarsichtfolie abdecken und bei Zimmertemperatur 18 Stunden gehen lassen.
2. Den weichen Teig auf einer bemehlten Arbeitsfläche von einer Seite zu anderen und von oben nach unten klappen. Den Vorgang ca. 10-15 mal wiederholen. Einen Bogen Backpapier in einer runden Form (24 cm Ø, zum Beispiel Kuchenspringform) auslegen. Den Teig auf das Papier in die Form packen.
3. Klarsichtfolie auf einer Seite mit Öl bestreichen und den Teig mit der geölten Folienseite nach unten abdecken. Teig bei Zimmertemperatur zwei Stunden gehen lassen.
4. Einen gusseisernen Bräter mit Deckel (24 cm Ø) auf einen Rost auf die unterste Schiene im Ofen stellen. Den Ofen auf 250 °C (Umluft nicht empfehlenswert) oder so heiß, wie es geht, vorheizen. Folie vom Teig nehmen. Teig mit einem scharfen Messer kreuzweise einschneiden, leicht mit Mehl bestäuben und mit dem Papier in den heißen Bräter setzen.
5. Den Teig 30 Minuten zugedeckt backen, dann den Deckel abnehmen und bei 220 °C weitere 15-18 Minuten backen. Anschließend auf einem Rost abkühlen lassen.

- Die Kruste verliert mit der Zeit ihre Krossheit, das Brot lässt sich aber auch gut noch Tage später essen. Zur Aufbewahrung einfach in einen Tiefkühlbeutel legen und fest diesen verschließen.

lindas auberginen

von Linda Köper
ULTRAFAIR „Alles Rogers Onkel Heinz"

- Auberginen
- Parmesan
- Salz, Pfeffer, Chili
- Knoblauch
- 1-2 Eier
- Öl

1. Das mit den Auberginen ist recht einfach. Man schneide Auberginen in dünne Scheiben und bestreue diese ordentlich mit Salz. 20 Minuten ziehen lassen. Die Auberginen tupft man dann mit Papier von der Küchenrolle vorsichtig ab, damit sie nicht so feucht sind.
2. Dann verquirlt man ein oder zwei Eier (je nach Auberginenmenge), fügt Salz, Pfeffer, ein bisschen gemahlenes Chili, viel Oregano und ein paar Zehen

gequetschten Knoblauch hinzu. Gut verrühren. Anschließend reibt man ein Stück Parmesan.
3. Als Nächstes erhitzt man Öl in einer Pfanne. Jede Auberginenscheibe zieht man durch die Eimasse und wälzt sie anschließend einmal durch den Parmesan und dann ab in die Pfanne, bis der Parmesan eine goldbraune Hülle bildet.

• Das Ganze kann man kalt als Antipasto oder warm mit Reis oder Couscous essen.

mighty muffins

**12 Muffins, von Micha, Plastic Bomb-Fanzine
King Tubby „Dub from the roots"**

- 310 g Vollkorn-Weizenmehl
- 1 Päckchen Backpulver
- 1/2 TL Salz
- 1/4 TL Curry
- 10 EL Milch
- 4 Eier
- 100 g Haferflocken
- 2 Möhren
- 5 EL Erbsen
- 190 g Mais
- Butter zum Einfetten
- 4 EL Sesamkörner
- Sonnenblumenkerne

Für die Füllung:
- 400 g Frischkäse
- 2 EL Petersilie, gehackt
- 2 EL Schnittlauch, geschnitten
- 3-4 Tomaten, in Scheiben geschnitten
- Salz
- Pfeffer

1. Backpulver und Mehl in einer Schüssel vermischen.
2. Die Haferflocken mit dem Salz, Curry, den Eiern und der Milch von glücklichen Kühen gefühlvoll unterrühren.
3. Anschließend die Butter erwärmen und in einem Topf tanzen lassen bis sie flüssig wird. Ein wenig abkühlen lassen und dann vorsichtig unterrühren.
4. Die um Gnade winselnden Möhren fein raspeln und somit in ihre Einzelteile zerlegen. Zusammen mit dem schon ungeduldig drängelnden Mais und den Erbsen unter den Teig heben.
5. Förmchen oder Timbale mit Butter geschmeidig ausstreichen. Mit geschickten Fingern den Sesam gleichmäßig und dünn über die Seitenwände und den Böden streuen.
6. Im Ofen 30 Minuten bei 180 °C backen backen backen ...
7. Mit kindlicher Vorfreude voller Erregung gelegentlich durch das Sichtfenster in den Ofen schauen und das Wachstum der Mighty Muffins bewundern.
8. Stichwort „Familienzusammenführung": Frischkäse mit Petersilie, Schnittlauch, Salz und Pfeffer vermischen.
9. Muffins auskühlen lassen. Die imposanten Geschöpfe der eigenen Backkunst mit kühler Klinge in der Mitte aufschneiden. Untere Hälfte mit der flotten Frischkäsecreme bestreichen. Eine Tomatenscheibe fachgerecht auflegen und die obere Hälfte des Muffins wieder sportlich als Deckel aufsetzen.
10. Durchatmen, das Kunstwerk voller Stolz betrachten und ausschließlich im Kreise netter Menschen gemeinsam und genüsslich verzehren.

veganer thunfisch
von Derek Archambault, DEFEATER

First of all, I believe when cooking anything in your home, you do need the perfect sound track. So put on one of your favourite records, or a new one you haven't really absorbed yet, and start to get your kitchen & hands messy. For better taste and less additives, use organic options whenever possible.

- 1 can of cooked chick peas (garbanzos)
- 1 celery stock
- one half of a onion
- Bragg's liquid aminos (a light tamari sauce will work as well if Bragg's is not available to you)
- dill pickle brine (straight from the jar! use your favourite!)
- vegan mayo
- dried dill to taste

First, open the can of chick peas and drain, when done, pour them into a sturdy bowl. Next, lightly crush chic peas with a strong fork so that they retain some chunky texture (some can and will be mushy). After this, dice your celery and onion and add them to chick peas. Now, add a few healthy tablespoons of the dill pickle brine (anywhere from three to four. after a while you'll find just the right amount for your tastes and texture) Stir the peas, veggies & brine together with your fork to create more of a wet mix, the chic peas will retain some of the brine. Add a teaspoon of Bragg's aminos/light tamari for a little bit of sodium & taste, sprinkle a teaspoon of dried dill weed, and add three or more tablespoons of the vegan mayo. The consistancy should be chunky and moist, but full bodied, not unlike tuna fish itself. Change this recipe up to fit your tastes to perfection!

- Tipp vom Ox-Kochstudio: Wenn ihr irgendwoher Algen-Flocken kriegt (gibt's schon mal im Biosupermarkt), könnt ihr damit Fischaroma nachbauen.

ligurische crostini
für 2, von Uschi & Joachim
V.A. „About Songs"

- 8 Scheiben Ciabatta oder anderes italienisches Weißbrot
- 1-2 Knoblauchzehen
- leckeres Olivenöl
- Tomatenmark
- Kapern
- Pfeffermühle

1. Knoblauchzehen schälen und halbieren. Die Kapern kurz in einem kleinen Sieb abspülen und anschließend grob hacken.
2. Brot entweder toasten oder unter dem Grill von beiden Seiten einen Sonnenbrand verpassen. Rausnehmen und auf der Oberseite sofort mit Knoblauch einreiben. Je nachdem, wie kräftig oder dezent der K-Geschmack sein soll, kann das von einmal sanft drüberstreichen bis auf wild rubbeln alles bedeuten.
3. Etwas Olivenöl drauf träufeln, ein bisschen Tomatenmark aus der Tube draufdrücken (ca. ein Teelöffel, je nach Konzentration), verstreichen und gequälte Kapern draufpurzeln lassen. Zum Schluss noch eine Umdrehung mit der Pfeffermühle pro Scheibe und noch lauwarm essen.

- Eignet sich vorzüglich als Vorspeise.

guacamole for californians

für 4-6, von Bill Gould, FAITH NO MORE, Koolarrow Records
SLAYER or MESHUGGAH

Growing up in Southern California, I consider guacamole to be part of my heritage. That said, there are many ways to prepare it. I've travelled a lot, and like a sucker, if there is a Mexican restaurant in Kansas, New York, New Zealand, France, etc., I will try it. I would also like to say that so far I have not been able to find anything that feels authentic yet in Germany (though it might exist, I just don't know about it). This is the recipe that works for me.

The key ingredient is the avocado. Personally, I only like the type that is called „Hass" avocado. Originally they hail from Whittier, California (first tree was established in 1920) and this has everything to do with the flavor of the dish. Hass avocados can be identified by their black skin (as opposed to other avocados that generally stay green, even when ripe). Even though they come from California, I have seen them in vegetable shops and markets throughout Europe (even Germany) so you shouldn't have too hard a time finding them; I believe Morocco and Israel are now growing them as well, so they should be readily available.

The second, but just as important thing to consider with guacamole, is that you should only make this dish with avocados that are perfectly ripe. This has 90 % to do with how well it all turns out in the end, so I can't stress this enough! You can tell this when you put the avocado in your hand and very softly feel if they are soft too the touch. If they are firm, they will be too young, they won't taste anywhere near as good as a mature one. On the other hand, if the avocado is too soft to the touch, it can be overripe (basically rotten, and no good to eat). If you are unsure, just ask the produce person at the store.

This can be eaten with tortilla chips, but can also be used as a spread on sandwiches, as a side to a main course, or even right out of the bowl. Almost any kind of music will go with both preparation and eating, though I like Control Machete, Mexican Dubweiser, or Nortec Collective if the weather is nice and I'm drinking a light beer (i.e. Corona or Tecate). If I'm really hungry and the avocados are looking GOOD, I recommend anything by SLAYER or MESHUGGAH. An alternative would be a brandy snifter with really nice tequila, room temperature, no ice, and anything that says 100 % pure agave on the bottle. No Cuervo or Sauza, unless it's Sauza Hornitos.

- 2-3 perfectly ripe Hass avocados
- 1 medium sized tomato, diced
- 1/2 onion (white, yellow or red), finely chopped
- 1 clove garlic
- 1 tbsp chopped cilantro
- sea salt
- 1/2 tbsp Tobasco sauce

optional:
- 1/4 lime
- 1 tb (vegan) crème fraîche

1. First, grab a large bowl, and after cutting your garlic clove in half, just rub the inside of the garlic along the walls of the bowl, then discard. We just want to get a hit of the flavor of the garlic into the guacamole, we don't want to overpower it.
2. Cut your avocados in half and remove

the pits. With a spoon, scoop out the insides into a large bowl. Then, with a fork, mash the avocados until it all becomes a soft bowl of mush. At this point, you could add a small spoonful of crème fraîche; it's not necessary, but I find that it can make the taste a little richer.
3. Stir in onion, tomato, Tobasco, and cilantro. Add salt to taste and you're there. This stuff doesn't keep very long, so it's best to eat it all in one session. Often times people will squeeze a little lime over the quacamole, as it can help slow the breakdown process, but I prefer putting the limes in my beer instead.

waldis balinesische maisfrikadellen

Vorspeise für 4, von Waldi und Sita
AC/DC

- 2 frische Maiskolben
- 2 mittelgroße Schalotten
- 1–2 Knoblauchzehen
- 1 Chilischote
- Maismehl
- 1 Ei
- Salz und Pfeffer zum Abschmecken
- Sonnenblumenöl zum Ausbacken

Zum Aufpeppen:
- 100 ml Sojasauce
- 1 TL Palmzucker oder brauner Rohrzucker
- 1 grüne und 1 rote Chilischote (scharf)

1. Maiskörner vom Kolben in einer hohen Schüssel mit dem Messer längs herunterschneiden und mit dem Zauberstab klein mixen.
2. Schalotten, Knoblauchzehen und Chilischote fein würfeln und zum Mais geben. Das Ei dazugeben und alles gut vermischen.
3. Mit Salz und Pfeffer abschmecken.
4. Zu guter Letzt die Masse mit Maismehl binden.
5. Pro Frikadelle einen gehäuften Esslöffel dieser Masse in einen Wok oder eine kleine Pfanne mit viel Öl setzen. Die Masse sollte dabei vom Löffel flutschen! (keine Bällchen formen). Goldbraun von beiden Seiten ausbacken. Auf Küchenpapier abkühlen lassen.

- Wichtig: Die Masse darf nicht zu flüssig sein, sonst zerfallen die Frikadellen beim Ausbacken. In diesem Fall einfach noch Maismehl dazugeben.
- Noch leckerer schmecken die Frikadellen mit süßer Sojasauce. Diese wird wie folgt zubereitet:

1. Sojasauce, Zucker und Chilischoten (in feine Ringe geschnitten) erwärmen, bis sich der Zucker auflöst.
2. Sauce erkalten lassen und als Dip in kleinen Schälchen zu den Maisfrikadellen servieren. Guten Appetit!

spanish delight

the mighty munster menu

Munster Records haben wir anlässlich ihres 20jährigen Jubiläums in Madrid besucht. Gemeinsam sind wir abends von einer Tapasbar zur nächsten gezogen und haben dabei festgestellt, dass es auch in Spanien ein unvermutet großes vegetarisches Angebot gibt. Francisco und Ulla Munster haben keine Mühen gescheut, uns ein paar spanische Köstlichkeiten zusammenzustellen.

patatas à la importancia

für 4 Punks, von Manolo Rodriguez (Küchenchef) & Francisco Munster (Küchenassistent)
LOS SAICOS DEMOLICION, die kompletten Aufnahmen

Lasst euch von dem pompösen Namen nicht täuschen, das ist keine „nouvelle cousine" für die reichen oder anspruchsvollen Gourmets. Stattdessen ist es ein lustiger Name für eine sehr einfache, günstige und großartige spanische Spezialität. Genehmigt euch Kartoffeln „auf die wichtige Art" und fühlt euch wie ein Premierminister!

- 1,5 kg Kartoffeln
- 3 Knoblauchzehen
- 1 Zwiebel
- 1 kleines Glas Weißwein (preiswerter ist okay)
- 4-5 EL Mehl
- 2 Eier
- eine Prise Safran
- Salz
- Olivenöl

1. Als Erstes sind natürlich die Kartoffeln dran, logo. Waschen, schälen und in ca. 1 cm dicke Scheiben schneiden.
2. Wasser aufsetzen und die Kartoffeln darin maximal al dente kochen. Sie sollten auf gar keinen Fall richtig durch sein, denn sie werden gleich noch weiter behandelt. Wasser abschütten und die Kartoffelscheiben etwas salzen.
3. Jetzt gebt ihr das Mehl in eine Schüssel und verquirlt die Eier in einer zweiten Schüssel. Die Kartoffelscheiben im Mehl wenden, etwas abklopfen und dann von beiden Seiten in die Eier in Schüssel II tauchen.
4. Anschließend werden sie in reichlich Olivenöl angebraten, bis sie goldbraun sind.
5. In der Zwischenzeit könnt ihr schon mal einen großen, flachen Kochtopf aus dem Schrank holen. Gebt die gebratenen Kartoffeln dann lagenweise in den Topf, aber nicht zu dicht aufeinander.
6. Als Nächstes zerquetscht ihr den geschälten Knoblauch zusammen mit etwas Salz in einem Mörser. Gebt eine Prise Safran hinzu und verrührt das Ganze mit etwas Weißwein, bis eine cremige Konsistenz entstanden ist.
7. Jetzt ist die Zwiebel dran: in dünne Scheiben schneiden und in drei Esslöffeln des gebrauchten Olivenöls von eben vorsichtig brutzeln, bis die Zwiebelringe hellbraun sind.
8. Dann stäubt ihr einen Esslöffel Mehl drüber und rührt ordentlich, damit nix anbrennt. Zum Schluss gebt ihr den Knoblauchbrei in die Pfanne, dazu den Rest des Weißweins und zwei kleine Gläser Wasser. Immer schön weiterrühren, damit die Sauce sich gut vermischt.
9. Sauce über die Kartoffeln kippen und so lange bei geringer Hitze köcheln lassen, bis die Kartoffeln weich sind.

torrijas de ángeles
von Manolos Mutter & Francisco
(Munster Records)
NEW DEMOLATORS „Todos Los Chochos"

Torrijas ist ein spanisches Rezept, von dem angenommen wird, dass es im 15. Jahrhundert entstanden ist. Es ist ähnlich wie Brotpudding oder French Toast. Torrijas sind ein großartiges Dessert oder Frühstück. Dieses besondere Rezept hier ist von meiner Mutter und ihr Name ist Ángeles ... Voila: Torrijas de Ángeles! Ach ja, in Spanien werden Torrijas nur zu Ostern gemacht und gegessen. Also macht sie nicht zu irgendeiner anderen Zeit des Jahres, es sei denn, ihr wollt in der Hölle schmoren!

- 1 großer Laib Weißbrot (am besten altbacken)
- 1 l Milch
- 1/2 kg Zucker
- 2 EL Zimt
- 3-4 Eier (evtl. auch mehr)
- Honig
- Whiskey
- Olivenöl

1. Als Erstes Zucker und Zimt in der Milch auflösen. Das geht am besten, wenn ihr das Ganze etwas erhitzt.
2. Dann das Brot in ca. 2 cm dicke Scheiben schneiden. Diese Scheiben nennt man „Torrijas".
3. Als Nächstes ein paar Eier in einer Schüssel aufschlagen und etwas verquirlen.
4. Schnappt euch jetzt das Brot und taucht jede Scheibe kurz in die gezuckerte Milch. Anschließend in einem Sieb etwas abtropfen lassen.
5. Pfanne aus dem Schrank holen und etwas Olivenöl darin erhitzen.
6. Jetzt die Torrijas in die verquirlten Eier tauchen und anschließend in der heißen Pfanne von beiden Seiten goldbraun braten. Herausnehmen und auf einem Küchentuch etwas abtropfen/abfetten lassen.
7. Etwas Honig zusammen mit Whiskey erhitzen. Diese Mixtur braucht ihr für das gewisse Etwas an den Torrijas. Wenn ihr es andersherum mögt, ist es möglicherweise besser, wenn ihr die Torrijas gar nicht erst macht, sondern gleich die Flasche Whiskey trinkt.
8. Gebt die Torrijas auf eine Platte und und tränkt sie mit dem Honigwhiskey. Fertig!

- Esst die Torrijas am besten lauwarm.
- Wenn du alle Schritte befolgt hast, wirst du dich zu Ostern wie im Himmel fühlen!

sangría
von Enano Ramone (Küchenchef) & Francisco Munster (Assistent)
MULETRAIN „Crashbeat"

Das perfekte Sommergetränk! Ihr könnt die Zutaten einfach verdoppeln, verdreifachen, vervierfachen und eine fette Party haben!

- 2 Flaschen spanischer Rotwein; es muss nicht der teuerste sein.
- 75 g Zucker
- 3 Orangen
- 5 Pfirsiche
- 1 Streifen Zitronenschale
- 2 Zimtstangen

1. Als Erstes kippt ihr den Wein in einen großen Krug. Verrührt darin den Zucker so lange, bis er sich aufgelöst hat.

2. Schneidet die Orangen und Pfirsiche in Scheiben und gebt sie zum Rotwein (ihr könnt die Orangen vorher auf dem Tisch etwas hin- und herrollen, dann sind sie nachher saftiger). Zum Schluss noch Zitronenschale und die Zimtstangen reinschmeißen.
3. Ab damit in den Kühlschrank und kalt stellen.

- Ihr könnt von dem Zeug soviel trinken, wie ihr schafft. Je mehr ihr trinkt, umso besser wird euer Spanisch! Wenn ihr es fließend sprechen könnt und die Sangría leer ist, könnt ihr auch noch die Früchte aufessen.

für 10 Minuten köcheln. Zwischendurch immer schön umrühren und nix anbrennen lassen.
3. Nach den 10 Minuten Zucker dazuschütten und immer schön weiterrühren; weitere 15 Minuten lang.
4. Danach von der Herdplatte nehmen, Zimtstange und evtl. Zitronenschale rausfischen und in eine flache Schüssel füllen. Mit Zimtpulver bestreuen und servieren.

- Schmeckt am besten bei Zimmertemperatur und bloß nicht frisch aus dem Kühlschrank!

arroz con leche

für 4 Punks, von Manolo Rodriguez (Küchenchef) & Francisco Munster (Küchenassistent)
WAU Y LOS ARRRGHS!!! „Viven!"

Gewidmet WAU Y LOS ARRRGHS!!!, der wildesten Band aus Valencia, wo das beste Reisrezept der Welt herkommt: „Paella". Das hier ist keine Paella, aber dafür eine andere Reisdelikatesse – spanischer Reispudding!

- 1 l Milch
- 125 g Milchreis
- 125 g Zucker
- Zimtstange und gemahlener Zimt
- Schale von 1 Zitrone

1. Schnappt euch einen mittelgroßen Topf und kocht darin die Milch zusammen mit der Zimtstange und der Zitronenschale auf. Rühren nicht vergessen, denn Milch brennt verdammt schnell an.
2. Wenn die Milch zu kochen anfängt, fügt ihr den Reis dazu und lasst alles

ajoblanco

für 4 Punks, von Manolo Rodriguez (Küchenchef) & Francisco Santelices (DJ)
YOUNG FRESH FELLOWS
„I Don't Think This Is"

Ajoblanco ist so etwas wie die weiße Version der bekannten Gazpacho und eine weitere leckere spanische kalte Suppe. Genau das, was ihr essen wollt, wenn es 40 °C heiß ist. Egal, ob zum Frühstück, Mittagessen oder Abendessen – man kann nie genug davon kriegen!

- 500 g abgezogene Mandeln (also ohne braune Haut)
- 400 g Weißbrot (ohne Kruste)
- 8 EL Weinessig
- 6 Knoblauchzehen
- Salz
- extra natives Olivenöl
- Wasser

1 Als Erstes gebt ihr die Mandeln zusammen mit dem Knoblauch in einen Mixer und drückt den Power-Knopf so lange, bis eine cremige Masse entstanden ist.

2. Weicht als Nächstes das Brot mit etwas salzigem Wasser auf. Presst anschließend das Brot etwas aus und gebt es zur Mandelmischung.
3. Den Mixer nochmal auf kleinster Stufe anwerfen und durch das Loch oben nach und nach das Olivenöl schön langsam dazugießen. Dasselbe macht ihr im Anschluss mit dem Essig.
4. Während der Mixer immer noch läuft, gebt ihr vorsichtig so viel kaltes Wasser dazu, bis eine dünne, cremige Mixtur entstanden ist. Zum Schluss mit Salz abschmecken.
5. Gebt die Suppe in den Kühlschrank, damit sie sich ein bisschen ausruhen und abkühlen kann.
6. Serviert das Ganze kalt in Suppenschüsseln. Garnieren könnt ihr die Suppe entweder mit geschälten kernlosen Trauben, dünnen Apfel- oder Birnenscheiben oder gerösteten Mandelblättchen.

ensalada de garbanzos y patatas
für 8, von Ulla, Munster's Kitchen
PERET „Saboreando"

Einfach, aber großartig als erster Gang oder als leichter Sommer-Lunch.

- 1 Kilo gekochte Kartoffeln
- 250 g oder 1 Dose Kichererbsen
- (1 kleiner Bund) Dill, gehackt
- 2 Frühlingszwiebeln, gehackt

Dressing:
- 50 ml gutes Olivenöl
- 50 ml Zitronensaft
- Salz
- frisch gemahlener Pfeffer

1. Kartoffeln schälen, würfeln und zusammen mit den abgetropften Kichererbsen in eine Schüssel geben. Gehackten Dill und Frühlingszwiebeln draufschmeissen.
2. Dressingzutaten zusammenrühren, über die Kartoffelmischung geben, gut vermischen und eine Weile ziehen lassen. In der Zwischenzeit könnt ihr schon mal einen Aperitif zu euch nehmen, z.B. ein Glas Fino (Sherry).

- Mit warmem Brot und einem gut gekühlten Weisswein servieren, z.B. einem spanischen Rueda.

sopa castellana
aka sopa de ajo
für 4 Punks, von Manolo Rodriguez (Küchen chef) & Francisco Munster (Tellerwäscher)
Deke Dickerson „King Of The Whole Wide World"

Sopa Castellana ist eine kastilische Suppe, auch bekannt als Knoblauchsuppe. Sehr günstig, einfach zu kochen und sehr lecker. Was sonst könnte sich ein armer Punk wünschen?

- 300 g Brot (mit Kruste)
- 8 Knoblauchzehen
- 4 Eier
- 1,5 l Wasser
- Salz
- Olivenöl
- 2 EL Paprikapulver (Pimenton)

1. Als Erstes schneidet das Brot in nicht zu dünne Scheiben und bräunt es behutsam im Ofen oder im Toaster.
2. Als Nächstes schneidet ihr den Knoblauch in sehr dünne Scheiben. Erhitzt etwas Olivenöl in einem Topf und bratet den Knoblauch, bis er goldbraun

ist (Vorsicht, brennt schnell an!) Nehmt dann den Topf von der Flamme, schüttet das Paprikapulver rein und vermischt alles gut miteinander.
4. Jetzt stellt ihr den Topf zurück auf den Herd und gebt die Brotscheiben und eine Prise Salz dazu und füllt das Ganze mit dem Wasser auf. Lasst die Suppe anschließend ca. 30 Minuten leicht kochen.
5. Danach den Topf wieder von der Flamme nehmen, die Eier aufschlagen und vorsichtig in die Suppe geben – ein Ei pro Punk. Versucht dabei, das Eigelb nicht zu zerstören. Deckel drauf und für ein paar Minuten ruhen lassen und dann servieren.

- Traditionell wird die Suppe aus Tonschüsseln gegessen. Das ist vor allem im Winter gut, da die Suppe darin seeeehr lange warm bleibt.

papas arrugadas

von Claus Wittwer
Manu Chao „Radiolina"

Papas Arrugadas wird jeder kennen, der schon mal auf den Kanarischen Inseln war. Dort gibt es sie mit zwei ziemlich essiglastigen Saucen, den sogenannten Mojos. Für diejenigen, die noch nie davon gehört haben: es sind Kartoffeln in Schale mit einer Salzkruste. Mag sein, dass man die ersten Male mit der Wassermenge experimentieren muss, das spielt sich aber schnell ein.

- mittelgroße Bio-Kartoffeln mit gut gesäuberter Schale
- 1 EL grobkörniges Meersalz (Meersalz muss sein, weil diese Kartoffeln ursprünglich in Meerwasser gekocht wurden)
- wenig Wasser
- Arbeitsutensilien: ein größerer flacher Topf mit Deckel

1. Die Kartoffeln sollten alle frei auf dem Boden des Topfes liegen können, also Platz genug haben, dass sie sich nicht berühren müssen. In etwa so viel Wasser in den Topf geben, dass der Wasserstand maximal ein Viertel der Höhe der kleinsten Kartoffel ausmacht. Deckel drauf, Herd voll aufdrehen. Sobald es anfängt zu kochen, das gesamte Salz rein, Deckel drauf, schwenken, bis das Salz aufgelöst ist, und jetzt weiterkochen, bis, und jetzt kommt der heiklere Teil der Angelegenheit, alles Wasser verkocht ist. Die Kartoffeln sollten zeitgleich mit dem letzten Verdampfen des Wassers gar sein und werden nun in der sich darin befindlichen Salzlake im Topf durchgeschüttelt.

2. Holt man nun die Kartoffeln raus, haben sie alle einen weißlichen Salzmantel. Sind sie zu salzig, war zu viel Salz im Topf, sind sie noch roh, zu wenig Wasser. Hat man es erstmal raus, gibt es köstliche kanarische Kartoffeln, die ich gerne (wie im Rheinland auch bei Pellkartoffeln üblich) mit Butterstückchen esse. Auf den Kanaren sollte man hingegen nicht nach Butter (mantequilla) fragen. Hab ich einmal gemacht, der Kellner hat herzlich angefangen zu lachen, ist in die Küche gegangen, von dort ertönte auch lautes Lachen, Butter kam aber keine.

1. Pellkartoffeln kochen, abkühlen lassen, pellen und in salatgerechte Stücke schneiden. Die Eier hart kochen, abkühlen lassen, ebenfalls pellen und klein schneiden. Zwiebel in Streifen schneiden. Kräuter hacken, Kapernäpfel teilen (je nach Größe).
2. Nun alles zusammen in eine Schüssel und mit dem Zitronensaft, Salz und Pfeffer und kräftig Olivenöl vermengen, kurz durchziehen lassen, noch mal abschmecken und servieren.

andalusischer kartoffelsalat
von David Eisert
LOS MUERTOS DE CRISTO
„Bienvenidos Al Infierno"

garbanzos morros y christianos con menta y salsa de yoghurt
(Kichererbsen „Mauren und Christen" mit Minze und Joghurtsauce)
von Frank Castro a.k.a. Papst Pest
V.A. „Vampisoul Goes Africa! II"

Den Salat hab ich im Urlaub in einer Tapasbar in Andalusien gegessen und schon oft gemacht. Als Beilage finde ich ihn fast zu schade und esse ihn immer als Hauptgericht. Dazu braucht man nicht mehr viel und Bier als Getränk ist ein hervorragender Begleiter.

- festkochende Kartoffeln
- rote Zwiebel
- Eier
- Basilikum oder glatte Petersilie
- große Kapern oder Kapernäpfel
- Zitronensaft
- Olivenöl
- Meersalz
- Pfeffer

Hola Chicas y Chicos, das folgende Rezept ist super einfach und dabei muy sabroso! Statt sich ständig die Köpfe einzuschlagen, treffen in diesem Rezept der wahrscheinlich ungläubige Punkrocker auf die Zutaten von muslimischen Mauren (Morros) und Christen (Christianos).

1. Über Nacht 500 g Kichererbsen einweichen und quellen lassen, damit sie von Hardcore-hart auf Indie-weich kommen! (Oder für die Junkies unter euch Foodfans: Aus der Dose oder dem Glas. Falls die Nacht zu hart war!)
2. Am Tag darauf eine Zwiebel kleinhacken, würfeln (eher fein als grob, das Essen hat ja Seele!).

3. Dasselbe mit Minimum sechs Knoblauchzehen machen! (Man soll die Seele auch riechen).
4. Frische Minze (gibt es in vielen türkischen Läden, sollte auf jeden Fall frisch sein – getrocknete Minze ist was für halskranke Teetrinker). Ohne Stiel kleinhacken, in einer Schale gesondert bereitstellen.
5. Eine scharfe Paprika oder Chilischote ebenfalls kleinhacken (ja, es ist die reinste Gewaltorgie, sisisisi! Violencia!).
6. In einem Topf Olivenöl erhitzen, die Zwiebel, den Knoblauch und die Chilis darin andünsten, dann (muy importante, sehr wichtig) gemahlenen Kreuzkümmel (Cumino) reichlich drüber (zwei Essöffel!), Salz oder Gemüsebrühe (je nach Geschmack) sowie Pfeffer, evtl. noch Nelkenpulver, Kardamom und Anis (alles gemahlen) hinzufügen, dann die Kichererbsen unterheben, vorsichtig köcheln lassen, auf kleiner Flamme (die große Flamme deines Lebens (El Fuego del Amor) wartet bereits hungrig am Tisch).
7. Auf tiefen Tellern servieren, die gehackte Minze erst zum Schluss drunterheben, nicht mitkochen! Joghurtsauce mit einem Schuss frischen Zitronensaft verrühren, drübergeben, fertig! Buen aprovecha! Sabroso!

tapas von pilar
von Pilar, Knockout Records

brot, tomate und käse

- Weißbrot
- Knoblauch
- Tomaten
- Käse (mit Ziegenkäse schmeckt es richtig gut)

Die Tomaten häuten, in Stücke schneiden und in einem Mixer pürieren. Dann das Brot in Scheiben schneiden und toasten, anschließend auf einer Seite mit Knoblauch einreiben. Seid ihr damit fertig, gebt ihr etwas Tomatenpampe auf die Scheiben und ein Stück Käse drauf, fertig.

ensaladilla rusa

- 5-6 Kartoffeln
- 3 Eier
- Erbsen (aus dem Glas)
- geröstete Paprika (aus dem Glas oder selbst gemacht)
- Oliven
- Olivenöl
- Essig
- Salz

1. Wasser in einem Topf zum Kochen bringen. Wenn es soweit ist, gebt ihr die gewaschenen Kartoffeln und die Eier rein und lasst alles 30-40 Minuten kochen oder so lange, bis die Kartoffeln weich sind. Abgießen, zum Abschrecken in kaltes Wasser geben. Herausnehmen und abkühlen lassen.
2. Wenn du die Kartoffeln anfassen kannst, kannst du sie schälen und relativ klein würfeln. Dasselbe passiert mit den Eiern.

3. Paprika abtropfen lassen und ebenfalls klein schneiden. Dann alles samt Erbsen und Oliven zusammenmischen und mit etwas Olivenöl, Essig und Salz als Salat anmachen. Ihr könnt aber auch Mayo dazugeben oder etwas von dem Alioli.

- Brot mit etwas Olivenöl darauf schmeckt dazu köstlich. Un abrazo.

2. Aubergine in nicht zu dicke Scheiben schneiden. Etwas Olivenöl in eine Pfanne geben, gerade so viel, dass der Boden benetzt ist. Wenn die Pfanne sehr heiss ist, gebt ihr die Auberginenscheiben rein und bratet sie auf beiden Seiten solange, bis sie fertig sind.
3. Auf Teller geben, einen Klecks Alioli auf jede Scheibe und Weißbrot dazu reichen.

ali oli

- Aubergine

Für Alioli:
- 500 ml Sonnenblumenöl
- 1 Ei
- 2 oder 3 Knoblauchzehen
- Essig
- Salz

1. Einfach alle Zutaten (bis auf die Aubergine natürlich) in den Mixer geben, gut rühren und du hast Alioli!

omelette auf brot

- Eier
- Tomaten
- Olivenöl
- Weißbrot

Zuerst stellt ihr aus den Eiern ein Omelette her. Dann das Brot wieder toasten und die Tomaten in dünne Scheiben schneiden. Wenn das Brot soweit ist, gebt ihr etwas Omelette und eine Tomatenscheibe drauf. Zum Schluss etwas Olivenöl drüberträufeln, fertig!

süßes

freche kleine trüffel

von DJ Ey-hömma

Vor Jahren von der Mutter eines Freundes übernommen, mittlerweile durch diverse Zutaten verfeinert.

- 250 g weiße Schokolade
- 25 g Butter
- 35 g Puderzucker
- 60 g Crème fraîche
- 5 cl Baileys
- 5 g feingemahlener Espressokaffee
- Puderzucker zum Ausrollen

1. Schokolade im Wasserbad schmelzen. Das heißt natürlich in einer Schüssel, die im mittelgroßen Topf mit Wasser erhitzt wird. Je kleiner die Schokostückchen, desto schneller werden sie matschig. Noch eine Kochplatte frei? Dann Butter schmelzen lassen.
2. Ist die Schokolade cremig bis flüssig, dann werden die flüssige Butter, Crème fraîche und das Kaffeepulver hinzugefügt und so lange gerührt, bis die Masse glänzt.
3. Hiernach werden die 35 g Puderzucker mit sauberen Fingern durch ein feinmaschiges Sieb gerieben. Es sollten keine Puderzuckerbrocken hineinfallen.
4. Danach wird der Baileys untergerührt und zwar so lange, bis die Masse abermals glänzt und die Flüssigkeit eingesogen ist. Dann für zwei bis drei Stunden in den Kühli. Die Masse soll erkalten und dabei fest werden, aber nicht steinhart.
5. Danach wieder raus und zu kleinen Kugeln formen und jede in Puderzucker wälzen. Aus der Masse können etwa 30 Kugeln geformt werden. Vor dem Verzehr sollte sie nochmals 24 Stunden im Kühli lagern. Überhaupt kühl und trocken aufbewahren, dann hat man fast einen Monat was davon.

- Kleiner Tipp zum Schluss: Haschbutter eignet sich auch oder 3 g besten Marok, feingerieben, 2 Minuten in der geschmolzenen Butter unterrühren und dann wie in Punkt 2 weitermachen.

zucchinikuchen

von Katharina Kumpfmüller
TON STEINE SCHERBEN
„Keine Macht für Niemand" (Album)

Leckerschmecker-Kuchen; ein früher Trick von meiner Mama, damit ich Gemüse esse.

- 250 g Mehl
- 300 g Rohrzucker
- 300 g Zucchini
- 150 g gemahlene Haselnüsse
- 3 Eier
- 180 ml Öl
- 1/2 Päckchen Backpulver
- 1 TL Zimt
- 1 Päckchen Vanillezucker

Zucchini reiben und mit allen anderen Zutaten vermischen, rein in die Form oder rauf aufs Blech und ab damit in den Ofen bei 160 °C Umluft (oder 180 °C Ober/Unterhitze). Nach 30-40 Minuten sollte der Kuchen fertig sein, wahlweise Schoki draufschmieren und dann genießen.

- Das Ox-Kochstudio sagt: Kathi hat uns zur Bestechung ein Stück dieses Kuchens geschickt und ich muss sagen, der war wirklich lecker und schmeckt überhaupt nicht nach Gemüse! Schokoguss kommt sehr gut! Funktioniert auch gut mit Vollkornmehl.

bienenstichschnitte auf orangenbutter

für 4, von Kai Wienand, Lionheart Catering
BAD BRAINS „I Against I"

Die Gemeinsamkeit zwischen Punk und Kochen liegt nicht nur im kreativen Chaos, das beides in die Welt gebracht haben. Echte Köche und echte Punker stinken, sind laut und hassen Produkte aus der Dose. Ich auch! Ich hoffe, dass jeder beim Ausprobieren der Gerichte genau das Gefühl hat, das ich mit beidem verbinde. Do it yourself. Und denkt daran: die Zutaten machen das Gericht, oder würdet ihr mit einer verstümmelten Plastikgitarre auf eine Bühne gehen? Rockt eure Küche mit geilen Produkten und ihr bekommt auch von eurem Food-Publikum High-Fives!

Für den Blätterteig:
- 100 g Aprikosenmarmelade
- 500 g gefrorener Blätterteig

1. Für jede Portion mit einem Glas vier runde Blätterteigstücke ausstechen. Blätterteigstücke auf Backpapier/Backblech setzen. Blätterteig bei 180 °C 5-10 Minuten backen.
2. Aprikosenmarmelade mit 3 EL Wasser aufkochen und mit einem Pinsel auf den gebackenen Blätterteig streichen.

Für die Sahnecreme:
- 250 ml Milch
- 2 EL Zucker
- 20 g Puddingpulver
- 250 g Schlagsahne
- 5 g Agar-Agar

1. 3 EL Milch mit dem Zucker und dem Puddingpulver in einer Schüssel anrühren. Den Rest der Milch aufkochen. Die angerührte Pulver-/Zuckermasse schnell einrühren und aufkochen lassen. Pudding in eine Schüssel geben, abdecken und kalt stellen.
2. Schlagsahne fest aufschlagen und kalt stellen.
3. 50 g der geschlagenen Sahne in einem Topf aufkochen. Agar-Agar zügig einrühren und die Masse unter den kalten Pudding rühren.
4. Nun die Puddingmasse mit Hilfe eines Löffels vorsichtig unter die Sahne heben. Sahnecreme kalt stellen.

Für die karamelisierte Orangenbutter:
- 150 g frisch gepresster Orangensaft
- 2 EL Zucker
- 2 EL Butter

Zucker im Topf karamelisieren lassen und mit dem Orangensaft ablöschen. Butter hinzugeben und einrühren. Sauce HEISS servieren!

Zum Anrichten:
- Trockenobst (Orangen, Zitronen)
- gehackte Minze

1. Sahnecreme mit einem Löffel auf je ein Blätterteigstück geben, danach das nächste Blätterteigstück darauf setzen. Vorgang wiederholen.

2. Die heiße Orangenbutter auf den Teller geben und die gehackte Minze darüber streuen. Den Bienenstichturm darauf setzen und das Trockenobst in den Blätterteig stecken.

gefüllter bratapfel in vanillesauce

für 4, von Kai Wienand, Lionheart Catering
JOY DIVISION „Transmisson"

Für die Streusel:
- 150 g Zucker
- 150 g Margarine
- 300 g Mehl

Weiche Margarine mit Zucker schaumig rühren. Mit einem Löffel das Mehl unterrühren, so dass sichtbare Streusel entstehen.

Für die Bratäpfel:
- 4 kleine rote Äpfel
- Zimt-Zucker-Mischung
- Zitronensaft

1. Äpfel viermal quer durchschneiden und das Kerngehäuse entfernen. Die unterste Schicht so abschneiden, dass der Apfel steht. Die Apfelscheiben mit dem Zitronensaft beträufeln und danach mit Zimtzucker bestreuen.
2. Auf eine Apfelscheibe die Streusel verteilen und darauf die nächste Apfelscheibe setzen. Dies wiederholen, bis der Apfel wieder vollständig ist. Äpfel bei 170 °C Umluft 30-40 Minuten backen.

Für die Vanillesauce:
- 500 ml Sojamilch
- 20 g Puddingpulver
- 2 EL Zucker
- 2 cl Birnengeist

4 EL Sojamilch mit dem Puddingpulver und dem Zucker verrühren. Die restliche Sojamilch zum Kochen bringen und die Mischung unterrühren. Mit dem Birnengeist jetzt die Vanillesauce parfümieren (einrühren).

Zum Anrichten:
- feine Orangenschalen-Zesten
- frische Zitronenmelisse
- Vanilleschote

Die heiße Vanillesauce in vier tiefe Teller geben. Bratäpfel in die Vanillesoße stellen. Mit der Zitronenmelisse, Orangenschale und der Vanilleschote garnieren.

1. Mai-Kuchen

von Ute, Asozialberatung,
www.myspace.com/knowthesystem
TON STEINE SCHERBEN

Dieser Kuchen ist der absolute Multifunktionsüberlebenskuchen, ein Stück davon versorgt uns schätzungsweise mit der Wochenkalorienmenge, so dass er sich großartig für alle Situationen eignet, in denen schnelle Energiezufuhr von Nöten ist. Er hält verpackt im Kühlschrank locker ein paar Wochen und kann aufgrund seiner anspruchslosen Struktur ohne aufwendige Schutzmaßnahmen überallhin mitgenommen werden, wo er sich im Notfall ausgezeichnet als knackig-hartes Wurfgeschoss ver(sch)wenden läßt. Also, Musik an, die dreckigen Hände gewaschen und ab in die Küche.

- 250 g Butter
- 300 g Zucker
- 2 Eier
- 200 g Mehl
- 1 TL Backpulver
- 200 g Mandeln
- 3 EL Honig

1. Als Erstes schlagt ihr mit dem Mixer auf 125 g Butter (das halbe Pack) ein, bis es matschig und ergeben an den Rändern der Schüssel klebt.
2. Dazu dann 100 g Zucker und 2 nicht ganz so unglückliche Eier geben, weiterrühren. Jetzt nur noch 200 g Mehl und 1 Teelöffel Backpulver dazu und den richtig klebrigen Teig mit Einsatz der Fäuste auf dem Boden einer runden Form (Springform, Auflaufform) verteilen.
3. In einem Topf nun den Rest der Butter (idealerweise sind 125 g übrig) schmelzen und danach 200 g Mandeln in Stift- oder Blattform, 200 g Zucker und 3 große Esslöffel Honig dazugeben.
4. Die Mische kommt nun auf den Teig und das Ganze für 20-30 Minuten in den 210 °C heißen Ofen – so lange, bis alles knusprig erscheint.
5. Kalt werden lassen, karamellige Konsistenz bewundern, dritte Zähne rein, GLEICHLAUFSCHWANKUNGs „Devotchka nimm Pflasterstein" aufdrehen und die Meute rufen! Schmeckt aber am nächsten Tag aus dem Kühlschrank eher besser.

mousse au chocolat

von Uschi & Joachim
VIOLENT FEMMES „s/t"

Endlich endlich ein Schokoladenmousse-Rezept ohne Gelatine! Bitte beachten, dass das Zeug vor dem Verzehr mindestens zwei Stunden in den Kühlschrank muss.

- 75 g Zartbitterschokolade
- 75 g Cappuccinoschokolade
- 2 Bio-Eier, getrennt
- 2 EL Zucker
- 2 EL Espresso, abgekühlt
- 2 EL Rum
- 2 TL Vanillezucker
- 200 ml Sahne
- Raspelschokolade zur Deko

1. Bevor es losgeht, gilt es, ein kleines Hindernis zu überwinden: das Wasserbad! Ohne geht es leider nicht. Da könnt ihr aber improvisieren, indem ihr einfach eine hitzebeständige Schüssel (z.B. auch einen kleinen Messbecher aus Glas) in einen Topf mit heißem Wasser stellt. Irgendwie sollte das Teil entweder stramm auf dem Topfrand sitzen oder einen Griff haben, den man am Topfrand einhängen kann, sonst wird es mit dem Rühren etwas schwierig. Wasser zum Kochen bringen, danach auf kleine Flamme stellen und die zerbröckelte Schokolade in der Schüssel zum Schmelzen bringen. Obacht, dass das Wasser nicht in die Schokolade schwappt. Ist alles schon dagewesen.
2. In der Zwischenzeit zuerst das Eiweiß mit dem Vanillezucker steif schlagen.
3. Anschließend die Sahne steif schlagen. Aber bitte vorher die Rührbesen

abwaschen, sonst wird die Sahne möglicherweise nicht richtig fest.
4. Als Nächstes das Eigelb mit dem Zucker schaumig rühren. Kaffee, Rum und flüssige Schokolade unterrühren.
5. Jetzt zuerst die geschlagene Sahne unterziehen und dann das feste Eiweiß. Schon ist die Mousse fertig! Die Pampe entweder auf vier Dessertschüsseln verteilen oder einfach alles in eine große Glasschüssel geben. Ab damit in den Kühlschrank und zwei Stunden ausruhen lassen. Mit Schokoraspeln bestreuen und aufessen. Boah, ist das lecker, und gleich wird mir schlecht!

zitronen-baiser-torte
von Iris und Simon
LEMONHEADS „Hate Your Friends!"

Für den Teig:
- 2 Eidotter
- 120 g Mehl
- 120 g Zucker
- 120 g Butter
- Schale von 1/2 Zitrone (unbehandelt)

Für die Füllung:
- 2 Zitronen (unbehandelt)
- 120 g Zucker
- etwas Wasser
- 1/2 Packung Vanillepuddingpulver
- 2 Eidotter
- ein Stück Butter

Baiser:
- 4 Eiweiß
- 80 g Zucker
- 1 Prise Salz
- Mandelblättchen

1. Für den Mürbeteig erst Butter, Zitronenschale, Mehl und Zucker verkneten, dann Eidotter einarbeiten. Wenn der Teig zu matschig ist, einfach etwas mehr Mehl dazugeben. Der Teig muss mindestens 30 Minuten, in Klarsichtfolie eingewickelt, ruhen.
2. In der Zwischenzeit kann man schon mal die Füllung machen und die geht so: Zitronen abreiben und auspressen. Zitronensaft und -schale kommen mit dem Zucker in einen kleinen Topf und der bei milder Hitze auf den Herd.
3. Das Vanillepuddingpulver in einem halben Glas Wasser verquirlen und dazu gießen. Unter Rühren erwärmen, Eidotter einrühren, bis die Masse cremig wird – sie soll dabei aber nicht kochen.
4. Den Topf vom Herd nehmen, die Butter drin schmelzen lassen, etwas abkühlen lassen, dabei immer wieder umrühren, fertig.
5. Es fehlt aber noch das Baiser. Dazu das Eiweiß mit einer Prise Salz zu Schnee schlagen. Wenn es fest ist, allmählich den Zucker einrühren und einfach immer weiterschlagen, bis es eine schaumig-cremige, süße Masse ist.
6. Jetzt müssen die drei Teile zu einer Torte zusammengebracht werden – Rock'n'Roll! Backofen vorheizen (170-180 °C). Eine Springform einfetten, mit Mürbeteig auskleiden.
7. Zitronenmasse einfüllen, ca. 20-25 Minuten backen. Dann kurz rausholen und die Baiser-Masse auf der Torte verteilen – es darf ruhig aussehen wie ein stürmisches Eischnee-Meer. Mandelblättchen auf die Meeresoberfläche streuen, wieder rein in den Ofen und ca. 10-15 Minuten weiter backen, bis das Baiser aufgegangen und schön goldbraun ist.

- Die Torte schmeckt am besten gut gekühlt.

Tassen-Eis-Torte

4 frische Eiweiß
1/2 l Sahne
2 cl Rum
4 frische Eigelb
1 Vanilleschote
180 g Rohrohrzucker
Stückchen von einer Tafel superleckerer Schoki

1. Eiweiß schlagen bis es steif ist (ca. zwei bis drei Minuten).
2. Die übrigen Zutaten nach und nach untermengen.
3. Schokolade hacken und einen Teil zur Eismasse geben.
4. In Tassen aller Art für mindestens vier Stunden einfrieren.
5. Nach ca. einer Stunde Schokostücke in die Tassen fallen lassen.
6. Zwischendurch ausgiebig verzieren.
7. So lecker.

von Caro

torta di banana
<small>von Nadine Guaiana</small>

Den Kuchen habe ich bei meiner unglaublich süßen angeheirateten Familie in Sizilien kennen gelernt und daher kommt folgende Mucke als Empfehlung dazu: Giusy Ferreri „Non Ti Scordar Mai Di Me"

- 125 g Butter
- 250 g Zucker
- 2 Bananen
- 200 ml Sahne
- 2 Eier
- 300 g Mehl, am Besten die Sorte „00", falls zu kriegen
- 1/2 Päckchen Backpulver
- Schokolade (z.B. Schokotropfen)
- etwas Saft einer Zitrone
- Puderzucker

1. Die Bananen zu Brei knetschen, mit etwas Zitronensaft vermengen und in den Kühlschrank stellen.
2. Die Butter in einem Topf schmelzen, die Eier trennen, denn wir brauchen nur das Eigelb. Die geschmolzene Butter mit dem Zucker und dem Eigelb verrühren. Dann die Sahne rein, das Ganze schön weiter verrühren.
3. Jetzt kommen die geknetschten Bananen dazu und es darf weiter gerührt werden.
4. Das Mehl mit dem Backpulver vermischen und dann das Mehl langsam zum Eier-Zucker-Bananen-Sahne-Brei geben.
5. Eine Springform mit Loch mit Butter einfetten und dann die Hälfte des Teiges einfüllen, die Schokotropfen auf dem Teig verteilen und den restlichen Teig darauf geben.
6. Bei 180 °C ca. 40-50 Minuten backen. Wenn der Kuchen etwas abgekühlt ist, entweder Puderzucker oder etwas Schokoglasur drauf und dann ... mhhhh.

- Uns schmeckt er am besten noch leicht warm. Mein Mann besteht darauf, noch zu erwähnen, dass man auch noch Apfelscheiben auf der Schokoschicht verteilen kann – ist auch sehr lecker.

allround-kuchen
<small>von Jenny Kracht
THE EX „The Pie"</small>

Eigentlich ist dies das klassische Marmorgeburtstagskuchenrezept von meiner Mom. Ich habe es lediglich abgewandelt und serviere ihn gerne zu meinen Konzertveranstaltungen. Der schmeckt übrigens auch prima zum Bier.

Das Grundteigmoped:
- 500 g Mehl (ideal: Hälfte Vollkorn/ Hälfte Weißmehl)
- 250 g (Rohr-)Zucker
- 250 g Butter oder Margarine
- Soja-Ersatzgedöns für 6 Eier
- 1 Prise Salz
- 1-2 Päckchen Vanillezucker
- 1 Päckchen Backpulver
- 1,5 Tassen Muhmilch oder Sojamilch (bei Vollkornmehl mehr Milch nehmen, Kokosmilch ist auch super lecker, dann aber weniger Zucker nehmen)

1. Die Zusammenschusterung: (Vanille-)Zucker, Salz und Butter schaumig rühren, dann die Eierersatzpampe dazu (lange rühren), dann das Mehl mit dem Backpulver mischen und langsam unterrühren, so viel Milch dazugeben, bis der Teig endlich schön cremig ist.

bös-mopped-kuchen

von Timo, TRIP FONTAINE
SETTLEFISH „The Plural Of The Choire", THE GET UP KIDS „Guilt Show", LACK „Let There Be Pulse", ATTACK IN BLACK „The Curve Of The Earth"

Also das Rezept des Kuchens habe ich von meiner Mama. Und die hat es wiederum von einer Giesemer Eingeborenen (Achtung Info: Aufgewachsen bin ich im beschaulichen Rodgau in Hessen. Das Dörfchen liegt südöstlich von Frankfurt am Main in der Rhein-Main-Ebene und ist die einwohnerstärkste Kommune des Landkreises Offenbach. Sie entstand 1979 aus der Großgemeinde Rodgau, die 1977 im Rahmen der Gebietsreform in Hessen durch den Zusammenschluss von fünf bis dahin selbstständigen Gemeinden gebildet wurde. Meine Gemeinde heißt Jügesheim, aber die Eingeborenen nennen es „Giesem". Wenn man dazugehören will, ist das sehr, sehr wichtig – und JA, da kommen die RODGAU MONOTONES her: Erbarme, zu spät, die Hesse komme!). Wie Kuchenback-Ommas nun mal so sind, wollte sie das Rezept natürlich nicht rausrücken, aber durch eine hinterhältige List schafften es damals meine Mama, meine Schwester, Jerry und ich die olle Gewitterhexe zu täuschen und es ihr abzuluxen. Ha! Es sei nur soviel verraten: Es waren Tierkostüme, eine Schaufel, ein Drillbohrer, zwei Kartoffelreibekuchen und ein Stethoskop involviert. Jerry verlor dabei auf tragische Weise sein Leben, aber hey – der verdammte Kuchen war es wert. Versprochen!
Bei der Ommi hieß der Kuchen natürlich schluffimäßig „Apfel-Vanille-Kuchen". Mein Freund Gaffy kommt aber heute noch immer zu meiner Mom, um den Kuchen zu essen. Er begrüßt kurz die Hunde, erzählt vom Leben als Fischkoch und nimmt einen riesigen Haps vom

2. Die Backaktion: Den Teig aufs Backblech streichen (ein Hoch auf Backpapier!). Das gute Stück braucht auf dem Blech ca. 20-30 Minuten bei 200 °C (Umluft 180 °C). In der Kuchenform braucht das Gute Stück 40-50 Minuten, bei genauso heiß.

Artenreichtum:
- Das Schokomoped: Nach Belieben Schokoladenflocken, kleingehacktes Marzipan oder (mein Favorit) Snickers, Nüsse (oder was wech muss) unter den Teig rühren. Backen, und nach Erkalten mit Pudding bestreichen. Pudding nach Packungsvorschrift kochen (auch mit Sojamilch machbar) und immer fein umrühren, bis die Pampe kalt ist, dann gibt es keine Haut und der Pudding wird schön cremig. Für Schokopudding zum Beispiel einfach dunklen Kakao oder Zartbitterschokolade unter den warmen Pudding rühren. Das Schokomoped kann man natürlich noch mit diversen Leckereien bestreuen, wie Schokostreusel, Mandeln, Haselnüssen und so.
- Das Dosenobstmoped: Den nackten Teig vor dem Backen mit allerlei Dosenobst wie Kirschen oder Aprikosen bedecken und leicht andrücken (Dosensaft aufheben!). Das gute Stück backen und nach dem Erkalten mit Tortenguss überziehen (Dafür nimmst du den Dosensaft).
- Das Klassikmoped aka Marmorkuchen: Du kannst den Teig statt wie hier angegeben auf dem Backblech auch in einer runden Kuchenform machen. Dazu die Hälfte des Teiges mit Kakaopulver mischen, nacheinander in die Form füllen und mit einer Gabel die Teige leicht vermischen, damit das Marmormuster entsteht.

lauwarmen Kuchen, kullert mit den Augen und sagt mit vollem Mund: „Bööööös Mopped. Echt ey – der Kuchen ist'n böses Mopped." Seither hat er seinen Namen weg. Das Prachtstück besteht aus dreieinhalb Lagen: Mürbeteigboden, Apfelfüllung, Vanillepudding und der raffinierten Streuselschicht.

Für den Mürbeteig:
- 500 g Mehl
- 200 g Zucker
- 1 Päckchen Backpulver
- 2 frische Eier
- 200 g Butter

Für die Füllung:
- 5 große Äpfel. Am besten so richtig dicke Brummer frisch vom Baum. Daraus machst du dann ein Apfelkompott.

Für den Pudding:
- 500 ml Milch
- 120 g Zucker
- 1/2 Päckchen Vanillezucker
- 1,5 Päckchen Puddingpulver Vanille
- etwas Vanille
- etwas Salz

1. Mit dem Pudding geht's los: Die Milch bis auf einen kleinen Rest mit dem Zucker verrühren. Die Zuckermilch erhitzen. Salz und Vanille hinzufügen.
2. Das Puddingpulver in der zurückgehaltenen kalten Restmilch anrühren.
3. Die Puddingmilch in die erwärmte Milch einrühren. Aufkochen und rühren, bis der Pudding eindickt. Wenn der Pudding beginnt fest zu werden, sollte er von der Herdplatte genommen und langsam ausgekühlt werden.
4. Während der Pudding dann brav vor sich hin kühlt, kannst du schon mal den Teig zubereiten: Mehl, Zucker, Backpulver, Eier und Butter zu einem Mürbeteig verkneten. Die Backform mit dem Mürbeteig auskleiden. Dabei eine Handvoll Teig für die Streusel zurücklegen (Ur-wichtig!).
5. Auf den Mürbeteigboden den etwas ausgekühlten Vanillepudding verstreichen. Darüber das Apfelkompott. Plitsch-platsch.
6. Zum Schluss aus dem Teigrest kleine Kügelchen aka Bällchen formerly known as Streuseln formen und die Apfelpampe damit bedecken.
7. Alles in den Ofen und bei 180 °C knackig goldbraun backen. Je nach Ofen dauert es etwa 50-60 Minuten.

- Klassisch serviert natürlich mit einer Melange und ordentlich Schlagobers. Ich empfehle aber viel mehr ein kaltes Spezi. Natürlich das Original (denn da ist Saft drin) – direkt aus der Flasche.

oma roses apfeltraum

für 4-6 Punkrockhasen, von Gina Schwarz
MOGWAI „The Hawk Is Howling"

Meine liebe Oma ist bei uns berühmt für ihre Nachspeisen, und dass sie zwei Pfund zu viel Zucker enthalten, ist uns auch bekannt. Aber das ist egal, die Hauptsache ist, es schmeckt. Ich bin auch generell dafür, lieber eine Packung mehr Butter in Keksteig zu packen. Aus reiner Überzeugung. Heiligabend vor vier Jahren kam sie dann mit einer riesigen Auflaufform an. Ich dachte, dass sie jetzt total durchdreht. Darunter versteckte sich aber ein Apfeltraum, im wahrsten Sinne des Wortes. Seitdem gibt's zu jedem Geburtstag auf Wunsch diese Köstlichkeit und die möchte ich euch ja nicht vorenthalten. Einfach und doch so schwer (im Magen).

- 100 g Löffelbiskuit
- Schnaps, also Weinbrand – für euch und für das Löffelbiskuit
- 700 g Apfelmus
- 250 g Mascarpone
- 250 g Quark
- 100 g Zucker
- 125 ml Milch
- 200 g Sahne
- 1 Tütchen Vanillezucker
- 1 Tütchen Sahnesteif

1. Bevor ihr beginnt, checken, ob ihr eine Auflaufform habt. Das Material ist total egal, es geht nur um die Form und das Volumen. Dann macht ihr euch ans Sahneschlagen. Dazu braucht ihr natürlich den Becher Sahne, die Tüte Vanillezucker, sowie etwas Sahnesteif (wenn ihr total stark seid und einen guten Schwung mit den Armen hinbekommt, könnt ihr das auch weglassen). Alles vermengen und schlagen, was das Zeug hält. Dann legt ihr die leckeren Biskuits als Boden in die Form, bis der Boden nicht mehr sichtbar ist, nascht zwischendrin mal einen oder zwei und beträufelt sie dann mit dem Weinbrand. Einen Schluck für das Biskuit, einen für euch. So macht dann das Backen noch mehr Spaß!
2. Nun vermischt ihr die geschlagene Sahne mit Mascarpone, Quark, Zucker und der Milch und rührt alles ordentlich um. Dann das leckere Apfelmus auf die beschwippsten Biskuits, so dass es eine gleichmäßige Schicht ergibt. Dann die traumhaft süße Creme drauf, für das Auge mit etwas Kakaopulver bestreuen, Alufolie drüber und das ganze Spektakel ein paar Stunden ziehen lassen. Danach könnt ihr jede Party stürmen.

strawberry pavê

von Glauce, Hurry up! Rec.
CRIME IN STEREO „Selective Wreckage"

- 1 l veganes Vanilleeis
- 150 g zerkleinerte Erdbeeren
- 225 g Zucker
- 100 g einfache Kekse
- Erdbeersirup (optional)

Achtung! Dieses Dessert benötigt einige Vorlaufzeit im Gefrierschrank!

1. Eiscreme aus dem TK-Fach holen und ein paar Minuten draußen stehen lassen. Dann ab damit in eine Schüssel und mit einem elektrischen Handrührgerät cremig rühren. Zurück damit in das Eisfach.
2. Gebt jetzt die zerkleinerten Erdbeeren in einen kleine Topf, kippt den Zucker dazu und kocht das Ganze, bis eine Art stückiger Sirup entstanden ist. Zur Seite stellen und abkühlen lassen.
3. Nehmt einen Teil vom Sirup ohne Erdbeerstücke aus dem Topf, um damit die Kekse etwas einzuweichen. Anstelle des E-Sirups könnt ihr aber auch etwas Sojamilch nehmen.
4. Schnappt euch jetzt eine Auflaufform und schichtet da abwechselnd die eingeweichten Kekse, dann das Vanilleeis und als dritte Schicht den selbstgemachten Erdbeersirup. Wiederholt den Vorgang solange, bis alles aufgebraucht ist. Ab damit in das TK-Fach für weitere 5-6 Stunden.
5. Zum Verspeisen mit Erdbeersirup und frischen Früchten dekorieren.

chocolate cake
von Glauce, Hurry up! Rec.
DAG NASTY „Can I say"

Das Rezept ist für einen kleinen Kuchen. Wenn ihr eine normale Springform nehmen wollt, verdoppelt ihr die Menge.

- 150 g Mehl
- 170 g Zucker
- 50 g gemahlene Nüsse
- 1 EL Kakaopulver
- 1 TL Backpulver
- 3/4 TL Natron
- 300 ml Sojamilch
- 125 ml Öl

Für den Guss:
- 60 ml Sojamilch
- 110 g Zartbitterschokolade, kleingemacht
- 2 EL Ahornsirup

1. Zuerst den Ofen auf 180 °C vorheizen (mind. 10 Minuten).
2. Dann alle trockenen Zutaten in einer Schüssel gut vermischen. Gebt dann zuerst das Öl und danach die Sojamilch dazu. Am besten benutzt ihr zum Rühren einen elektrischen Mixer. Solange rühren, bis das Ganze eine schöne geschmeidige Masse ergibt.
3. In die gefettete Form füllen, glattstreichen und für ca. 30-35 Minuten in den Ofen schieben.
4. Kuchen aus dem Ofen nehmen, auskühlen lassen und aus der Form nehmen.
5. Jetzt fehlt noch das Finish: der Schokoladenguss! Dazu die Sojamilch in einem kleinen Topf unter Rühren zum Kochen bringen. Dann sofort von der Kochstelle nehmen und mit einem Kochlöffel die Schokoladenstücke und den Ahornsirup einrühren. Solange rühren, bis die Schokolade geschmolzen und eine homogene Creme entstanden ist. Etwa auf Zimmertemperatur abkühlen lassen und auf den Kuchen streichen.

- Der Ox-Kochstudio-Tipp: Das Ganze funktioniert auch mit Kuvertüre, die ihr einfach im Wasserbad schmelzen lasst.

panna cotta ohne augen
für 4, von Uschi & Joachim
Adriano Celentano „Azzurrrooo"

- 250 ml Sahne
- 250 ml Milch
- 3 EL Zucker
- 1 Beutel Agartine (Geliermittel aus Algen; gibt's im Supermarkt)
- 1 Tüte Vanillezucker
- 1 TL Speisestärke
- ein paar Walderdbeeren, wenn ihr welche findet
- 1 gute Handvoll Erdbeeren, Himbeeren oder so

1. Als Erstes sucht ihr euch 4 Förmchen vom Sandkasten um die Ecke. Wahlweise tun's auch Cappuccino-Tassen, leere Joghurtbecher oder ähnliches. Das war so ziemlich die wichtigste Aufgabe in diesem Rezept.
2. Als Zweites schnappt ihr euch eine Schüssel und vermischt darin Zucker,

Vanillezucker, Speisestärke und Agartine. Anschließend einen Milchtopf aus dem Schrank geholt, Milch, Sahne und die Zuckermischung rein und unter Rühren aufkochen lassen. Wenn es blubbert, noch 2 Minuten unter Rühren weiterkochen lassen.

3. Jetzt aber flott die Förmchen mit kaltem Wasser ausspülen und dann die Panna-Cotta-Pampe gleichmäßig auf die Dinger verteilen. Aber nicht bescheißen, gelle!? Wer Walderdbeeren zur Hand hat, schmeißt die einfach zum Schluss in die Förmchen. Dann ab damit in den Kühlschrank und mindestens 2-3 Stunden kalt und fest werden lassen.

4. In der Zwischenzeit könnt ihr euch schon mal um die Fruchtsauce kümmern. Dafür einfach die Beeren pürieren und – falls es euch nicht süß genug ist – etwas Puderzucker unterrühren.

5. Förmchen zu finden war die erste Herausforderung – den Panna Cotta aus dem Förmchen unbeschädigt rauskriegen ist die zweite. Theoretisch sollte nach dem Wässern der Förmchen nix mehr passieren, aber praktisch sieht das meist etwas anders aus. Manchmal hilft es, mit dem Messer am Rand entlang zu fahren, ein bisschen an die Schüsselwand und auf den Boden klopfen soll beim einen oder anderen auch was gebracht haben ... Probiert's einfach aus. Wenn gar nix geht, esst ihr das Ganze einfach aus dem Förmchen raus.

6. Also, Panna Cotta auf einen Teller stürzen, schön mit der roten Sauce dekorieren und mampfen. Geil, oder?

• Panna Cotta funktioniert bestimmt auch mit ganz normalem Agar Agar oder einer anderen Marke. Müsst ihr einfach ausprobieren, weil die Gelierwirkung nicht überall gleich ist bzw. die Dosierung anders sein kann. Mit Sojamilch haben wir das noch nicht probiert, auf einen Versuch kann der geübte Veganer es ja mal ankommen lassen.

käsetorte mit boden

von Das Hajo
Meine Mucke dazu wäre von Der Wolf: „Hätt' dich heut' erwartet, hätt' ich Kuchen gemacht" (oder das Orginal).

Für den Boden:
• 100 g Mehl (kann auch Vollkornmehl sein)
• 2 EL Mondamin (normales Stärkemehl tut es auch)
• 1/2 Päckchen Backpulver
• 3 EL Zucker
• 3 EL Butter

Für die Quarkmasse:
• 125 g Butter (kurz vorher aus dem Kühlschrank nehmen)
• 250 g Zucker (Agavendicksaft geht auch; nur ein bisschen weniger, wegen der Konsistenz)
• 2 Eigelb
• 1 Prise Zimt
• abgeriebene Schale einer Zitrone
• 750 g Quark
• 25 g Mondamin (siehe oben)
• etwas Rum, je nach Gefühl (Rumersatz geht auch gut)
• 1 Vanillezuckerpäckchen

1. Als Erstes ist der Boden dran. Dafür einen Mürbeteig herstellen; das geht am Besten mit der Hand. Weiche Butter in eine Schüssel geben, die restlichen Bodenzutaten dazu und kräftig kneten. Wenn der Teig zu weich ist, etwas Mehl nachgeben.

2. Eine Kuchenspringform mit Butter ausfetten, darüber ein paar Semmelbrösel (Paniermehl) geben, damit später die Torte nicht in der Form kleben bleibt. Zwei Drittel des Teiges in die Form geben und gleichmäßig flachdrücken. Aus dem letzten Drittel für den Rand drei Würstchen rollen und die dann am Rand andrücken.
3. Für die Quarkmasse Butter mit Zucker, Eigelb und Zitrone ordentlich schaumig rühren, die anderen Zutaten, bis auf den Quark, dazugeben und weiterrühren.
4. Zum Schluss kommt der Quark dazu. Alles fleißig durchrühren. Dann die Masse in die Springform geben, wo der Mürbeteigboden schon sehnsüchtig wartet und glattstreichen.
5. Das alles in den guten Backofen und bei mittlerer Hitze (ca. 150 °C) etwa eine Stunde backen. Zum Ende des Öfteren mal ein Auge darauf werfen. Die Pampe sollte gelblich und nicht dunkelbraun werden.
6. Kuchen erkalten lassen und am Besten erst einen Tag später essen, denn dann schmeckt er noch leckerer!

holunderblütensirup
von Kerstin und Olli
NOUVELLE VAGUE
Teenage Kicks, Ever Fallen In Love etc.

Das Ox-Kochstudio sagt: Holundersirup ist voll das geile Zeug. Ist mit Mineralwasser verdünnt ein beinahe Kräuter-Bionade-Ersatz, kann super zu einem Cocktail verwendet werden (Sirup, Minze, Eiswürfel, Limetten und Caipirinha-Alk – lecker!) und ist ein erfrischendes Getränk für laue Sommerabende, indem ihr einfach einen Schuss Sirup in Weißwein oder Prosecco gebt.

- 15 frisch aufgeblühte Holunderdolden
- 3 Bio-Zitronen
- 1 Flasche Weißwein
- 1 Kaffeefiltertüte
- Zucker

1. Die Holunderdolden(=blüten) ungewaschen in einer Schüssel mit den Zitronenscheiben belegen.
2. Mit dem Weißwein aufgießen und zwei Tage im Kühlschrank ziehen lassen.
3. Bevor es jetzt mit dem Sirupmachen weitergeht, sucht ihr euch passende Gläser oder kleine Flaschen mit Schraubverschluss und macht die sauber. Wenn sie das schon sind, dann einfach für ein paar Minuten in wirklich heißes Wasser legen, mit einem Kochlöffelstiel rausholen und auf einem Geschirrtuch abtropfen lassen. NICHT mit den Fingern innen anfassen, verstanden? Sonst ist das Zeug je nach Bakterien auf euren Fingern nicht lange haltbar ...
4. Holunderteile und Zitronen leicht ausdrücken, rausnehmen und das flüssige Zeug durch einen Kaffeefilter abseihen.
5. Jetzt die Flüssigkeit mit derselben Menge Zucker aufkochen.
6. Sofort in die pingelig sauberen Gläser oder Flaschen füllen und gut verschließen.
7. An einem dunklen und kühlen Ort aufbewahrt sollte der Sirup mindestens ein halbes Jahr haltbar sein.

vegan tropical paprika cupcakes

von Glauce, Hurry up! Rec.
NEW FOUND GLORY „Not Without a Fight"

Dies hier ist eine völlig andere Art von Vanilla Cupcakes – nur allein durch die rote Farbe bekommt ihr dieses tolles Ergebnis!

- 12er Muffinsblech
- 230 ml Sojamilch
- 1 TL Obstessig
- 80 ml Öl
- 150 g Mehl
- 170 g Zucker
- 3/4 TL Backpulver
- 1/2 TL (Kaiser) Natron (gibt's im Supermarkt bei den Backzutaten)
- 1/2 TL Salz
- 2 TL Vanilla Extract (zur Not Vanillearoma, davon aber dann nur max. 1/2 Fläschchen)
- 1/4 TL rote Lebensmittelfarbe

Zitronen-Buttercreme-Guss:
- 55 g Kokosfett
- 55 g vegane Margarine
- ca. 250 g Puderzucker (evtl. etwas mehr)
- 1 1/4 TL Lemon Extract; entspricht ungefähr dem Saft einer Zitrone
- 1 EL Sojamilch
- 1/4 TL gelbe Lebensmittelfarbe

1. Ofen auf 180 °C vorheizen. 12er-Muffinsform mit Papierförmchen auslegen, denn dann lösen sie sich nachher besser aus der Form.
2. Weiter geht's: verquirlt die Sojamilch mit dem Essig in einer großen Schüssel. Zur Seite stellen und ein paar Minuten warten, bis die Mischung gerinnt.
3. Gebt jetzt Öl, Zucker und Vanilla Extract zu dem Sojamilchzeug und vermischt alles gut mit einem Schneebesen oder Quirl.
4. Dann das Mehl mit Natron, Backpulver und Salz vermischen und in die Schüssel mit dem flüssigen Zeug sieben. Alles solange mit einem Löffel vermischen, bis keine größeren Klumpen mehr im Teig sind.
5. Den Teig in die Förmchen geben; aber bitte nur zu 2/3 füllen. Ab damit in den Ofen und 20-22 Minuten backen bis die Teile goldbraun sind. Abkühlen lassen und aus der Form nehmen.
6. Jetzt könnt ihr euch an die Deko machen: Kokosfett und Margarine leicht erwärmen, Mit dem elektrischen Quirl gut verrühren, bis sich alles schön vermischt hat. Jetzt 100 g Puderzucker dazugeben und rühren. Anschließend die Sojamilch rein und wieder rühren. Danach die restlichen 150 g Puderzucker dazu, rühren. Zum Schluss den Zitronensaft und die Lebensmittelfarbe rinkippen und 3 min rühren, bis alles fluffig und glatt ist. Wenn das Ganze jetzt etwas zu flüssig ist, gebt ihr einfach soviel Puderzucker dazu, bis es die richtige Konsistenz habt.
7. Guss auf den vollständig erkalteten Cakes verteilen, verstreichen und trocknen lassen.

- Während die Cupcakes im Ofen sind, könnt ihr mal mal Glauces veganen Foodblog anchecken:
http://foodinmylife.blogspot.com/

grünlund-torte

von Karen Schulz a.k.a. land.pomeranze
Für den Winterkuchen: „Toothpaste Kisses"
von THE MACCABEES. Und für den
Sommerkuchen: „Let's dance to Joy Division"
von THE WOMBATS

Ich nutze etliche der Ox-Kochbuch-Rezepte für die Schulküche der Rudolf-Steiner-Schule in Bergisch Born. Lediglich die Rezeptnamen muss ich immer ändern, da die Kids von heute wenig Phantasie haben und nicht wirklich punkrockig sind.

Boden:
- 200 g gemahlene Nüsse
- 125 g Zucker (wir bevorzugen Vollrohrzucker)
- 3 Eier
- 1 TL Backpulver
- 2 TL Mehl (kann ruhig Vollkorn sein)

Alles vermischen, in eine Springform füllen und bei 175 °C Umluft (vorgeheizt) backen. Abkühlen lassen.

Variante I für den Belag:
- 1 Dose Pfirsiche, abtropfen lassen und klein schneiden.
- 500 ml Sahne
- 3 EL Zucker
- 2-3 Päckchen Sahnesteif

Alles steif schlagen. Dann die Pfirsiche unterheben, die Masse auf dem Boden verteilen.

- 200 ml Maracujasaft
- 60 g Galetta Vanille

Verquirlen und auf der Torte verteilen, kalt stellen.

Variante II für den Belag:
- 1 Glas Preiselbeeren oder Marmelade (Brombeer, Johannisbeer, etc.) bis auf 1/4 auf dem Boden verstreichen.
- 500 ml Sahne
- 3 EL Zucker
- 2-3 Päckchen Sahnesteif

Alles steif schlagen, bis auf 1/3 auf dem Boden verteilen. Den Rest als Rand auf die Sahne spritzen. Eierlikör vorsichtig auf die Sahne gießen (sollte nicht von der Sahne runtersuppen), darauf zum Schluss Krokant streuen.

waldmeisterbowle

von Uschi
ANTONY AND THE JOHNSONS
„The Crying Light"

Oh, wie ich das liebe! Waldmeister gibt's leider nur im Frühling, von daher die Zeit nutzen! Wichtig ist, den Waldmeister ca. zwei Stunden anwelken lassen, denn dann entfaltet sich das Aroma am besten!

- 1 Flasche trockener Weißwein
- 1 Flasche Sekt
- 1 Bio-Zitrone
- 1 kleiner Bund Waldmeister

Weißwein köpfen, in eine Karaffe geben, Zitronenachtel und Waldmeister reingeben und im Kühlschrank ein bis zwei Stunden ziehen lassen. Waldmeister (und Zitrone) rausnehmen, kalten Sekt reinkippen und hemmungslos besaufen!

index

1.-mai-kuchen	175
aci meze	102
ajoblanco	164
ali oli	169
allround-kuchen	179
andrés harzer gehacktesstippe	110
apfelrotkohl mit semmelknödeln und rotweinsauce	34
apfelringe, gebacken	103
arroz con leche	164
auberginenaufstrich	99
auberginen, gebraten	98
ayvar-salat	16
backofenpommes-pfanne	128
badenjan borani	36
bärlauchpesto	132
baggers irritiert	130
baked avocado on a bed of asparagus with vegan bacon	44
bandnudeln mit pesto, cocktailtomaten und mozzarella	141
bienenstichschnitte auf orangenbutter	174
black is beautiful-salat	12
blätterteigtaschen mit „piraten-füllung"	42
blitzkrieg-brot	151
blitzpasta	128
blumenkohl mit brösel und ei	36
blumenkohlcurry	40
blutsuppe mit blauen bohnen	25
bös-mopped-kuchen	180
botanica-brot	150
bratapfel in vanillesauce	175
brazilian vegan parmegiana	138
bremsas freakadellen	40
brot, tomate und käse	168
bruschetta mit fenchel und schafskäse	152
bruschette	153
bulgur-kichererbsenbällchen	45
cannelloni à la maroon	51
cashew-paprika-aufstrich	153
chocolate cake	183
couscous ammerländer art	83
couscous heiß & kalt	82
couscous mit gemüse	33
cowboy-pfanne	60
crostini, ligurisch	157
danse macabre auberginen türmchen	63
deutsch-italienische freundschaft	38
der beste schatz …-süppchen	22
dinkelbrot aus dem gusseisentopf	155
dithmarscher mehlbeutel	56
d.i.y.-fries	106
ensalada de garbanzos y patatas	165
ensaladilla rusa	168
eurasische nudeln	41
falafel	105
fatoush	106
fenchelpasta	133
flammenkuchen, badisch	86
free-kassee	112
frittiertes gemüse in schokoladensauce	43
föhnnudeln hawaii	60
garbanzos morros	167
gaúcho burrito	113
gemüsecurry mit reis	55
gemüsecurry mit mie-nudeln	134
gemüse-reis-bbq	48
gemüsesuppe	95
gnocchi mit möhren-ingwer-sauce	137
gnocchi, überbacken	96
goldene mais-pyramide vor couscous-entrée in sklavenblut	54
griechischer auflauf	124
grüne-tomaten-chutney	151
grünes gemüsecurry mit süßkartoffeln und aubergine	93
grünlund-torte	187
guacamole for californians	158
gulaschsuppe	27

hefeschmelz	113
herbstrisotto	51
hirse-empanadas mit wirsing-koriander-marmelade	61
hirserahmsuppe mit paprika	23
holunderblütensirup	185
hollerküchle	152
„hühner"-frikassee	119
indische pakora mit minz-chutney	72
joghurtsuppe	99
käsetorte mit boden	184
käsesoufflé	66
käse-yufka-taschen	101
käskartoffeln	136
kamerun meets kreuzberg	50
kartoffeln, balearisch	91
kartoffeln in olivenöl	64
kartoffel-kürbis-eintopf	64
kartoffelpfanne	104
kartoffelsalat, andalusisch	167
kartoffel, quark und leinöl	131
kartoffel-tofu-curry	52
kleine käsesuppe	104
knoblauchsauce	107
knuspersnacks, gefüllt	133
kohlrabischnitzel mit broccoli-sahnesauce	53
krautnudeln à la fw	55
kürbissalat, exotisch	15
kürbissuppe, spicy	23
labskaus, vegetarisch	118
linsen mit zimt und mangochutney	94
linsengericht	143
lindas auberginen	155
linseneintopf mit spätzle	57
linsen-kokos-curry	37
lumpis pfannekuchenparty	172
marmelade-joghurt	90
mecklenburger senfei	79
mighty muffins	156
möhrenschnitzel	142
mousse au chocolat	176
mutabal	105
nudeln mit steckrübe	65
nudelsalat, orientalisch	16
nudelsalat, ungeheuer gut	19
oma roses apfeltraum	181
omelette auf brot	169
oven roasted mango tofu over purple rice	116
palmherzensalat, französisch	14
panna cotta ohne augen	183
papas arrugadas	166
paprika, gefüllt	32
paprika-porree-pizza	59
paprikasauce, scharf	100
pasta à la albini	61
pasta alla norma	62
pasta mit kastanien und rosenkohl	67
pasta noch was?	144
pasta on speed	142
pasta-terror palermo	144
pastinaken-eintopf	26
patatas à la importancia	162
penne mit rotem pesto	145
pita	32
pizza pronto	132
pommes-penne	140
poser-pasta deluxe	68
pseudo-asiatische möhren mit reis	139
punkrock pancakes	145
quarkspeise mit tutti frutti	103
quick, easy, and cheap chili	67
ratatouille	69
das beste ratatouille	45
reissalat mit chili-dressing	13
risotto mit spinat und walnüssen	78
rote-linsen-kartoffelsuppe	28
rote-linsen-lasagne	76
roter bohnentopf	100
rotkohl-spätzle-gratin mit maronen-parmesan	92

sambuca-nudeln	79
sangría	163
sauerkrautcurry	77
scharfe sahnekartoffeln vs. mozarella-spinat	39
schokoladenkuchen, vegan, à la gitte	103
seitan, d.i.y.	90
seitan, homemade	114
sigara böregi	102
schmorgurkenpott	49
schneller inder	131
schnibbelskuchen	46
schwarzwurzeln in leckerer sauce	77
sechs-sechs-sechs-salat	17
sopa castellana	165
spaghetti aglio e oglio	140
spaghetti al vegesto	141
spaghetti bolognese	121
spaghetti carbonara	143
spaghetti mediterranea	147
spaghetti mit kalter tomatensauce	146
spaghetti pomodoro e aglio	137
spaghetti sojagnese	115
spargel, easy	86
spargel mit limonensauce und räuchertofu	71
spargelsalat	13
spinatcrespelle „brause-dinner"	94
spinatravioli	47
„steak" (and ale) pie	120
strawberry pavê	182
stuttgarter kokos-linsen	81
subversives x-mas-special-fondue	80
sulz, vegetarisch (der blob)	111
süße bratkartoffeln mit grappa à la cambiador	85
süßkartoffelpogo	83
süßkartoffelsuppe mit grapefruit	26
sushi für uschi	74
szegediner gulasch	121
tassen-eis-torte	178
thai-soja-schnetz	119
thunfisch, vegan	157
tiroler kartoffelsuppe	26
tiramisu mit fruchtigen beeren	97

toeuf bourguignon	117
tofu, crispy	111
tofu, mariniert	115
tofu mit gemüseallerlei	124
tofu paniert	123
tofu-sandwich	90
tomaten mit hut und hirn	98
tomaten-eiertanz	99
tomatensauce, easy	130
torrijas de ángeles	163
torta di banana	179
toum	105
trüffel, freche kleine	173
ungeschälte kartoffeln und trockene auberginen an altem brot und zuviel knoblauch, dazu salat	58
vegan tropical paprika cupcakes	186
vegan strogonoff	138
vegiburger	154
veggie-frikkos	107
veggie-mett	123
voms vomlette	135
waldis balinesische maisfrikadellen	159
waldmeisterbowle	187
wilder reis mit kürbis, kartoffeln und spargel	129
wirrrsingbällchen	87
wirsingeintopf	84
yummy-salat mit feta à la reini	18
zitronen-baiser-torte	177
zitronenspaghetti	146
zucchini-gnocchi-abendmahl	48
zucchinikuchen	173

Wer mit Musik kocht, will auch über Musik lesen.

DAS OX-ABO

6 Ausgaben für 25 Euro
(Ausland: 30 Euro)
www.ox-fanzine.de/abo

Fragen? Unter 0212 - 38 31 828 und abo@ox-fanzine.de gibt es Antworten.

Zum Nachtisch ...

240 Seiten
12,90 € (D)

Nagel

Wo die wilden Maden graben. Roman

Nach mehr als einem Jahrzehnt Tourleben mit seiner Band Muff Potter, einer der bekanntesten deutschen Punkbands, legt deren Sänger Nagel mit »Wo die wilden Maden graben« sein Romandebüt vor.

Der Protagonist kehrt nach einer ausgedehnten Konzert-Tournee nach Hause in einen unstrukturierten Alltag zurück. Die sozialen Kontakte außerhalb des Bandgefüges sind verkümmert, das Leben in der Heimatstadt gleicht einer permanenten Ausnahmesituation: Alltag, das ist das Leben auf Tour. Voller Leerlauf und vertaner Zeit, monoton und kräftezehrend, doch gleichzeitig auch glamourös und aufputschend.

174 Seiten
11,90 € (D)

Jan Off

Unzucht

Das hemmungslose Ausleben sexueller Phantasien sollte Glücks- und Hochgefühle nach sich ziehen, muss es aber nicht.

Die einen würden hier wohl von Amour fou sprechen, andere etwas schlichter von Obsession, Jan Off bleibt beim gewohnten Klartext und titelt dementsprechend: »Unzucht«. Aber statt dem üblichen Genitalgeplänkel-trifft-auf-Ablach-Comedy erzählt Off hier ungekünstelt, direkt und substanziell von einer Beziehung, in der die Triebhaftigkeit den Ton vorgibt: Ein in Kultur machender Dropout, dem Toxischen sehr zugeneigt, trifft auf eine junge Frau, die ihre Fit-for-fun-Fassade nur mühsam aufrechterhalten kann. Was sich zwischen den beiden entspinnt, dekliniert alle Freuden und Leiden der körperlichen Liebe durch. Die gemeinsame Lust am sexuellen Kick, hier immer bis an die Grenzen des Bizarren und Abseitigen steigerungsfähig, schweißt die beiden zutiefst ungleichen Charaktere zusammen, ein Entkommen scheint keinem möglich ...

Und auf den Coffee Table ...

112 Seiten, Bildband mit
Farb- und Schwarzweiß-Fotografien
14,90 € (D)

Lucja Romanowska

Euch die Uhren – uns die Zeit. Straßenpunks 1999–2009

Sich so gut es geht der kapitalistischen Verwertungslogik entziehen; lieber im Bauwagen leben, als die Lebensfreude einem Bausparvertrag zu opfern. Lieber an Bier und Zigaretten zugrunde gehen, als Botox-erstarrt und fitnessgestählt den lachhaften Versuch zu unternehmen, der Müllhalde Senioren-Stift zu entkommen. Eine chronische Schuppenflechte auf der sterilen Haut der Wohn- und Einkaufswaben. Seit 25 Jahren totgesagt, aber noch immer quicklebendig. Punk eben. Rebellion und Attitüde – laut und räudig, lustbetont und gewaltbereit. Ausnahmsweise einmal nicht dokumentiert aus der Perspektive des Zoobesuchers, sondern aus der des Rudels selbst.

Mit einem Vorwort von Jan Off

www.ventil-verlag.de

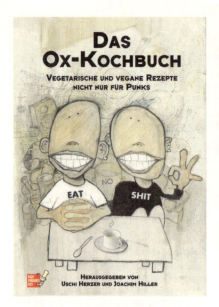

Das Ox-Kochbuch Teil 1
Vegetarische und vegane Rezepte
nicht nur für Punks
190 Seiten. 9,20 Euro.

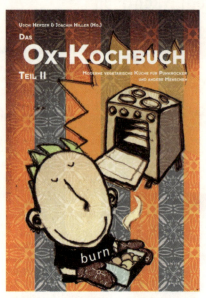

Das Ox-Kochbuch Teil 2
Moderne vegetarische Küche für
Punkrocker und andere Menschen
240 Seiten. 11,25 Euro.

Das Ox-Kochbuch Teil 3
Kochen ohne Knochen. Die feine
fleischfreie Punkrock-Küche
224 Seiten. 9,90 Euro.

Alle Kochbücher und das Ox-
Kochbuch-Merchandise – Schürze,
Messer, Servietten, Geschirrhand-
tuch, Geschenkkartons – gibt's im
Webshop auf www.ox-kochbuch.de